朝鮮朝 領議政 朴元宗 研究

박상진 著

국학자료원

宗廟 功臣堂 忠烈公 位牌
(領議政 平城府院君 忠烈公 朴元宗)

諱 仲善(忠烈公 父親) 平陽君 諡 昭襄公 神道碑
所在:京畿道 南楊州市 瓦阜邑 陶谷1里(金臺山)

諱 仲善(忠烈公 父親) 平陽君 諡 昭襄公 墓所
所在:京畿道 南楊州市 瓦阜邑 陶谷1里(金臺山)

諱 元宗 平城府院君 諡 忠烈公 墓所
所在:京畿道 南楊州市 瓦阜邑 陶谷1里(金臺山)

諱 元宗 平城府院君 諡 忠烈公 神道碑(京畿道 地方文化財 第6號)
所在:京畿道 南楊州市 瓦阜邑 陶谷1里(金臺山)

世德祠 公과 先世 五祖를 모신 祠宇
所在:京畿道 南楊州市 瓦阜邑 陶谷1里

諱 元宗 平城府院君 諡 忠烈公 墓表石
所在:京畿道 南楊州市 瓦阜邑 陶谷1里(金臺山)

陶山齋 遠景
所在:京畿道 南楊州市 瓦阜邑 陶谷1里

宗廟 功臣堂 全景
所在:서울特別市 鍾路區 薰井洞 1番地

越松亭 忠烈公이 江原道觀察使 在任時 創建
所在:慶尙北道 平海邑

忠烈公 別邸址
所在 : 京畿道 南楊州市 瓦阜邑 陶谷里 (宮村 : 죽마을)

諱 雲(忠烈公 子) 嘉善大夫 大護軍 靖國原從功臣 墓表
所在:京畿道 南楊州市 瓦阜邑 陶谷1里(金臺山 忠烈公墓所 階下)

諱 雲(忠烈公 子) 嘉善大夫 大護軍 靖國原從功臣 墓碣
所在:京畿道 南楊州市 瓦阜邑 陶谷1里(金臺山 忠烈公墓所 階下)

중국 신화(神話)에 나오는 삼족오(三足烏)

달에서 선약(仙藥)을 빻는 옥토끼의 모습

도기념물—제 170 호

京畿道 記念物 指定書

명 칭 : 忠烈公 朴元宗 墓域
수 량 : 一圓

위를 경기도 지정문화재로 지정합니다.

2000년 4월 17일

경 기 도 지 사

◇기념물 지정서

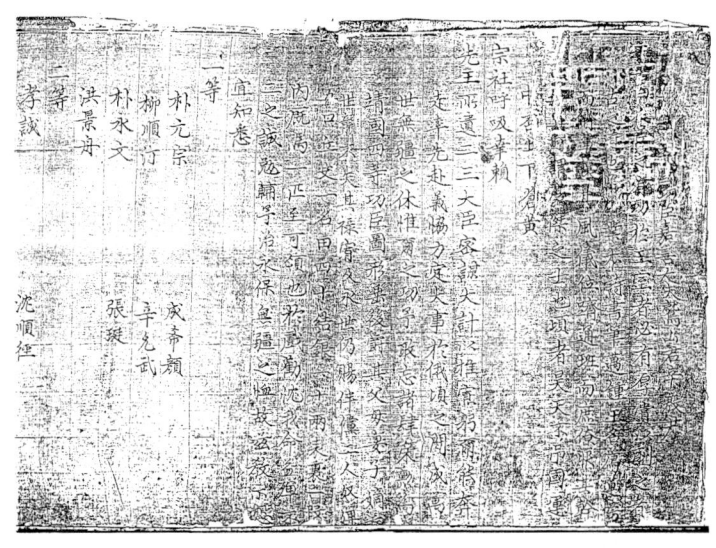

靖國功臣 教書(部分)

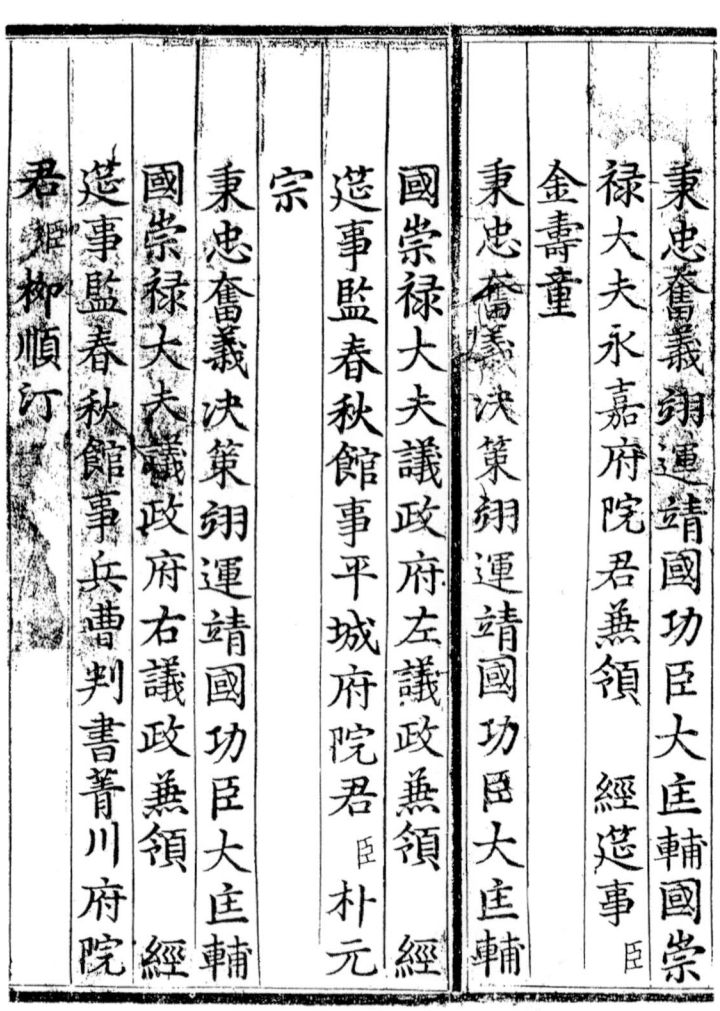

靖國功臣 錄券(部分)

책 머리에

 이 책은 조선조 성종(成宗)·연산군(燕山君)·중종(中宗)의 3대에 걸쳐 역사(歷仕)한 영의정(領議政) 박원종(朴元宗)에 관련된 자료를 정리한 책이다.
 박원종(朴元宗)은 본관이 순천(順天)으로 전통적인 훈구공신(勳舊功臣)이며, 무관 가문(武官家門)에 출생하여, 1486년(성종 17)에 무과에 급제하였다.
 그의 아버지인 박중선(朴仲善) 또한 무과에 장원급제(壯元及第)하여 이시애(李施愛)의 반란을 평정하고 적개공신(敵愾功臣) 1등과 익대(翊戴)·좌리공신(佐理功臣) 3등에 각각 책록된 인물로, 월산대군(月山大君)과 제안대군(齊安大君)의 장인이기도 하다.
 1506년(연산군 12) 지중추부사(知中樞府事)로 있던 박원종은 왕의 폭정(暴政)이 극에 달하여 종묘사직(宗廟社稷)이 도탄(塗炭)에 빠지고, 백성들의 생활이 피폐해짐을 보자 분연히 의를 떨쳐 일어나 목숨을 걸고 전 이조참판 성희안(成希顔)·이조판서 유순정(柳順汀)과 함께 반정(反正)을 단행하여 연산군(燕山君)을 폐하고, 중종을 추대(推戴)하여, 정국공신(靖國功臣) 126명 중에 수위(首位)에 기록되고, 평성부원군(平城府院君)에 봉해지고, 우의정·좌의정을 거쳐 영의정에 오른 인물이다.
 묘소는 경기도 남양주시 와부읍 도곡1리에 있는데 경기도 기념물 제170호로, 신도비는 경기도 지방문화재 제6호로 지정되어 있으며, 묘소는 선영(先塋)으로 부인 파평윤씨(坡平尹氏)와 상하분(上下墳)이며, 그곳에는 아직도 그의 자손들이 많이 살고 있다.
 그의 이러한 영구불멸(永久不滅)의 위대한 공적(功績)에도 불구하고 그에 대한 변변한 연구 논문조차 없다시피 한 것이 현실이다.

17

그래서 항상 안타까운 마음을 금할 수 없었는데 다행히 97년도에 필자와 민족문화추진회(民族文化推進會) 국역실(國譯室)의 박소동(朴小東) 실장님의 번역으로『平城府院君 忠烈公實記』를 간행한 바 있다.

그러나 그 책은 영의정 박원종에 관해 처음으로 출간된 저서임에도 불구하고 부족하게 느껴온 것이 사실이다.

그러던 차에 국학자료원의 정찬용 사장님께서 공의 업적을 들으시고 사장(死藏)되기 아까운 자료이니 단행본으로 발간하는 것이 좋겠다는 의견이 계셨기에 필자도 마침 증보판(增補版)을 계획해 오던 차라 혼쾌히 받아들이고 감히 부족함을 느끼면서 강호제현(江湖諸賢)들 앞에 이 책을 상재(上梓)하게 되었다. 여러분들의 많은 질책(叱責)이 있기를 바란다.

참고로 이 책에선 기존의 실기 자료를 크게 보강하여「박원종의 가계(家系)」,「박원종에 대한 소고(小考)」,「성종실록(成宗實錄) 박원종 관계 발췌기사」와 실기에 누락된『명신록(名臣錄)』의 원문을 새로 입록(入錄)하고,「연보(年譜)」와「조선왕조실록 박원종 관계발췌기사」중 누락된 부분을 찾아 입록하였으며, 특히 부록 원문(原文)을 일일이 타자하여 번역문(飜譯文)을 보는데 참고가 되게 하였고, 각주(脚註) 부분을 대폭 보강하여 번역문을 읽는데 도움이 되게 하였으며, 실기의 오탈자(誤脫字) 부분을 바로잡았음을 밝히는 바이다.

이 지면을 빌려 본고가 책으로 나올 수 있도록 도와주신 몇 분들께 감사의 말씀을 드리고자 한다.

먼저 충렬공 실기의 번역을 도와주시고, 감수(監修)를 맡아주셨던 민족문화추진회의 박소동(朴小東) 교무처장(敎務處長)님께 감사드리며, 이 책이 나올 수 있도록 격려와 성원을 아끼지 않으신 순천박씨(順天朴氏) 전 중앙종친회 박종건(朴鍾建) 회장님과 소양공파종중회(昭襄公派宗中會) 박종호(朴鍾浩) 회장님, 경희대학교 명예교수로 계시는 만당(滿堂) 박종철(朴鍾澈) 교수님께 진심으로 감사의 말씀 올리는 바이다.

끝으로 이 책이 나올 수 있도록 도와주신 국학자료원의 정찬용 사장님, 김성달 편집장님, 편집부 직원 여러분과 도와주신 주변의 모든 분께도 아울러 감사의 말씀 올린다.

2001년 여름 무더위 속에
春坡書室에서 박상진

차 례

화보 / 3
책머리에 / 17

박원종(朴元宗)의 가계(家系)　　23

득관조(得貫祖) …………………………………………………… 23
중흥조(中興祖) …………………………………………………… 29
가계(家系) ………………………………………………………… 30
   1 세조(朴淑貞) ………………………………………………… 30
   2 세조(朴元龍) ………………………………………………… 31
   3 세조(朴天祥) ………………………………………………… 32
   4 세조(朴可興) ………………………………………………… 34
   5 세조(朴錫命) ………………………………………………… 35
   6 세조(朴去疎) ………………………………………………… 38
   7 세조(朴仲善) ………………………………………………… 39
   9 세조(朴　雲) ………………………………………………… 42
박원종(朴元宗)에 대한 소고(小考) …………………………… 44
   1. 박원종의 출신에 대하여 ………………………………… 44
   2. 박원종의 출사(出仕)와 관력(官歷)에 대하여 ………… 46
   3. 박원종의 인품(人品)과 처신(處身)에 대하여 ………… 48
   4. 박원종의 학문(學問) 정도에 대하여 ………………… 55
   5. 중종(中宗)의 후궁 경빈박씨(敬嬪朴氏)에 대하여 …… 57
   ■ 가계도(家系圖) ……………………………………………… 58

■ 연보(年譜) 59

묘도문 墓道文   67

선고소양공신도비문 (先考昭襄公神道碑文) 67
충렬공신도비문 (忠烈公神道碑文) 79
충렬공묘지명 (忠烈公墓誌銘) 94

전 傳   105

『명신록(名臣錄)』에서 105
『해동명신록(海東名臣錄)』에서 110
『인물고(人物考)』에서 115
『국조인물지(國朝人物志)』에서 116
『연려실기술(燃藜室記述)』에서 118
朴元宗 海東名臣錄 122

서 序   125

『허백정집(虛白亭集, 洪貴達著)』에서 125
『이락정집(二樂亭集, 申用漑著)』에서 127

회맹·제문 會盟·祭文   133

구공신 회맹문(九功臣會盟文) 133
십공신 회맹문(十功臣會盟文) 139
영조대왕유제문(英祖大王諭祭文) 143

만 사 輓 詞   145

좌의정 이행(左議政 李荇) 145
좌의정 신용개(申用漑) 146

영의정 성희안(成希顔) ………………………………………… 147

평성부원군 부인만사(平城府院君夫人挽詞)　149

좌의정 신용개(左議政 申用漑) ………………………………… 149

유사 遺事　151

『신증동국여지승람(新增東國輿地勝覽)』에서 ……………… 151
월송정기사(越松亭記事) ………………………………………… 151
도산 박원종 별저지(陶山朴元宗別邸址) ……………………… 152

제영 題詠　153

안 축(安 軸) ……………………………………………………… 153
이 곡(李 穀) ……………………………………………………… 154
민수천(閔壽千) …………………………………………………… 154
성 현(成 俔) ……………………………………………………… 155
숙종대왕(肅宗大王) 어제시(御製詩) ………………………… 155

기문 記文　157

월송정 중건기(越松亭重建記) ………………………………… 157
도산의 박씨산장기(陶山朴氏山庄記) ………………………… 158
유허지 답사기(遺墟趾踏査記) ………………………………… 160

수먹먹요(首墨墨謠)　165

평성부원군박원종의 그림병풍을 소재로 한 八絶詩(題平城朴元宗畵屛八絶) 167

조선왕조실록 충렬공관계기사(朝鮮王朝實錄 忠烈公關係記事)　　171

성종실록(成宗實錄) ……………………………………………… 171
연산군일기(燕山君日記) ………………………………………… 203
중종실록(中宗實錄) ……………………………………………… 220

부록

朴仲善 碑銘 ……………………………………………………… 326
平城府院君朴公神道碑銘 ………………………………………… 327
海東名臣錄 ………………………………………………………… 346
朴元宗武烈公 ……………………………………………………… 353
送平城朴公元宗觀察江原序 ……………………………………… 357
送左議政朴元宗赴京序 …………………………………………… 359
陶山朴氏山庄記 …………………………………………………… 364
題平城朴元宗 畫屛八絶 …………………………………………… 366

박원종(朴元宗)의 가계(家系)

득관조(得貫祖)

　박원종(朴元宗)의 본관은 순천(順天)¹⁾이니 그 선계(先系)를 살펴보면 다음과 같다.
　오늘날 순천박씨는 고려 통합삼한익찬공신(統合三韓翊贊功臣) 박영규(朴英規)를 득관조로 받들고 있다. 『고려사』「박영규전(朴英規傳)」²⁾에 박영규(朴英規)가 승주(昇州, 지금의 順天)사람으로 실려 있음으로 후손들이 박영규(朴英規)를 득관조(得貫祖)로 받들게 되었다고 한다.
　그는 처음에 통일신라의 승주군(昇州郡) 태수(太守)로 있었는데, 후백제에 귀의하여 장군이 되고, 견훤왕의 맏딸인 국대부인(國大夫人)³⁾ : 神劍의 누나.

---

1) 순천(順天) : 본래 백제(百濟)의 감평군(欱平郡)인데, 신라 때에 승평군(昇平郡)으로 고쳤고, 고려 성종(成宗) 14년에 승주연해군절도사(昇州沿海君節度使)로 하였다. 정종(靖宗) 2년에 다시 승평군을 만들었고, 충선왕(忠宣王) 원년에 높여서 승주목(昇州牧)을 두었다. 2년에 지금 이름으로 고치고 낮추어 부(府)를 삼았으며, 본조에서도 그대로 했다. 태종(太宗) 13년에 도호부(都護府)를 삼았고 세조조(世祖朝) 때 처음으로 진을 두었다. 『신증동국여지승람(新增東國輿地勝覽)』「순천도호부(順天都護府)」편.
2) 박녕규전(朴英規傳) : 『고려사(高麗史)』92권 열전 제5에 있다.
3) 국대부인(國大夫人) : 고려시대 외명부(外命府)의 정3품 작위. 삼한국대부인(三韓國大夫人) · 진한국대부인(辰韓國大夫人) 등이 있었다.

금강의 누나라면 박영규와 나이가 맞지 않을 것이다)과 결혼하여 왕의 사위[4]가 된다.

그의 결혼은 어디까지나 정략적(政略的)인 차원에서 맺어졌을 것이며, 이는 본래 미천한 농사꾼의 아들이었던 견훤에게 있어 신라의 진골(眞骨) 귀족출신인 박영규의 귀부(歸附)는 견훤에게 있어 신라 귀족세력을 후백제로 귀부시키는데 유리했을 것이며, 견훤 자신의 위상을 높이는 데도 크게 유효했을 것이다.

박영규가 그의 사위가 된 것은 진성여왕 6년(892)에 견훤이 5천 군사로 무진주(武珍州)[5]를 점령했을 때이거나(바로 코 앞까지 견훤의 판도에 들어갔으므로 박영규로서는 대단한 위협을 느꼈을 것이다. 여기에서 무진주란 州都를 말하며 박영규는 이 州의 昇州郡 太守였다.) 또는 효공왕 4년(900) 견훤이 완산주(完山州 : 전주)를 점령하기에 앞서 그때까지도 항복하지 않은 그 지역 호족(豪族 : 도독이하 군, 현태수 등 세력가)들에게 글을 보내 투항하여 함께 성을 공격하자고 권하자 박영규는 이미 대세가 견훤에게 기울어 자신에게 불리함을 알고 자발적으로 귀순해옴으로써 견훤의 사위가 된 것이 아닌가 추정해 본다.

박영규의 밑에 있었던 순천의 호족 김총[6](金摠 : 승주군의 현태수 정도 되었을 것이다. 당시 승주군엔 3개 현이 있었음. 그는 훗날 견훤의 호위를 책임지는 引駕別監이 된다.)과 지훤(池萱 : 신증동국여지승람 '광산현 인물조'에 그곳 성주였다 했으니 뒷날 견훤의 둘째 사위가 된다. 그는 전공을 세워 금강

---

4) 견훤왕의 사위 : 후백제왕 견훤에겐 두 명의 사위가 있었는데, 당시 승주군(昇州君) 태수(太守)로 견훤에게 귀부하여 그의 사위가 된 박영규(朴英規 : 高麗史에 의함. 世宗實錄 地理志엔 康英規로 誤記됨)와 광산현성주(光山縣城主)로 후백제에 귀의한 지훤(池萱 : 東國輿地勝覽에 의함)이다.
5) 무진주(武珍州) : 지금의 광주(光州). 당시 14군(郡) 44현(縣)이 속함.
6) 김총(金摠) : 순천김씨(順天金氏)의 시조. 박영규와 같은 고을 출신으로 친했으며, 『신증동국여지승람(新增東國輿地勝覽)』과 『승평지(昇平誌)』에 의하면 후백제 견훤왕(甄萱王)을 섬겨 죽은 후에 부성황신(府城隍神)이 되었다고 하였다. 『순천김씨족보』에는 신라 헌안왕(憲安王) 때 궁예(弓裔)에게 벼슬하였다고 하였으나 이는 잘못이다.

의 누이였던 애복의 남편이 된 것으로 보이며 박영규보다 늦게 결혼했을 것이다)도 박영규와 함께 견훤에게 온 것으로 보인다.

완산성 공격엔 박영규와 김총, 지훤도 군사를 거느리고 참전하게 되나 이미 대세가 기울은 것을 안 완산주 도독은 성을 들어 항복을 택한 것으로 보인다. 이로써 성은 성민들의 자발적인 환영 속에 예상보다 쉽게 무혈점령 당하게 된 것 같다.

박영규가 견훤의 딸과 결혼했을 때의 나이는 정략결혼이었으므로 아마도 견훤과 비슷했거나 한 두 살 정도 많았을 것으로 보인다. 왜냐하면 왕건이 뒷날 다른 나라에서 투항해온 인물 중에 자신보다 나이가 10년 정도 연장자에게 상보(尙父 : 왕건이 상보라 부른 인물은 견훤과 박영규, 재암성 장군 善弼과 경순왕 4사람 뿐임)라 불렀는데 그도 포함되어 있었기 때문이다. 만약 박영규가 견훤보다 겨우 9살 아래였다면 견훤의 딸이 박영규와 동갑이었다 해도 이는 견훤이 겨우 8살에 딸을 임신시켰다는 말이 될 것이다. 이는 훗날 박영규가 태조 왕건에게 사자를 보내어 내응하겠다고 했을 때 '만약 삼국이 통일되면 박영규에게 형님이라 부르고 그의 부인 견씨에겐 누님이라 하겠다'는 것으로 보아도 짐작할 수 있을 것이다.

그는 후백제 조정에서 신라 진골 귀족출신의 장수란 신분과 견훤왕의 첫 번째 부마(駙馬)란 이유로 왕 다음의 지위를 가졌으리라 믿어진다. 실지로 그는 후백제 조정에서 승승장구하여 친위대장(親衛大將)·완산주 도독(完山州都督) 등 연이어 요직을 지내게 된다.

그런데 그때 뜻하지 않은 사건이 발생하게 된다. 즉 견훤왕(甄萱王)에겐 처첩이 많아 10여 명의 아들이 있었는데, 왕이 체대가 장대하고 지혜가 많은 넷 째 왕자 금강(金剛)을 세자로 삼아 왕위를 전하려 하자 이복형인 첫째 왕자 신검(神劍)이 동복 아우인 강주도독(康州都督) 양검(良劍)과 무주도독(武州都督) 용검(龍劍)과 반역하여 경순왕(敬順王) 9년(935) 3월에 이복동생인 금강(金剛)을 죽이고 왕과 금강의 생모인 고비(姑比)와 누이인 애복(哀福 : 池萱의 부인)7)·막내동생인 능예(能乂)를 금산사(金山寺)에 가두고 스스로 왕위에 올랐다.

그런 후 신검은 파달(巴達) 등 장사 30여 명으로 이를 지키게 하였는데, 4월에 이르러 어느 날 견훤은 술을 빚어 지키는 군졸 30명에게 먹여 취하게 하고 그곳에서 가장 가까운 왕건의 백제 전초기지였던 나주(羅州)로 달아나 왕건에게 망명한다. 그해 6월에 고려 태조에게 투항하자 태조는 견훤왕을 상보(尙父)로 높여 환대하였다.

이듬해인 태조 19년(936) 2월에 강주도독(康州都督)으로 있던 박영규는 부인인 국대부인(國大夫人) 완산견씨(完山甄氏)에게 은밀히 말하기를,

"대왕께서 40여 년을 고생하여 왕업이 거의 이룩되려고 하였는데 하루 아침에 집안 사람의 화로 인하여 나라를 잃고 고려에 투항하셨소. 열녀(烈女)는 두 남편을 섬기지 않고, 충신(忠臣)은 두 임금을 섬기지 아니한다 하였으니 만약 우리 임금을 버리고 역자(逆子)를 섬긴다면 무슨 면목으로 천하의 의사(義士)들을 대하겠소. 하물며 고려의 왕공은 그 사람됨이 인후하고 근검하여 민심을 얻고 있다고 하니 이는 아마도 하늘의 계시로 반드시 삼한(三韓)의 주인이 될 것이니, 곧 글을 보내어 우리 임금의 안부를 묻고 겸하여 왕공에게 은근한 뜻을 밝혀 장래의 복록을 도모함이 어떻겠소?"

하니, 부인은

"그대의 말씀이 곧 나의 뜻과 같습니다."

하였다.

마침내 부인과 의견일치를 본 박영규는 사람을 태조에게 보내어

"만약 의병을 이끌고 쳐들어 온다면 내응(內應)하여 고려의 군사를 맞이하겠다."

하니 태조는 크게 기뻐하며

"장군의 은혜를 입어 하나로 합쳐지고 도로의 막힘이 없어지면 그 즉시 먼저 장군을 뵈옵고, 그런 다음 당에 올라 부인께 인사드리리다. 그리하여 형으로 섬기고 누님으로 받들어 반드시 끝까지 보답하겠습니다. 천지신명을 두고

---

7) 애복(哀福) : 후백제 견훤왕의 딸.『삼국사기』「견훤전」에는 쇠복(衰福)이라 하였고, 『고려사』와『고려사절요』에는 애복(哀福)이라 하였다.

맹세합니다."
하였다.

본래 신검의 누나에게 장가를 들었지만 항상 장인을 존경하고 따랐던 그는 왕위를 찬탈한 처남(妻男)을 도리상 용납하지 못하고 사자를 견훤에게 보내어 안부를 묻고 견훤이 신검에게 원수를 갚으려 하자 장인의 뜻을 받들어 왕건의 후백제 원정에 협조한 것으로 보인다. 이때 육자(六子)인 수미강(須彌康 : 금강과 같은 강자 발음)은 용맹이 뛰어났던 관계로 아마 전쟁터에 나가 있었을 것이다.

『고려사』「박영규전」에 의하면 그는 왕건의 후백제 원정 때 내응하여 멸망시킨 공으로 고려 태조로부터 좌승(佐丞 : 종 3품)의 관직을 받고 그의 두 아들도 벼슬을 받았으며, 밭 1천경(頃)[8]과 역마 35필을 주어 그의 가족들을 맞아오게 한다. 역마 35필이란 숫자에서 살림의 규모를 미루어 짐작할 수 있다.

공은 뒤에 통합삼한익찬공신(統合三韓翊贊功臣)[9]이 되었으며, 최고 관직인 삼중대광(三重大匡)[10]에 이르렀는데, 이는 아마 그의 사위인 정종의 치세기간

---

8) 1천경(頃) : 당시 1경(頃)은 1결(結)과 같았는데, 고려시대에 1결당 생산량은 수전(水田)일 때 상급 토지가 15~18석, 중급 토지가 11~14석, 하급 토지가 7~10석이었다. 당시 1결의 토지 면적이 6,900여 평이었으니 1천 경은 690만 평이다. 개국(開國) 1등공신인 신숭겸(申崇謙)과 복지겸(卜智謙)이 받은 토지가 300결인 것과 비교할 때 얼마나 많은 토지를 하사받았는지 짐작할 수 있다.

9) 통합삼한익찬공신(統合三韓翊贊功臣) : 1등은 최웅(崔凝)·홍유(洪儒)·배현경(裵玄慶)·신숭겸(申崇謙)·복지겸(卜智謙)이며, 2등(二等)은 유금필(庾黔弼)·김선평(金宣平)·장길(張吉)·유차달(柳車達)·이도(李棹)·함지(咸智)·김선궁(金宣弓)·홍규(洪規)·왕희순(王希順)·김선술(金宣述)·윤신달(尹莘達)·박윤웅(朴允雄)이며, 3등(三等)은 태평(泰評)·견권(堅權)·왕식렴(王式廉)·박술희(朴述希)·능식(能寔)·권신(權愼)·염상(廉湘)·김락(金樂)·연수(連株)·마난(麻煖)이며, 4등은 김홍술(金洪述)·박수경(朴守卿)으로 모두 29명이다. 삼중대광 박영규(朴英規) 또한 태조 19년(936) 2월 박영규가 태조에게 사람을 보내 내응할 것을 약속하자 태조(太祖)가 천지신명(天地神明)을 두고 맹세하고, 9월에 후백제를 멸망시킨 후에 역마(驛馬) 35필을 보내 가족을 맞아오게 하고 토지 1천경(頃)을 내리는 것으로 보아 1등공신에 해록되었으리라 추정되지만 어떤 연유로 기록에서 누락되었는지는 알 길이 없다.

10) 삼중대광(三重大匡) : 고려시대의 位階表에 의하면, 三重大匡은 正1품이요, 重大匡이 從1품으로, 大匡은 正2품 上의 위계로 되어 있다.

이었을 것이다. 태조의 공신 중 최고 관직인 삼중대광에 오른 인물은 그를 포함해 손꼽을 정도였다. 그는 통합삼한익찬공신(統合三韓翊贊功臣)이요, 2대에 걸쳐 임금을 사위로 두었던 것이다.

따라서 태조로부터 후삼국 통일의 공로로 융숭한 대접을 받았을 것이며, 정종 또한 장인이 되는 관계로 융숭한 대접을 하였을 것이고, 박영규도 자신의 사위인 태조와 정종을 외부 세력으로부터 보호하는 방패막이가 되어 성심을 다해 보좌하였을 것이다.

『고려사』「박영규전」에 그의 두 아들[11])도 벼슬을 받았다 했는데 둘 다 이름이 전하지 않는다.

장계(藏溪) 오이정(吳以井)[12])은 『동몽서고(童蒙筮告)』[13])에서,

"공은 기질이 뛰어나게 굳세다."

하였으며,

『신증 동국여지승람(新增東國輿地勝覽)』에 의하면,

"박영규(朴英規)는 죽은 후 순천의 해룡산신(海龍山神)이 되었다."

하였는데 순천부(順天府) 백성들이 이 지방의 수호신(守護神)으로 받들어 매

---

11) 두 아들 : 尙州初譜에는 追錄하기를 "宜川 朴龍采가 지은 草譜에 말하기를 '三重大匡公의 아들은 守文과 守卿인데, 守文은 上護軍이며, 守卿의 子 承位 承景 承禮 중 承位는 上護軍이며,……'라고 하였는데, 上下의 譜系가 극히 荒雜하고 잘못이 많으므로, 이에 자세히 기록하여 거짓됨을 밝히고, 또 光州譜에 기재된 守文 守卿은 어느 譜牒에서 나온것인지 알 수 없다."라고 하였다. 이제 高麗史 列傳 朴守卿傳을 보니, "守卿은 본관이 平州人으로 관직은 원보(元甫)에 이르렀고, 후에 여러 번 추증되어 三重大匡에 이르렀다 하였으며, 아버지는 大匡尉 지윤(遲胤)으로 되어 있다. 또 형 수문(守文)도 관직이 원보에 이르렀으며, 광종 15년(964)에 아들 佐丞 承位, 承景, 大相 承禮 등이 참소를 당하여 투옥되었으므로, 박수경이 화병이 나서 죽었다"고 하였다.

12) 오이정(吳以井) : 조선 광해군 때의 학자. 자는 명중(明仲), 호는 장계(藏溪) 본관은 나주(羅州). 도승지 희도(希道)의 아들. 승평군(昇平君) 박이온(朴而溫)의 외손. 정홍명(鄭弘溟)의 문인으로 1590년 성균관에 입학하였고 학문에 전념하였다. 논어회기(論語會記)·명현사적(名賢事蹟)·장계집(藏溪集)·동몽서고(童蒙筮告) 등의 문집을 남겼다.

13) 동몽서고(童蒙筮告) : 조선시대 아동용 수양서. 1책 사본으로 현재 국립중앙도서관에 소장되어 있다.

년 해룡산(海龍山)14)에서 제사를 올렸다고 한다.

중흥조(中興祖)

　득관조 박영규 이하 8·9세의 계대(繼代)를 실전(失傳)했다가 충렬왕조(忠烈王朝)에 대장군(大將軍)을 지내고, 정승(政丞)에 이르러 평양부원군(平陽府院君)에 피봉된 박난봉(朴蘭鳳)을 중흥조(中興祖)로 받들고 있다.
　그는 삼중대광(三重大匡) 박영규(朴英規)의 7세손으로 『강남악부(江南樂府)』15)에 의하면, 형체모습이 훤칠하고 걸출하며 말하는 소리가 대단히 웅장하고 무예가 출중하여 죽은 후 영험이 자주 나타났다 한다. 활을 쏘면 들판을 넘어가는 강궁(强弓)이었다 하는데, 『신증 동국여지승람(新增東國輿地勝覽)』에 의하면 사후(死後)에 순천(順天)의 인제산신(麟蹄山神)이 되었는데, 묘소 근처 산골짜기에서 말달리는 소리가 진동하는 일이 자주 있어서 당시의 주민들이 겁나고 감격해서 인제산에 산사(山祠)를 짓고 경건하게 향화(香火)를 받들었다 한다.
　또 박란봉의 배위(配位)를 『순천박씨족보』에는 문화류씨(文化柳氏)라고 기록하였으나, 『문화류씨족보』나 순천박씨 구보(舊譜)에는 나타나지 않는다.
　관직은 충렬왕조(忠烈王朝)에 대장군(大將軍)을 지내고, 정승(政丞)에 이르렀으며 평양부원군(平陽府院君)에 피봉되었다. 순천의 난산재(鸞山齋)에 제향(祭享)하고 있다.

---

14) 해룡산(海龍山) : 순천 읍치(邑治)의 남쪽 10리에 있음.
15) 강남악부(江南樂府) : 1책 사본. 『해동악부(海東樂府)』의 체를 모방하여 전라남도 순천에서 생긴 특기할만한 사적을 모은 책. 1784년(정조 8)에 조현범(趙顯範)이 지음. 고려 때부터 이조 영조 때까지 충효의열(忠孝義烈)의 경모(敬慕)할 만한 일, 풍토속상(風土俗尙)의 영가(詠歌)할 만한 일, 기타 기사(奇事)·이적(異蹟)의 전칭(傳稱)할 만한 일들을 모아, 제목을 나누어 찬술, 거기에 권계(勸戒)의 뜻을 기탁했다. 공의 사적은 <인제산(麟蹄山)>이라는 제목으로 실려 있다.

가계(家系)

1 세조(朴淑貞)

　중흥조 박란봉의 때에서 다시 3·4세가 실전되었다가 고려 충숙왕조(忠肅王朝)에 보문각(寶文閣) 대제학(大提學)을 지낸 죽계(竹溪) 박숙정(朴淑貞)으로부터 순계대상승(系代相承)이 명확히 나타나게 되므로 공을 1세조로 받들고 있다.
　공은 벼슬이 보문각 대제학으로 당대의 석학이며 호연지기(浩然之氣)와 산수(山水)를 즐긴 풍류명사로서 빛나는 학문의 업적과 행적이 많았을 것이나 오늘날 그 자취가 전해오지 않고, 다만 풍채가 세상에서 뛰어나고 의용이 수려하여 익재(益齋) 이제현(李齊賢), 근재(謹齋) 안축(安軸) 선생 등과 친교가 있었다 하였다.
　『高麗史』「禹山節傳」에 의하면,
　"충숙왕(忠肅王) 때 당시 세도를 부리던 환관 풍산군(豊山君) 우산절(禹山節)의 장인인 밀성부사(密城府使) 김목경(金牧卿)이 사위의 세력을 빙자하여 탐학(貪虐)하니, 당시 찰방별감(察訪別監) 박숙정(朴淑貞)이 탄핵하여 파면시켰다."
고 하였다.
　『慶州先生案』에 의하면 1319년(충숙왕 6년) 경상도 제찰사(慶尙道提察使)가 되었으며, 1326년(충숙왕 13) 국자좨주(國子祭酒)16)로 관동존무사(關東存撫使)로 부임하여 관동지방의 산수가 아름답고 경치 좋은 곳에 정자를 지었으니, 강릉(江陵) 경포대(鏡浦臺)·울진(蔚珍) 취운루(翠雲樓)·고성(高城) 사선정(四仙亭) 등이 모두 공이 창건한 것이라 하며, 익재(益齋) 이제현(李齊賢), 근재(謹齋) 안축(安軸), 가정(稼亭) 이곡(李穀)의 기문(記文)과, 한강(寒岡) 정구(鄭逑)가

---

16) 국자좨주(國子祭酒) : 고려 때 국자감의 종3품 관직.

지은 서천부원군(西川府院君) 정곤수(鄭崐壽)의 행장에 전하고 있다.

돌아와 다시 판전교시사(判典校寺事)[17]가 되고 벼슬이 판삼사사(判三司事)[18] 겸 보문각(普文閣) 대제학(大提學)에 이르렀다.

대제학공의 생졸과 묘도 실전하였고 배위는 여흥민씨(驪興閔氏) 대언(代言) 시(蒔)의 따님인데 5남을 두었으니 원룡(元龍)은 이부시랑(吏部侍郎), 원구(元龜)는 중랑장(中郎將), 원린(元麟)은 절도사(節度使), 원상(元象)은 고려말에 공조전서(工曹典書)를 지내고, 두문자정(杜門自靖)[19]하여, 당시에 여말팔정(麗末八靖)[20]으로 통했다.

2 세조(朴元龍)

박원룡(朴元龍)은 충숙왕(忠肅王) 때 출생하여 어릴 때부터 총명하여 재주가 뛰어났다. 효성이 지극하여 부모를 정성으로 섬겼고 일찍이 익재(益齋) 이제현(李齊賢)[21]과 근재(謹齋) 안축(安軸)[22]에게 글을 배워 벼슬이 검교이부시

---

17) 판전교시사(判典校寺事) : 고려 때 경적(經籍)과 축소(祝疏)를 관장하던 관청인 전교시(典校寺)의 으뜸 벼슬인 정3품관직.
18) 판삼사사(判三司事) : 고려 삼사(三司)의 으뜸 벼슬. 종 1품. 재신(宰臣)이 겸임함.
19) 두문자정(杜門自靖) 신하가 절개를 지켜 벼슬에 나가지 않고 숨어서 스스로 정절(靖節)을 지키며 사는 것을 말함.
20) 여말팔정(麗末八靖) : 고려가 망하고 조선이 개국하자 벼슬에서 물러나서 고려를 위해 절개를 지킨 8명의 충신을 이름. 곧 공조전서(工曹典書) 박원상(朴元象), 밀직사(密直司) 고천상(高天祥), 사재령(司宰令) 정도(鄭蹈), 봉정대부(奉正大夫) 서중보(徐仲輔), 어은(漁隱) 이수인(李守仁), 창일(滄逸) 민유의(閔由誼), 호군(護軍) 김저(金佇), 찬성사(贊成事) 김동(金銅)을 말함. 『勝國名流標榜錄』
21) 이제현(李齊賢) : 1287(충렬왕 13)~1367(공민왕 16). 고려 말의 시인. 성리학자. 자는 중사(仲思). 초명은 지공(之公). 호는 익재(益齋). 시호는 문충(文忠). 본관은 경주(慶州). 검교정승(檢校政丞) 진(瑱)의 아들. 1301년(충렬왕 27) 나이 15세로 성균시(成均試)에 장원하고, 또 병과(丙科)에 급제. 1308년 뽑혀서 예문춘추관에 들어갔다. 뒤에 관직이 문하시중에 이르렀고, 사후에 공민왕 사당에 함께 모셔졌다. 저서로 익재난고(益齋亂藁)·역옹패설(櫟翁稗說)·익재집(益齋集)이 있다.
22) 안축(安軸) : 1282(충렬왕 8)~1348(충목왕 4). 고려 후기의 학자. 자는 당지(當之). 호는 근재(謹齋). 시호는 문정(文貞). 흥녕현(興寧縣) 사람 석(碩)의 아들. 문과에 급제

랑(檢校吏部侍郞)에 이르렀으나, 청렴결백한 성품 탓으로 소인들이 득세하던 조정에 환멸을 느끼고 영동(永同) 천마산 계곡으로 은퇴하여 자연을 벗삼아 지내다가 이곳에서 졸(卒)하였다.

배위는 영산김씨(永山金氏) 영산군(永山君) 영이(令貽)의 따님인데 1남을 두었으니 시중공(侍中公) 휘 천상(天祥)이다.

3 세조(朴天祥)

박천상(朴天祥)은 고려말의 명신으로 박원종(朴元宗)의 5대조이며, 1353년 (공민왕 2) 판개성부사(判開城府事)·판화령윤(判和寧尹)을 지내고 도첨의시중(都僉議侍中)에 이르러 평양부원군(平陽府院君)에 봉해졌다. 무예(武藝)로 이름이 났다. 1389년(공양왕 1) 왕족(王族)인 영흥군(永興君) 왕환(王環)[23]을 무고(誣告)하였다 하여 아들인 전밀직부사(前密直副使) 박가흥(朴可興), 지밀직 이숭인(李崇仁)[24], 하륜(河崙)[25]과 함께 원지(遠地)에 귀양갔다. 1390년(공

한 후 사헌규정(司憲糾正)을 지내다가 1324년(충숙왕 11) 원나라 과거에 합격하여 요양로(遼陽路) 개주판관(開州判官)을 내렸으나 가지 않았고, 본국의 성균학정(成均學正)을 거쳐 우사의대부(右司議大夫)에 이르렀다. 충혜왕 때 강릉도(江陵道)의 안렴사(按廉使)로 나가 관동와주(關東瓦注)를 지었다. 그 후 여러 벼슬을 거쳐 충목왕 때에 감춘추관사(監春秋館事)가 되어 충렬·충선·충숙 3조의 실록을 편찬하였다. 흥녕군(興寧君)에 피봉되었고, 공정하고 근검(勤儉)하여 명망이 높았다. 저서에 관동별곡(關東別曲)·한림별곡(翰林別曲)이 있다.
23) 영흥군(永興君) 왕환(王環): 고려 20대 신종(神宗)의 6대손. 보성군(寶城君) 왕희(王熙)의 아들. 부인은 영산신씨(靈山辛氏). 아들은 순평군(順平君) 왕산(王珊)·원윤(元尹) 왕형(王珩)·정윤(正尹) 왕근(王瑾)이다. 처남(妻男)인 신순(辛珣)이 신돈(辛旽)의 세력에 붙었다가 무릉도(武陵島: 울릉도)로 귀양갈 때 함께 귀양갔다가 19년 동안 생사를 알지 못하였는데 일본(日本)에 있는 것이 확인되어 창왕(昌王) 원년 (1389)에 회례사(回禮使)를 따라 돌아왔다. 이때 인친(姻親)인 박천상(朴天祥)·이숭인(李崇仁)·하륜(河崙) 등에게 그 진위(眞僞)를 가리게 하였는데, 왕환의 용모가 본인 같지 않으며 어리석어서 자기 아버지와 할아버지의 이름도 알지 못하였다. 인친들이 모두 왕환이 아니라고 하자, 그의 아내 신씨와 두 아들, 그의 형 잠수와 종실의 여러 군들이 모두 영환이 맞다고 하므로 박천상 등은 무고죄(誣告罪)로 몰려 원지(遠地)에 귀양갔다.

양왕 2) 이초(彝初)의 옥사(獄事)26)에 연루되어 순군27)옥(巡軍獄)에서 국문(鞫問)을 받았고, 1397년(태조 6) 일의 기일을 늦은 죄로 삭탈관직(削奪官職)28)되고, 재산이 적몰(籍沒)29)되었다가 1398년(태조 7) 용서되었다.

배위는 두 분이니, 초배는 원주원씨(原州元氏) 성안부원군(成安府院君) 호(顥)의 따님으로 안동(安東) 권겸(權謙)의 외손녀인데 후사가 없고, 계배는 성주이씨(星州李氏) 경원공(敬元公) 포(褒)의 따님으로 당대의 거유(巨儒) 이조년(李兆年)의 손녀이다.

3남을 두었으니 장남은 검교우의정 정후공(靖厚公) 가흥(可興), 차남은 판한성부사(判漢城府事) 정목공(靖穆公) 가실(可實), 3남은 고려 말의 절신(節臣)인 판개성윤(判開城尹) 가권(可權)이다.

---

24) 이숭인(李崇仁) : 1349(충정왕1)~1392(조선 태조1)고려 말의 학자. 고려 삼은(三隱)의 한 사람. 자는 자안(子安). 호는 도은(陶隱). 본관은 성주(星州). 공민왕 때 문과에 급제. 밀직제학이 되어 정당문학(政堂文學) 정몽주(鄭夢周)와 함께 실록을 편수하고, 동지사사(同知司事)에 전임하였으나 이후로는 친명파(親明波)와 친원파(親元派)의 모함을 받아가며, 여러 옥사(獄事)를 겪었고, 조선이 개국하자 정도전(鄭道傳)의 원한을 사서 그의 심복 황거정(黃居正)에게 살해되었다. 문장이 전아(典雅)하여 중국의 명사들도 모두 탄복하였다. 저서에 도은집(陶隱集)이 있다.

25) 하륜(河崙) : 1347(충목왕 3)~1416(태종 16). 고려 말 조선초의 명신. 자는 대림(大臨). 호는 호정(浩亭). 시호는 문충(文忠). 본관은 진주(晋州). 부사 윤린(允麟)의 아들. 1365년(공민왕 14) 문과에 급제. 첨서밀직사사(簽書密直司事)를 지내고 조선 초기에 국가를 정비하는데 많은 공을 세우고 1414년(태종 14) 영의정부사(領議政府事)가 되어 70세로 치사(致仕)하였다. 음양(陰陽)·의술(醫術)·성경(星經)·지리(地理) 등에도 정통하였고 일찍『태조실록』15권을 찬수하였다. 저서로『호정집(浩亭集)』이 있다.

26) 이초(彝初)의 옥사(獄事) : 공양왕 때 중랑장(中郎將) 이초(李初)와 파평군(坡平君) 윤이(尹彝)가 명나라에 있으면서 황제에게 호소하여 명나라의 힘을 빌려 시중(侍中) 계(李成桂)를 제거하려 했던 사건. 당시 사신으로 명나라에 머물고 있던 순안군(順安君) 방(昉), 동지밀직사(동지밀직사) 조반(趙胖)이 돌아와서 그 사실을 왕께 1390년(恭讓王) 2년 옥사가 크게 벌어져 이색(李穡)·우현보(禹玄寶) 등 수 십명이 순군옥(巡軍獄)·청주옥(淸州獄)에 하옥되고, 이초는 서울 밖에 쫓겨났다.『高麗史』

27) 순군(巡軍) : 순군만호부(巡軍萬戶府)의 준말. 순군만호부는 고려·조선조 초엽에 치안(治安)을 맡아보는 관청. 조선조 의금부(義禁府)의 전신임.

28) 삭탈관직(削奪官職) : 죄인의 벼슬과 품계를 빼앗고 사판(仕版)에서 깎아버림.

29) 적몰(籍沒) : 중죄인(重罪人)의 재산을 몰수하는 것.

4 세조(朴可興)

박가흥(朴可興)은 박원종의 고조부(高祖父)이며, 자가 안중(安中). 시호는 정후(靖厚)30)인데, 처음에 음보(蔭補)로 산원(散員)이 되었다가, 여러 직을 옮겨 다시 삼사좌윤(三司左尹), 1378년(우왕 4) 경상도 안렴사(慶尙道按廉使)를 거쳐 다시 밀직사(密直司) 우부대언(右副代言)에 발탁되고 예의판서(禮儀判書), 전법판서(典法判書), 군부판서(軍簿判書)를 역임하고 우왕조(禑王朝)에 밀직부사(密直副使)가 되었다. 1388년(우왕 14)에 당시의 세도가 이인임(李仁任)의 인척(姻戚)이었던 관계로 첨서밀직(簽書密直) 하윤(河崙)은 양주(襄州)로, 첨서밀직(簽書密直) 이숭인(李崇仁)은 통주(通州)로 밀직부사(密直副使) 박가흥(朴可興)은 순천(順天)으로 각각 귀양갔다.

1389년(공양왕 1)에는 당시의 왕족인 영흥군(永興君) 왕환(王環)을 무고(誣告)하였다 하여, 아버지 전판개성부사(前判開城府事) 박천상(朴天祥), 지밀직(知密直) 이숭인(李崇仁), 하윤(河崙) 등과 원지(遠地)에 귀양갔으며, 1390년(공양왕 2) 당시의 시중(侍中) 이성계(李成桂)를 제거하려던 이초(彛初)의 옥사(獄事)에 연루되어 순군옥(巡軍獄)에서 국문(鞠問)을 받고 원지에 유배되었다. 1391년(공양왕 3) 가산(家産)을 적몰하고 한 곳을 지정하여 머물게 하였다.

뒤에 정몽주(鄭夢周)의 주청으로 석방되었으며, 1414년(태종 14) 아들 석명(錫命)의 좌명(佐命)의 공으로 순충보조공신(純忠補祚功臣) 호를 받고 평양군(平陽君)에 봉해지고, 좌참찬(左參贊)을 받았으며, 다시 판공안부사(判恭安府事) 개성유후(開城留後)를 지내고 세종조에 검교31)의정부찬성(檢校議政府贊成) 검교우의정(檢校右議政)을 지내고 치사(致仕)32)하였다. 81세로 죽으니 세

---

30) 정후(靖厚) : 너그럽고 즐거워하여 고종명(考終命)한 것을 정(靖)이라 하고 생각이 틀리지 않은 것을 후(厚)라고 한다.
31) 검교(檢校) : 고려 말과 조선조 초기에 높은 벼슬 자리를 정원 외에 임시로 늘리거나 실지 사무를 보지 않고 이름만 가지고 있게 할 때에 그 벼슬 이름 앞에 붙이는 말. 검교정승(檢校政丞)·검교문하시중(檢校門下侍中) 따위.
32) 치사(致仕) : 나이가 많으므로 벼슬을 사양하고 물러나는 것. 주례(周禮)에는 칠십치

종이 부음을 듣고 3일간 철조(輟朝)³³)하였으며 정후(靖厚)³⁴)라는 시호를 내리고 예관(禮官)을 보내어 치제(致祭)³⁵)하게 하였다.

배위는 진주 정씨(晋州鄭氏)니, 청천군(菁川君) 문량공(文良公) 을보(乙輔)의 따님으로 자녀는 1남 6녀인데 아들은 문숙공(文肅公) 휘 석명(錫命)이요, 계배는 광주 정씨(光州鄭氏)니 개성윤(開城尹) 윤부(允孚)의 따님으로 아들은 휘 대홍군수(大興郡守) 순명(順命)이다.

5 씨조(朴錫命)

박석명(朴錫命)은 조선 태종 때의 명신(名臣)으로 박원종의 증조부(曾祖父)이며 호는 이헌(頤軒), 시호는 문숙(文肅)이다. 어려서 원천석(元天錫)의 문하에서 수학하였는데, 총명이 뛰어났고 숙성하여 1385년(우왕 11) 16세에 문과(文科)에 급제(及第)하고, 1390년(공양왕 2) 21세의 나이로 우부대언(右副代言), 병조판서(兵曹判書)를 지냈다.

고려 공양왕(恭讓王)의 아우 귀의군(歸義君) 왕우(王瑀 : 공양왕의 아우)의 큰 따님을 배필(配匹)로 맞이하였으니, 무안대군(撫安大君)³⁶) 방번(芳蕃)과는

사(七十致仕)라 하였음.
33) 철조(輟朝) : 왕이 정무(政務)를 정지(停止)하는 일. 폐조(廢朝)라고도 함. 종친(宗親)이나 대신(大臣)이 사망한 때에는 왕에게 주상(奏上)하고 철조(輟朝)하는데, 그 기간은 문무관(文武官)의 경우 정·종1품(正從一品)은 2일, 의정(議政)을 지낸 자는 3일, 정2품(正二品)은 1일이며, 참찬(參贊)·판서(判書)를 지낸 자는 2일임.
34) 정후(靖厚) : 너그럽고 즐거워하여 고종명(考終命)한 것을 정(靖)이라 하고 생각이 틀리지 않은 것을 후(厚)라고 한다.
35) 치제(致祭) : 웃 사람이 제문(祭文)과 제물(祭物)을 내리어 죽은 아랫 사람에게 제사하는 것.
36) 무안대군(撫安大君) : ?~1397(태조 7). 조선 태조의 제7남. 시호는 장혜(章惠). 어머니는 신덕왕후(神德王后). 1392년(태조 1) 무안대군(撫安大君)에 피봉. 태조 즉위 초에 세자책정문제(世子策定問題)가 있은 후, 태조는 내심으로 방번을 책정코자 하였으나, 재신들의 추천으로 방석(芳碩)이 책정되었다. 1398년(태조 7)에 방원(芳遠)의 난으로 쫓겨나 서문을 나간 후 중도에서 조준(趙浚) 등에게 피살되었다. 후에 태종이 휼전(恤典)을 추거(追擧)하여 시호를 추증하고, 1437년(廣平大君)이 그의 사자(嗣

동서간(同壻間)이다.

1392년 조선(朝鮮)이 개국(開國)하자 귀우군(歸義君) 왕우(王瑀)[37]의 사위이기 때문에 화를 피해 7년간 은거했다. 1399년(정종 1) 고려의 구신(舊臣)들이 등용되자 좌산기상시(左散騎常侍)로 기용, 안주목사(安州牧使)를 거쳐 이듬해 도승지(都承旨)가 되고 정종이 태종에게 선위할 때 그 교서(敎書)[38]를 가져가서 태종을 옹립했다. 1401년(태종 1) 추충익대좌명공신호(推忠翊戴佐命功臣號)[39]를 받고 3등에 책록되어 평양군(平陽君)에 피봉되었다. 1403년(태종 3) 주자소(鑄字所)가 설치되자 주자소 제조(提調)로서 조선 최초의 구리활자인 계미자(癸未字)를 예문관 대제학(藝文館大提學) 이직(李稷)[40] 총재(摠裁) 민무질(閔無疾)[41]과 함께 수십만자의 활자(活字)를 주조했다. 1405년(태종 5) 지의정부사(知議政府事 : 좌참찬)가 되었는데 자급(資級)을 뛰어넘어 승진하여 조선 역사상 처음 있는 일이라고 하였다. 1406년(태종 6) 함경도선위사(咸鏡道

子)로 입양되었다.
37) 귀우군(歸義君) 왕우(王瑀) : 고려 34대 공양왕(恭讓王)의 동생. 왕우(王瑀)는 처음에 정양군(定陽君)으로 책봉되었고 공양왕 원년에 부원군(府院君)으로 승진되었으며 판문하(判門下)로 있다가 영삼사(領三司) 종부시사(宗簿寺事)로 고쳐 임명되었다. 왕은 사친(四親)을 추존한 후 왕우(王瑀)에게 그 제사를 주관하게 하였다. 공양왕 3년(1391)에 영문하부사(領門下府事)로 있었고 조선조에 이르러 마전군(麻田郡) 귀의군(歸義君)으로 책봉되어 있다가 죽었으며 시호는 경희(景禧)이다. 아들은 정강군(定康君) 왕조(王珇)와 원윤(元尹) 왕관(王琯)이다.
38) 교서(敎書) : 왕이 내리는 명령서.
39) 좌명공신(佐命功臣) : 1401년 박포(朴苞)의 난을 평정하고 태종을 추대한 46명의 공신에게 내린 훈호. 4등으로 갈라 상당후(上黨侯) 이저(李佇) 등 9명에게 진충좌명(盡忠佐命) 1등, 예문관춘추학사 이래(李來)에게는 진충좌명 2등, 의안군 화(義安君 和)·완산후(完山侯) 이천우(李天祐)에게는 익대좌명(翊戴佐命) 2등, 창녕백(昌寧伯) 성석린(成石璘) 등 12명에게는 익대좌명 3등, 참찬(參贊) 조박(趙璞) 등 22명에게는 익대좌명 4등을 각각 주어 표창하였다.
40) 이직(李稷) : 1362(공민왕 11)~1431(세종 13). 자는 우정(虞廷). 호는 형재(亨齋). 시호는 경문(景文). 본관은 성주(星州). 고려 평리(評理) 인민(仁敏)의 아들. 1377년(우왕 3) 문과에 급제. 1424년(세종 6)에 영의정, 26년 좌의정이 되고 이듬해 퇴임했다.
41) 민무질(閔無疾) : 좌의정 민제(閔霽)의 아들. 민무구(閔無咎)의 형. 본관은 여흥(驪興). 1403년(태종 3)에 예문관 총제(摠制)로서 왕명에 의하여 송판(宋板)의 『시전(詩傳)』을 자본(字本)으로 하여 구리로 활자 수십만자를 주조하였다.

宣慰使) 등을 역임. 다시 지의정부사 겸 대사헌(大司憲), 판순금사사(判巡禁司事)가 되어 평양부원군(平陽府院君)에 진봉(進封)되었으며 예조(禮曹)와 병조판서(兵曹判書) 등을 역임하고 이조판서(吏曹判書)에 이르렀다.

1406년(태종 6) 7월에 전라도제주도체찰사(全羅道濟州島體察使)의 임무를 띠고 남쪽으로 내려가다 김제역(金蹄驛)에 이르러 37세의 젊은 나이로 일생을 마치니 당시 관리들이 모두 장래가 촉망되던 인물인데 일찍 죽어 애석하게 여겼다.

태종은 공의 부음[42]을 듣고 매우 슬퍼하여 충청도관찰사(忠淸道觀察使)에게 쌀과 콩 1백 2십 석(石)과 백지를 내려 국비로 예장(禮葬)[43]하도록 명하고 3일간 철조(輟朝)하고 예관(禮官)을 보내어 치제(致祭)하였다. 사후에 우찬성(右贊成)에 추증(追贈)[44]되었다.

아들은 3남인데 장남 거비(去非)는 1430년(세종 12) 첨총재(僉摠裁)가 되고, 1434년(세종 16) 대호군(大護軍)을 거쳐 1441년(세종 23) 중추원부사(中樞院副使)에 이르렀다.

권근(權近)이 지은 진한국부인(辰韓國夫人) 진주정씨(晉州鄭氏) 묘지명(墓誌銘)에 거비(去非)는 송수(松壽) 송몽(松夢)[45] 두 아들이 있다 하였는데 모두 실전되었다.

2남 거완(去頑)은 부정(副正)을 역임하고 세조조에서 좌익원종공신(左翼原從功臣) 3등에 책록되고 금성대군(錦城大君)[46] 유(瑜)가 병자 이후 참화를 당

---

42) 부음(訃音) : 사람이 죽었다는 기별. 부고(訃告).
43) 예장(禮葬) : 종친(宗親)·대신(大臣)이 죽었을 때 나라에서 장사를 지내주던 일.
44) 우찬성(右贊成)에 추증(追贈) : 손자 박중선(朴仲善)의 적개(敵愾)의 공으로 3대 추증의 예에 따라 추증된 것이다. 1품계를 오를 때마다 1품계씩 감계(減階)하였다(『兩銓便攷』「追贈」조).
45) 1932년에 간행된 『박씨총보(朴氏總譜)』에는 "송수(松壽)와 몽수(夢壽)"로 되어 있다. 行列 字의 선후 문제로 볼 때 오히려 근리한 듯하나 자세치 않으므로 그대로 둔다. 참고로 『단종실록』 3년 5월 10일(갑인)조에는 "박거비(朴去非)의 아들 박동(朴同)"이라는 기사가 있음도 아울러 밝혀둔다.
46) 금성대군(錦城大君) : 세종의 6자. 이름은 유(瑜). 어머니는 소헌왕후(昭憲王后) 심씨(沈氏). 수양대군(首陽大君)이 어린 단종의 왕위를 찬탈하자, 단종의 왕위를 복위시

하니 공은 그 붕당으로 지목되어 아들 호선(好善)과 함께 유배되었다가 세조 3년(1458) 2월에 자원안치(自願安置)되고 세조 13년(1468)에 사면되었다. 후손은 6대손까지 전해오다 임진왜란을 전후하여 흩어져 실전되었다. 벼슬이 지중추부사(知中樞府事)에 이르렀다. 3남은 부지돈령부사(副知敦寧府事)를 지낸 거소(去疎)이다.

6 세조(朴去疎)

박거소(朴去疎)는 조선 문종조(文宗朝)의 문신으로 박원종의 조부(祖父)이다. 1434년(세종 16) 오위 부사정(副司正 : 종 7품)이 되고, 1452년(단종 즉위) 부지돈령부사(副知敦寧府事)가 되었다. 사후(事後)인 1466년(세조 1) 전에 세조(世祖)를 도왔던 공으로 좌익원종공신(佐翼原從功臣) 2등에 책록되고 평원군(平原君)에 봉해졌다. 67년(세조 2) 아들 중선(仲善)의 적개(敵愾)의 공으로 순충보조공신(純忠補祚功臣)[47]이 되고 평양군(平陽君)에 개봉(開封), 우의정(右議政)에 추증(追贈)[48]되었다.

배위는 청송심씨(靑松沈氏)이며 개국공신 청송백(靑松伯) 덕부(德符)의 손녀로 영의정(領議政) 청천부원군(靑川府院君) 온(溫)의 따님인데 세종(世宗)의 비인소헌왕후(昭憲王后)의 동생이다.

키려다 사육신(死六臣)이 처형되자 다시 금성대군이 단종의 왕위를 복위시키려다 탄로되어 단종은 노산군(魯山君)으로 강봉(降封)되어 영월(寧越)로 가고, 금성대군은 순흥부(順興府)로 쫓겨났다. 그곳에서 다시 부사 이보흠(李甫欽)과 단종의 복위를 밀모하다 얼마 뒤에 발각되어 안동옥(安東獄)에 갇혔다가 사사(賜死)되었고, 노산군도 이로 인해 죽음을 당했다.

47) 순충보조공신(純忠補祚功臣) : 1등 공신의 부(父)에게는 순충적덕병의보조공신(純忠積德秉義補祚功臣)을, 2등 공신의 부에게는 순충적덕보조공신(純忠積德補祚功臣)을, 3등 공신의 부에게는 순충보조공신(純忠補祚功臣)을 추증한다(原從 1등의 부에게는 生時에 지낸 벼슬에 1품계를 올려 준다).『兩銓便攷』「追贈」조

48) 우의정(右議政)에 추증(追贈) : 충훈부(忠勳府)의 군(君)이나 판돈령(判敦寧)의 아버지에게는 우의정을 추증(追贈)하는 예를 따른 것이다(이상은 예에 따라 3대를 추증한다).『兩銓便攷』「追贈」조

7 세조(朴仲善)

박중선(朴仲善)은 조선 세조 때의 공신(功臣)으로 자는 자숙(子淑), 시호는 소양(昭襄)[49]이다.

박원종(朴元宗)의 부(父)이자, 월산대군(月山大君)[50] · 제안대군(齊安大君)[51]

---

49) 소양(昭襄) : 용모와 품위가 공순함을 소(昭)라 하고, 갑주(甲冑)의 공로가 있음을 양(襄)이라 하였다.
50) 월산대군(月山大君) : 1454(단종 2)~1488(성종 19). 성종(成宗)의 친형. 덕종(德宗)의 장남. 박원종(朴元宗)의 매형. 이름은 정(婷). 자는 자미(子美). 시호는 효문(孝文). 부인은 병조판서 박중선(朴仲善)의 딸인 승평부대부인(昇平府大夫人). 1459년(세조 5) 월산군(月山君)에 피봉. 1468년 현록대부(顯祿大夫)가 더해지고, 1471년(성종 2) 대군(大君)에 진봉되고, 좌리공신(佐理功臣)의 호를 받았다. 시주(詩酒)를 좋아하여 자기 집 뒷 뜰에 정자를 짓고, 서적을 쌓아 두고 풍류적인 생활을 하였다. 특히 성종과 우애가 깊었다고 하는데, 왕은 이 정자에 행차하여 풍월정(風月亭)이라는 당호를 내리고, 친히 근체시(近體詩) 5언 율시를 지어주고, 근신(近臣)들에게도 화운(和韻)토록 하였다고 한다. 고양(高陽)의 북촌(北村)에도 별장을 두고 한가할 때면 바로 가서 구경하고 시를 읊고 홍취를 붙였는데, 성종은 그럴 때마다 반드시 중관(中官 : 내시)에게 술을 보내어 즐기게 하였다고 한다. 한강의 망원정(望遠亭)도 그의 정자이다. 효성이 지극하여 1488년(성종 19) 9월에 인수왕대비(仁粹王大妃)의 병환이 위독하자 밤낮으로 걱정하여 탕약(湯藥) 받드는 일에 힘쓰다가 병을 얻어 그해 (1488) 12월 21일 35세의 젊은 나이로 죽었다. 저서로『풍월정집(風月亭集)』이 있다. 신도비는 대호군(大護軍) 임사홍(任士洪)이 성종의 명을 받들어 짓고 썼다. 집은 지금의 덕수궁(德壽宮) 자리이며, 묘소는 고양시(高陽市) 신원동(新院洞)에 있는데, 향토유적 제1호로 지정되어 있으며, 사당인 석광사(錫光祠)는 문화재 자료 제79호로 지정되어 있다. 승평부대부인과는 소생이 없고, 후실인 원주김씨(原州金氏)와의 사이에 2 아들을 두었다고 하는데 선원록(璿源錄)에는 다만 덕풍군(德豊君)만이 기록되어 있는 것으로 봐서 한 명은 일찍 죽은 듯하다.『세조실록(世祖實錄)』,『성종실록(成宗實錄)』,『조선왕조선원록(朝鮮王朝璿源錄)』.
51) 제안대군(齊安大君) : 예종의 2자. 이름은 현(琄). 자는 국보(國寶). 시호는 영효(靈孝). 정(正) 증좌의정(贈左議政) 상주김씨(尙州金氏) 수말(守末)이 딸에게 장가갔으나 중병에 걸리자 안순왕후(安順王后)의 명으로 친정으로 돌려보내고, 다시 순천박씨(順天朴氏)에게 장가갔으니, 평양군(平陽君) 증영의정(贈領議政) 소양공(昭襄公) 박중선(朴仲善)의 딸이다. 그 후에 왕후의 명으로 다시 김씨와 만나 살았으며 자식이 없다. 효성이 지극하여 모후(母后)의 상을 만나 별려(別廬)에서 상기를 마치면서 애모(哀慕)하여 마지 않았다. 평생에 여색(女色)을 가까이 하지 않고 다만 성악(聲樂)을 즐기고 관악(管樂) · 현악(絃樂)에 모두 능하였다. 그의 집이 한양 수진방(壽進坊) 지금의 수송동 53번지에 있던 수진궁(壽進宮)이다. 묘소는 성남시(城南市) 순

의 장인이다.

어려서 부모를 잃고 스스로 선생을 찾아 다니며 공부했고, 커서는 무예를 닦았다. 음보(陰補)로 충순위(忠順衛)에 들어갔다가 부호군(副護軍)으로 선전관(宣傳官)을 겸임하고 1460년(세조 6) 무과(武科)에 장원(壯元), 훈련원부사(訓鍊院副事)가 되었다.

이어 지훈련원사(知訓鍊院事)에 승진, 예빈시 소윤(禮賓寺少尹), 부지통례문사(副知通禮門事), 판군기감사(判軍器監事), 지병조사(知兵曹事)를 역임하고 1463년(세조 9) 병조참의(兵曹參議), 1466년(세조 12) 병조참판(兵曹參判)이 되었다.

1467년(세조 13) 이시애(李施愛)[52]의 난이 일어나자 평로장군(平虜將軍)으로서 황해도 관군을 인솔하여 선봉에서 난을 진압한 후 정충출기포의적개공신(精忠出氣布義敵愾功臣)[53] 1등에 책록, 평양군(平陽君)에 피봉되고 병조판서(兵曹判書)에 승진했다. 이어 평안도 관찰사를 거쳐 병조판서에 재임되고, 1468년(예종 즉위) 남이(南怡)[54]의 옥사(獄事)를 다스린 공으로 추충정난익대

진동(壽進洞)에 있었으나, 포천군(抱川郡) 소흘면(蘇屹面) 이곡리(梨谷里)로 이장했는데 김씨부인과 쌍분(雙墳)이며, 수진동에 있던 박씨부인묘는 화장하여 묘를 없애고(광안에서 명기(冥器)인 나무로 된 남녀 인형 한 쌍이 나왔는데 후손이 보존하고 있다 한다.) 사당에 위패만을 함께 봉안하고 있다 한다. 신도비는 좌의정 이행(李荇)이 지었다.

52) 이시애(李施愛) : ?~1467(세조13). 조선 세조 때의 무관. 본관은 길주(吉州). 검교문하부사(檢校門下府事) 원경(原京)의 손자. 판영흥대도호부사(判永興大都護府使) 인화(仁和)의 아들. 회령부사(會寧府事)를 지냈다. 1467년(세조 13) 북도(北道)의 수령을 남도 인사로써 삼는 것이 부당하다고 아우 이시합(李施合)과 매부 이명효(李明孝)와 함께 반란을 일으켜 절도사 강효문(康孝文)을 죽이고, 경관(京官) 출신의 북도 수령 및 관리를 모두 죽였다. 그러나 북청만령(北靑蔓嶺)에서 패하여 경성(鏡城)으로 퇴각하였으나 그의 당인 이주(李珠)·이운로(李雲露) 등에게 살해되고 이로써 3개월 만에 난은 진압되었다.

53) 적개공신(敵愾功臣) : 1467년(세조 13) 이시애(李施愛)의 난을 평정한 평정한 공신에게 준 훈호(勳號). 1등은 정출기포의(精忠出氣布義) 적개공신이라 하여 귀성군(龜城君) 이준(李浚)·박중선(朴仲善)·남이(南怡) 등 10명, 2등은 정충포의(精忠布義) 적개공신이라 하여 김국광(金國光) 등 23명, 3등을 정충(精忠) 적개공신이라 하여 영순군(永順君) 부(溥) 등 11명을 공신으로 삼고 토지를 하사하였다.

공신(推忠定難翊戴功臣)55) 3등에 책록되고 숭정대부(崇政大夫)에 승진, 1469년(예종 원년) 봉군(封君)을 체천(遞遷)하였고, 1471년(성종 2) 어린 성종(成宗)을 보필하여 추대한 공으로 순성명량좌리공신(純誠明亮佐理功臣)56) 3등이 되었다.

76년(성종 7) 판중추부사(判中樞府事)로 사은사(謝恩使)가 되어 연경(燕京)57)에 다녀왔으며 78년(성종 9) 이조판서(吏曹判書)가 되고 79년(성종 10) 판돈령부사 겸 지훈련원사(判敦寧府事兼知訓鍊院事)에 이르렀다.

성질이 과묵(寡默)하여 남에게 시비를 말하지 않았다고 한다. 사후에 우의정(右議政)에 추증58)되어 평양부원군(平陽府院君)에 진봉(進封)되었다가 다시 영의정(領議政)에 추증59)되고 평성부원군(平城府院君)에 개봉(改封)60)되었다.

---

54) 남이(南怡) : 1441(세종 23)~1468(예종 즉위). 태종의 외손. 좌의정 권남(權擥)의 사위. 1457년(세조 3) 17세에 무과에 급제. 세조의 총애를 받았다. 이시애(李施愛)의 반란과 건주위(建州衛)를 정벌하는 데 공을 세우고, 적개공신(敵愾功臣) 1등에 책록되어 26세의 젊은 나이로 병조판서가 되었다. 그러자 한계희(韓繼禧)는 종실이나 외척에게 병권을 주는 것은 부당하다고 간하였고, 예종이 즉위한 후 유자광(柳子光)의 무고로 처형되었다.
55) 익대공신(翊戴功臣) : 1468년(예종 즉위) 남이(南怡)·강순(康純) 등이 반역을 음모한다 하여 이들의 옥사(獄事)를 다스리는 데 공을 세운 신숙주(申叔舟)·한명회(韓明澮) 등 38명에게 준 훈호. 1등 공신은 수충보사병기정란익대공신(輸忠保社炳幾定難翊戴功臣), 2등 공신은 수충보사정난익대공신, 3등 공신은 추충정란익대공신(推忠定難翊戴功臣)이라 일컬었다.
56) 좌리공신(佐理功臣) : 1471년(성종 2) 신숙주(申叔舟)·한명회(韓明澮) 이하 73명에게 임금을 잘 보좌하고 정치를 잘 하였다는 공으로 내린 훈호. 1등은 신숙주 등 9명, 2등은 월산대군(月山大君) 외 11명, 3등은 성봉조(成奉祖) 외 18명, 4등은 김수온(金守溫) 외 35명이다. 그리고 좌리공신의 아버지에게도 추증(追贈)하여 순충보조공신(純忠補祚功臣)이라 칭하게 하였다.
57) 연경(燕京) : 중국 북경(北京)의 옛 이름. 옛날 연(燕)나라의 도읍이었으므로 이렇게 부름.
58) 우의정(右議政)에 추증(追贈) : 대군(大君)의 처부(妻父)에게 우의정을 추증하는 예에 따른 것이다.『兩銓便攷』「追贈」조
59) 영의정(領議政)에 추증 : 영의정·좌의정·우의정의 아버지에게는 모두 영의정을 추증하게 되어 있는데 아들 박원종(朴元宗)이 영의정이 되었기 때문이다.『兩銓便攷』「追贈」조
60) 평성부원군(平城府院君)에 진봉 :『선원록(璿源錄)』월산대군(月山大君)과 제안대군

9 쎄조(朴 雲)

박운(朴雲)은 조선 중기의 문신(文臣)으로 아버지는 정국1등공신(靖國1等功臣)인 영의정 박원종(朴元宗)이며, 어머니는 정경부인(貞敬夫人)인 창녕성씨(昌寧成氏)로 1488년(성종 19)년에 태어났다. 1506년(중종 원년) 아버지 박원종과 함께 중종반정(中宗反正)에 참여하여 정국원종공신(靖國原從功臣)에 책록되고, 음직(蔭職)으로 관직에 나아갔다. 1530년(중종 25) 병조판서(兵曹判書) 이항(李沆)에게 서대(犀帶) 1벌과 청단(靑緞) 3필을 주고 응패두(鷹牌頭)[61]가 되고자 하였다가 평소 김안로(金安老)의 미움을 받던 터라 분경죄(奔競罪 : 獵官運動罪)로 그의 사주를 받은 대간(臺諫)의 탄핵으로 추문(推問)을 받고, 다음 해에 아버지의 신주를 가지고 의주(義州)로 귀양갔다가 1536년(중종 31) 원훈(元勳)의 아들이라 하여 영의정 정광필(鄭光弼)의 주청과 생원 이종익(李宗翼)의 상소로 풀려났다.

그는 아버지 박원종의 상속자로 많은 재산을 물려받아 집이 궁궐과 같았으며, 수천만의 재산을 가지고 병조판서 이항(李沆)의 물주(物主)가 되기도 하였으며, 1537년(중종 32) 묵사동(墨寺洞)의 아버지 박원종의 집을 둘로 분할하여 동산(東山)에 있는 집은 그가 차지하고, 아랫집은 양손녀(養孫女)의 남편되는 김안로(金安老)의 아들 김기(金祺)가 차지하였는데, 쟁송(爭訟)이 벌어져 결국 박운이 차지하게 되자 더욱 김안로의 미움을 샀다.

1550년(명종 5) 상소를 올려 중이 된 자 중에 행실을 닦고 학문이 정(精)한 자가 있으면, 그로 하여금 그 도를 보전하도록 해야 한다는 말을 하여 불교를 보호하려는 명종(明宗)의 뜻과 맞아 충순위(忠順衛) 부사용(副司勇)이 되었다.

뒤에 벼슬이 대호군(大護軍)에 이르렀으며, 1570년(선조 3) 83세로 죽었다.

(齊安大君)의 처부(妻父)조에 '判書 平城府院君 贈 領議政 仲善 女'로 되어 있다.
61) 응패두(鷹牌頭) : 응패(鷹牌)는 매를 놓아 사냥할 수 있는 신패. 패가 없는 사람이 매를 놓으면 사헌부(司憲府)에서 규찰하여 함부로 매사냥하는 것을 금하였음. 응패두(鷹牌頭)는 장용위(壯勇衛)의 군속(軍屬)으로 장용위의 소속 군사 50명을 인솔하는 군인을 말함.

그의 묘표의 문양은 매우 특이하여 우리 나라 묘제사(墓制史) 연구에 중요한 자료가 되고 있는데, 앞면에는 고구려 고분벽화에도 나오는 태양 속에 산다는 삼족오(三足烏)[62]가 묘사되어 있고, 뒷면에는 달에서 옥토끼가 절구로 선약(仙藥)을 빻고 있는 모습[63]이 새겨져 있다. 이런 문양의 묘표는 아직까지 남양주(南楊州)에 있는 박운(朴雲)의 묘표와 같은 남양주에 있는 고려 말의 명장 변안렬(邊安烈) 장군의 묘표가 밝혀져 있으나, 변장군의 묘표엔 박운 묘표와는 정반대로 앞면에는 옥토끼가 선약을 빻는 모습을, 뒷면에는 삼족오를 묘사하고 있다.

---

[62] 삼족오(三足烏) : 중국 신화(神話)에 의하면, 처음 하늘에는 10개의 태양이 있었다고 한다. 그러나 너무 더워 살 수가 없게 되자 활의 명수인 후예(后羿)가 하나만 남기고, 아홉 개는 활로 쏘아 떨어뜨렸다고 한다. 이 하나 남은 태양에는 다리가 셋 달린 붉은 까마귀인 삼족오(三足烏)가 산다고 전해진다. 삼족오는 서왕모(西王母)에게 진귀한 음식을 구해 바치는 일을 맡고 있었는데, 너무 일을 잘한 관계로 해나라로 파견되었다. 태양에서 살게된 그가 새로 맡게된 일은 매일 태양을 동쪽에서 서쪽으로 옮기는 일이었다. 이로부터 삼족오는 영원히 태양에서 살게 되었다고 한다. 현재 중국 호남성(湖南省) 장사(長沙)의 마왕퇴(馬王堆)라는 한(漢)나라 무덤에서 발견된 비단그림과 고구려(高句麗) 고분 중 각저총(角抵塚)과 삼실총(三室塚), 쌍영총(雙楹塚), 강서중묘(江西中墓) 등 대부분의 고구려 고분벽화에 등장하고 있다.

[63] 옥토끼……모습 : 아홉 개의 태양을 활로 쏘아 떨어뜨린 후예(后羿)는 인간들의 추앙을 받아 인간세상에 남게 되었다. 그러나 하늘로 돌아가지 못하게 된 그의 아내인 항아(嫦娥)만은 천상의 생활을 그리워하여 날로 쇠약해져 갔다. 아내를 무척이나 사랑했던 후예는 결국 곤륜산(崑崙山)의 서쪽에 살며, 질병을 관장한다는 서왕모(西王母)를 찾아가서 장생불로(長生不老)의 선약(仙藥)을 구해 온다. 서왕모는 그 약은 반드시 두 사람이 함께 먹을 것이며, 그렇지 않을 경우 약을 먹은 사람만 하늘로 올라가 버리는 비극이 생길 것이라고 했다. 이 사실을 알게 된 항아는 후예 몰래 혼자 선약을 먹고 월궁(月宮), 즉 달로 달아나 버리고 만다. 남편을 속이고 혼자 달로 도망친 배신행위에 대한 벌로 항아는 결국 보기 흉한 두꺼비로 변하여 아무리 베어도 베어지지 않는 계수나무에 도끼질을 해야 했고, 끝도 없이 선약을 빻아야만 했던 것이다. 그러나 이후 아름다움과 여성적 형상을 간직한 달과 두꺼비인 섬여(蟾蜍)의 이미지가 맞지 않다 하여 섬여는 옥토끼로 대체되어 계수나무 아래서 선약을 찧고 있는 모습으로 바뀌었다.

박원종(朴元宗)에 대한 소고(小考)

본고(本稿)에서는 박원종(朴元宗)에 대한 몇 가지 허실(虛實)을 짚어보고자 한다.

1. 박원종의 출신에 대하여

박원종(朴元宗)은 자가 백윤(伯胤)이요 시호가 충열공(忠烈公)[64]이다.
그는 전통적인 무관 집안[65]이자 훈구공신(勳舊功臣)의 가문[66]에서 태어났다.
관찬사서(官撰史書)인 조선왕조실록(朝鮮王朝實錄)과 연구서(硏究書)를 근거로 하여 박원종(朴元宗)의 가문(家門)을 살펴보면, 증조부(曾祖父)인 문숙공(文肅公) 박석명(朴錫命)이 태종(太宗) 이방원(李芳遠)과는 왕자(王子)시절에 동문수학(同門修學)하던 친구(親舊)사이로 태종(太宗)이 즉위(卽位)한 후에는 파격적(破格的)인 대우(待遇)를 받아 무려 10년 간을 왕명(王命)을 출납(出納)하는 지신사(知申事 : 都承旨)를 맡았으며 지의정부사(知議政府事 : 左參贊)에

---

64) 충렬공(忠烈公) : 처음에 무열(武烈)로 시호를 받았다가 뒤에 이 시호로 개시(改諡)되었는데 시기는 미상(未詳)이다.
65) 순천박씨의 시조(始祖)인 박영규(朴英規)는 후백제의 장군이자 후백제 견훤왕의 사위로 고려통합삼한공신(高麗統合三韓功臣)에 책록되어 관직이 삼중대광(三重大匡)에 이르렀고, 중시조인 박란봉(朴蘭鳳)은 충렬왕 때 대장군(大將軍)으로 정승(政丞)에 이르렀고, 평양부원군에 봉해졌으며, 5대조인 박천상(朴天祥)은 무과에 급제하여 공민왕 때 평양부원군(平陽府院君)에 봉해지고, 도첨의시중(都僉議侍中)에 이르렀다. 또한 아버지인 박중선(朴仲善)은 무과(武科)에 장원(壯元)으로 급제하여 판돈령부사(判敦寧府事)에 이르렀고, 숙부되는 박숙선(朴叔善)도 무과에 84명 중 장원으로 급제하여 동지돈령부사(同知敦寧府事)에 이르렀다.
66) 훈구공신(勳舊功臣)의 가문 : 박원종의 증조부인 박석명(朴錫命)이 태종(太宗)과 왕자시절 동문수학(同門修學)한 친구 사이로 태종을 추대하여 좌명공신(佐命功臣) 3등에 책록되었고, 종조부(從祖父)인 박거완(朴去頑)이 좌익원종공신(佐翼原從功臣) 3등에, 조부(祖父)인 박거소(朴去疎)가 좌익원종공신 2등에 책록되고, 평원군(平原君)에 봉해졌다. 부친인 박중선(朴仲善)은 적개공신(敵愾功臣) 1등과 익대(翊戴)·좌리공신(佐理功臣) 3등에 책록되었다.

이르러 6조의 판서를 겸했으며, 좌명공신(佐命功臣) 3등에 책록되었다.
 아버지인 박중선(朴仲善)은 성종왕자(成宗王子)인 월산대군(月山大君)과 예종왕자(睿宗王子)인 제안대군(齊安大君)의 장인(丈人)으로 적개공신(敵愾功臣) 1등과 익대공신(翊戴功臣) 3등, 좌리공신(佐理功臣) 3등으로 많은 전토(田土)와 노비(奴婢)를 하사(下賜)받았으며, 박원종 또한 중종(中宗)을 추대(推戴)하여 정국공신(靖國功臣) 1등에, 이과(李顆)의 옥사(獄事)를 다스린 功으로 정난공신(定難功臣) 1등에 각각 책록(策錄)되었으며 많은 상(賞)을 받았는데 당시 이들이 공신(功臣)으로서 하사받은 물품을 살펴보면 다음과 같다.

증조(曾祖) 박석명(朴錫命) (佐命 3等功臣)
佐命功臣 3等: 田 80結, 奴婢 8口, 丘史(驅從) 3名, 眞拜把領 6名, 銀帶 1腰, 表裡 1段, 廐馬 1匹
부친(父親) 박중선(朴仲善) (敵愾 1等, 翊戴 3等, 佐理 3等功臣)
敵愾功臣 1等: 田 150結, 奴婢 13口, 丘史 7名, 伴倘(從卒) 10名
翊戴功臣 3等: 田 80結, 奴婢 8口, 根隨 3人, 伴倘 6人
佐理功臣 3等: 田 20結, 奴婢 3口, 丘史 3人
본인(本人) 박원종(朴元宗) (靖國1等, 定難 1等功臣)
靖國功臣 1等: 田 150結, 奴婢 13口, 丘史 7名, 伴倘 10人, 銀 50兩, 表裡 1段, 內廐馬 1匹
定難功臣 1等: 田 150結, 奴婢 13口, 丘史 7名, 伴倘 10人[67]

이 외에도 당시 영의정(領議政)이던 신수근(愼守勤)의 집과 재산, 연산군(燕

---

67) 李秉烋,『朝鮮前期 畿湖士林派 硏究』1987, 一潮社.
　『太宗實錄』元年조 기사 참조.
　『世祖實錄』13년 기사 참조.
　『睿宗實錄』卽位年 기사 참조.
　『中宗實錄』元年 2년 기사 참조.
　『浩亭集』「錄佐命功臣等敎書」참조.

山君)의 딸인 휘순공주(徽順公主)의 집과 재산, 도산(陶山 : 남양주시 와부읍 도곡리)의 별장(別莊)을 하사받았으며, 중종 1년(1506) 10월 23일 공신회맹(功臣會盟)을 가진 후에는 금잔(金盞) 4부, 칠보대구(七寶臺具) 1부, 은병(銀甁) 1개씩을 하사받았고, 중종 2년 (1507) 윤 1월 28일 숙마(熟馬 : 잘 길든 말) 1필을 하사받았다. 중종 4년(1509) 윤 9월 25일 중국에 사은사(謝恩使)로 다녀와 궐리지(闕里誌)의 중국판(中國版) 8권을 올려서 털요(毛縟) 한 벌을 하사받았다.68) 또 일찍이 연산군 12년(1506) 누님인 승평부부인(昇平府夫人)이 죽자 누님의 뜻으로 월산대군(月山大君)가의 노비를 상속받은 바 있고69), 이외에도 하사받은 물건이 수없이 많다.

2. 박원종의 출사(出仕)와 관력(官歷)에 대하여

그는 어려서부터 사어(射御)70)가 출중하여 음보(蔭補)71)로 무관직에 발탁되었다. 1486년(성종 17)에 선전관(宣傳官)으로 있을 때 무과에 급제하고 선전내승(宣傳內乘)으로 오랫동안 왕을 측근에서 모셨다. 1492년(성종 23)에 동부승지(同副承旨)로 발탁되고 공조(工曹) 및 병조참의(兵曹參議)를 거쳐 연산군(燕山君)이 등극하자 이조참의가 되고, 1498년(연산군 4) 다시 동부승지와 좌부승지가 되고, 1500년(연산군 6) 평안도 절도사, 동지중추부사(同知中樞府事) 겸 부총관이 되고, 1505년(연산군 11) 지중추부사(知中樞府事), 1506(연산군 12) 경기도관찰사・타위대장(打圍大將)・함경도병마절도사가 되고, 이어서 평성군(平城君)에 봉해져 도총부도총관(都摠府都摠管)을 겸직했다.

불의(不義)를 보면 참지 못하는 성품으로 연산군 12년(1506), 왕의 실정이 극에 달하자 성희안(成希顔) 유순정(柳順汀) 등과 반정(反正)을 주도하여 부패

---

68) 『中宗實錄』 같은 날 기사 참조.
69) 『중종실록』 중종 17년 11월 21일(신묘)조 기사 참조.
70) 사어(射御) : 활쏘기와 말타기를 이름.
71) 음보(蔭補) : 부조(父祖)의 공덕(功德)으로 벼슬하는 것.

한 혼주(昏主) 연산군(燕山君)을 폐하고 중종을 추대하여 병충분의결책익운정국공신(秉忠奮義決策翊運靖國功臣) 1등에 책록, 우의정이 되었고, 평원부원군(平原府院君)에 진봉(進封)되었다.

우의정(右議政)에 오르니 "한갓 무부(武夫)가 삼공(三公)의 중책을 맡을 수 없다."고 사양하였으나 임금이 이는 국론(國論)이라 하여 하는 수 없이 배명하였다.

좌의정(左議政)을 거쳐 1507년(중종 2) 이과(李顆)의 옥사를 다스린 공으로 추성보사우세정난공신(推誠保社佑世定難功臣) 1등에 책록되고 이듬해 사은정사(謝恩正使)로 북경(北京)에 다녀와서 1509(중종 4) 영의정(領議政)에 올랐다가 병이 위중하자 사직하고 평성부원군 영경연사(領經筵事)가 되었다.

무과(武科)출신으로 영의정(領議政)이 된 것72)은 세조조에 소양공 박중선과

---

72) 조선조에 무과출신(武科出身)으로 영의정(領議政)이 된 자는 박원종과 이준(李浚) 단 두 사람 뿐이다. 훗날 인조반정(仁祖反正) 1등공신으로 영의정에 오르는 신경진(申景禛)이 무과출신으로 영의정에 오른 사람으로 알려져 있으나, 사실 그는 아버지인 신립(申砬)장군이 임진란(壬辰亂)에 전사하여 전사자(戰士者)의 고아(孤兒)라 하여 특별히 선전관(宣傳官)의 벼슬을 받고 등용된 음관(蔭官) 출신이지 무과출신은 아닌 것이다. 허균(許筠)은 자신의 문집『성소부부고(惺所覆瓿藁)』의「태각지서(台閣志序)」에서 이렇게 말하고 있다.
「종실(宗室) 가운데 재상(宰相)이 된 사람은 준(浚) 한 사람뿐이고, 음관(蔭官)으로 재상이 된 사람은 신수근(愼守勤) 한 사람뿐이며, 무신(武臣)으로 재상이 된 사람은 박원종(朴元宗) 한 사람 뿐이다. 그후로는 모두 문관(文官)으로 재상을 삼았는 바, 통틀어 재상 1백 56인을 가지고 국초(國初) 이후 대신 연표(大臣年表)를 만들었다. 만력(萬曆) 29년(선조 34, 1601) 1월에 예조 정랑(禮曹正郞) 허균은 서한다.」
어떤 문헌에는 조선조에 상신(相臣: 정승) 총수는 366명으로 그 가운데 영의정이 164명, 좌의정이 107명, 우의정이 95명으로 이 중에 음보(蔭補) 및 유일(遺逸: 천거) 29명, 무과출신이 7명(趙英茂, 崔潤德, 洪達孫, 朴元宗, 申景禛, 具仁垕, 李浚)이며, 이를 제외한 330명은 모두 문과출신이라 하였다. 그러나 이는 사실이 아니다. 조영무도 태종(太宗)의 집에 붙어있다가 조선개국공신이 되어 정승에 오른 경우니 엄밀히 말해서 위의 7명 중에 조영무(趙英茂)와 신경진(申景禛)은 무과 출신이 아니며, 조선조의 무과출신으로 정승에 오른 자는 모두 6명이니, 그 중에 영의정에 오른 자는 이준(李浚: 1466년(세조 12) 무과 장원, 세조조 영의정)과 박원종(朴元宗: 1486년(성종 17) 무과, 중종조 영의정) 두 사람이며, 좌의정에 오른 자는 최윤덕(崔潤德: 1410(대종 10) 무과, 세종조 좌의정), 홍달손(洪達孫: 1453년(단종1) 무과, 세조조 좌의정), 구인후(具仁垕: 1603년(선조 36) 무과, 효종조 좌의정), 세 사람이며, 우

함께 이시애(李施愛)의 난을 평정한 귀성군(龜城君) 이준(李浚)73)과 함께 두 사람 뿐이다. 종종묘정(中宗廟庭)74)에 배향(配享)되었다.

3. 박원종의 인품(人品)과 처신(處身)에 대하여

박원종의 인품(人品)과 처신에 대해서는 그의 신도비문(神道碑文)과 묘지명(墓誌銘) 연려실기술(練藜室記述), 조선왕조실록, 기타의 문헌을 통해 그의 인품과 처신을 읽을 수 있다. 그의 신도비문에는 다음과 같이 그의 성격을 기술하고 있다.

> 공은 공신(功臣)의 집안에서 자랐으나 어려서부터 귀한 집 자제들이 갖는 교만하거나 거만한 습성이 없었고 비록 스승이나 벗의 가르침이 없더라도 그 타고난 천성(天性)이 순수하고 아름다워 잡됨이 없고 도량이 넓고 성격이 원만하였으며 사물을 대함에 포용하는 아량이 있었다. 『신도비문』에서

의정에 오른 자는 이완(李浣 : 1624년(인조 2) 무과, 현종조 우의정) 한 사람 뿐이다.
73) 이준(李浚) : 1451(문종 1)~1503(연산군 9) 조선 세조 때의 공신. 자는 자청(自淸), 시호는 충무(忠武), 세종의 4남인 임영대군(臨瀛大君)의 아들. 귀성군(龜城君)에 피봉. 문무(文武)를 겸재하여 세조의 총애를 받았으며, 1467년(세조 13) 18세로 4도 도통사(都統使)가 되어 이시애의 난을 토평한 공으로 적개공신(敵愾功臣) 1등에 책록. 일품종실(一品宗室)로써 병조판서를 겸임, 특별히 영의정에 임명되었으나 한계희(韓繼禧)의 반대로 파면되었다. 1494년(성종 25) 영해(寧海)에 귀양가 10년 후 배소에서 죽었다. 숙종 때 억울함이 풀리고 복관(復官)과 함께 시호가 내려졌다.
74) 종종묘정(中宗廟庭) : 『明宗實錄』 1년 4월 23일(기유) 「또 중종에 배향(配享)할 공신을 의논하여 수위(首位)에 박원종(朴元宗), 다음에 유순정(柳順汀), 그 다음에 성희안(成希顔), 그 다음에 정광필(鄭光弼)로 정해 단자(單子)를 써서 입계(入啓)하였다.」
※ 현재 종묘 공신당(宗廟功臣堂) 중종묘정에는 위의 4명이 배향되어 있는데 위차(位次)는 박원종이 수위(首位)로 배향되어 있으며, 위패에는 "領議政 平城府院君 忠烈公 朴元宗", "左議政 昌山府院君 忠定公 成希顔", "右議政 菁川府院君 文成公 柳順汀", "領議政 文翼公 鄭光弼"로 되어 있다. 그런데 실록에는 유순정의 위차가 성희안보다 앞에 있었는데 언제 바뀌게 되었는지 알 수 없고, 또 성희안과 유순정이 모두 영의정(領議政)을 지낸 인물임에도 각각 좌의정과 우의정으로 기록하고 있는데, 앞으로 더 연구가 필요하다 하겠다.

관직에 나아가 일을 처리함에는 마음속에서 옳고 그름을 확정하여 사사로움으로 인하여 법을 어기지 않았다. 『신도비문』에서

관직에 있을 때의 그의 처신에 대해서는 위의 기록을 뒷받침하는 다음 기록이 이를 증명한다 하겠다.

한성 우윤(漢城右尹)이 되었을 때 좌윤(左尹) 홍흥(洪興)[75]은 성품이 엄중(嚴重)하여 쉽게 남을 허여(許與)[76]하는 일이 없었으나, 마음속으로부터 공에게 탄복(歎服)하였으므로 자주,
"나라의 그릇이다."『묘지』에서

임술년(연산군8, 1502)에는 외직(外職)으로 강원도 관찰사(江原道觀察使)로 나갔는데 백성들을 구제하고 민폐(民弊)를 제거하는 데 뜻을 두어 아무 명목 없이 거둬들이는 진상품(進上品)을 감해줄 것을 여러 번 청(請)하였다.
강원도(江原道)에는 이름난 산과 큰 절이 많아서 중들이 많이 모이므로, 이들이 사람들을 꾀어 시주를 바치게 하는 일을 못하게 금하고, 이를 어긴 자를 잡거나 보고하는 우졸(郵卒 : 驛卒)에겐 상(賞)을 주니 마을에 중의 자취가 없게 되었다.『신도비문』에서.

이를 통해 그는 일처리가 확실하였으며, 목민관(牧民官)으로서도 치적(治績)을 올렸음을 볼 수 있는데, 이는 그의 천성이 공사(公私)를 구분할 줄 알았으며, 사심(私心)이 없이 공무(公務)에 임했기 때문일 것이다.

---

75) 홍흥(洪興) : 조선 연산군 때의 문관. 자는 사걸(士傑). 본관은 남양(南陽). 한성부윤(漢城府尹) 심(深)의 아들. 좌의정 응(應)의 동생. 1443년(세종 25) 사마시에 급제, 음보(蔭補)로 출사하여 한성부 좌윤에 이르렀는데, 그동안 내외 벼슬을 역임하여 치적을 나타냈고, 헌부(憲府)를 맡아 기강을 바로잡았으며, 개성유수로 부임하자 백성들이 기뻐 맞이하였다. 인물과 풍채가 뛰어나서 성종이 항상 사신으로 명나라에 보내어 우리 나라의 인물을 자랑했다.
76) 마음 속으로 허락하여 칭찬함.

병인년(연산군 12, 1506)에는 지중추부사(知中樞府事) 겸 경기관찰사(京畿道觀察使)가 되었다. 갑자년(연산군 10, 1504) 여름부터 나라에서 도성(都城)의 동북쪽에 금표(禁標)를 세우고 사방 1백 리 지역을 사냥터로 만들어서 이 지역내의 관사(官舍)와 민가(民家)를 모두 철거하여 사람들의 출입을 금하고 이를 어긴 자는 사형(死刑)에 처하였다. 그리고 이 일에 대해 잘못됨을 간하는 자는 즉시 처벌하였고 크게 법망(法網)을 얽어서 살륙(殺戮)으로써 정사(政事)를 일삼으니 온 나라가 몹시 두려워하여 숨을 죽이고 다투어 명을 따랐다.

이에 공은 항상 친하게 지내는 사람들에게,

"임금이 도(道)를 잃어 명을 내림에 법도가 없으니 비록 한 사람의 힘으로는 그 난정(亂政)을 바로잡을 수 없지만 주선을 잘하여 간언(諫言)을 받아들인다면 어찌 한 두가지 일쯤이야 바로잡을 수 없겠는가?"

라고 하였다.

어느날 저녁에 또 교지(敎旨)77)를 내려 서남 쪽에도 지난번 동북 쪽에서와 같이 금표(禁標)를 세우게 하였는데, 광주(廣州)에서부터 서쪽으로 양천(陽川) 김포(金浦) 부평(富平) 전역(全域)이 출입금지 구역으로 들어가니 공이 그 불가함을 아뢰어 양주(楊州) 등의 고을이 금표 안에 들지 않게 하니 조정 안팎에서 모두 공을 의지하고 중하게 여겼다.

금표를 세우고부터 임금이 그 구역에서 아무 때나 말을 달려 사냥하므로, 명 나라 사신이 경내에 들어올 때 역로(驛路)의 관사(館舍)에서 접대하는 것을 일정에 맞추지 못하는 일이 많았다. 이에 공이 왕의 뜻에 거슬리는 말을 하니 연산주(燕山主)가 언짢아하면서

"이전에는 내 뜻을 거역하는 자가 없었는데 박원종(朴元宗)만이 감히 그러한가? 지난번 그대의 말을 좇아 금표(禁標)를 줄이도록 허락한 것을 지금도 후회하고 있는데 이제 다시 거론(擧論)한단 말인가?"

하였다. 공은 조정(朝廷)에 있어도 어지러운 정사(政事)는 구제할 수 없고 화(禍)만 자초할 뿐이라는 것을 알고 서둘러 외직(外職)을 청(請)하여 함경북도절도사(咸鏡北道節度使)로 나갔다. 『신도비문』에서

정묘년(중종2, 1507) 여름 조정(朝廷)에서 유자광(柳子光)을 몰아낼 방

---

77) 교지(敎旨) : 임금이 문무관(文武官) 4품 이상의 관리에게 내리는 사령(辭令). 세종 7년 왕지(王旨)를 개칭한 것임. 일명 관고(官誥).

법을 논의하니, 자광(子光)이 공에게 의지하고자 하여 글을 보내 도와 달
라고 으르면서 말하기를,
"나와 공은 같은 무인(武人)으로서 정승의 반열에 올랐으므로 좋아하지
않는 문사(文士)들이 많소이다. 입술이 없으면 이가 시린 법, 내가 배척(排
斥)되면 다음은 공에게 화가 미칠 것이오"
라고 하였다. 공이 웃으며 대답하기를,
"조야(朝野)가 이를 간 지 오래되었는데 공이 일찍 물러나지 않은 것이
한스럽소"
하니 자광(子光)이 간담이 서늘하여 돌아갔다.

위의 기록은 그가 불의를 보면 참지 못하는 강직한 성격의 소유자라는 것
을 엿볼 수 있는데 이는 뒤에 결국 연산군(燕山君)을 폐하고 중종(中宗)을 추
대(推戴)하는 반정(反正)의 선두에 섰던 데서도 알 수 있다.

부귀(富貴)가 극에 달했으나 그것을 자랑하지 않았고, 젊은 선비들에게
겸손하고 묻기를 좋아하였으며 친구에게 급한 일이 생기면 반드시 도와주
어 인색하지 아니하였다.
성품이 문아(文雅)[78]를 좋아하여 항상 서화(書畵)를 수집하여 스스로 완
상(玩賞)하였고[79], 문학하는 선비를 만나면 정성을 다해 대접하였다.[80]
집안을 다스림에는 엄격하여 부인을 대할 때는 손님을 대하듯 공손하
였으며, 아무리 총애하는 첩(妾)이라도 예의에 어긋나는 일이 있으면 반드
시 야단쳐 내보냈다.

---

78) 문아(文雅) : 시문을 짓고 읊는 풍류의 도.
79) 서화를 …… 하였고 : 평성부원군 박원종의 그림병풍을 소재로 한 八絶詩(題平城朴
元宗畵屛八絶)를 참조.
80) 『연려실기술(練藜室記述)』에 의하면 박원종이 영의정겸 병조판서로 도산(陶山) 별
장에 가있을 때 호음(湖陰) 정사룡(鄭士龍)과 유촌(柳村) 황여헌(黃汝獻)이 병조낭
관으로 있으면서, 결재를 받으러 가서 공사안건을 보이자 그는 "내가 무부(武夫)로
서 무슨 지식이 있겠나. 종사(宗社)의 신령을 힘입어 때를 타 일어나서 이러한 지위
에 외람히 앉았으니 황공할 따름인데, 어찌 감히 조정의 공사에 참예하여 의논하
겠는가. 본조(本曹)에서 잘 처리하시게. 그대의 풍채를 보건대 앞길이 밀고 매우 원
대해 보이니 행여 노부(老夫)의 술이나 마셔주게." 하였다고 한다.

공의 신장(身長)은 구척(九尺)이나 되었으며 풍채가 훤칠하니 그 위용과 풍모가 가히 두려워 할 만하고 본받을 만한데도 화기가 넘쳐 공을 바라보면 의젓하여 곧바로 덕있는 사람임을 알 수가 있었다.

공은 신장(身長)이 9척이며 풍채가 당당하여 그 모습이 지닌 덕과 걸맞았으니 고인의 이른바 대인군자(大人君子)였다.『묘지(墓誌)에서』

또 다음과 같은 몇 가지 일화에서 그의 처신을 엿볼 수 있을 것이다.
박원종 신도비문(神道碑文)에는 연산군(燕山君)이 모친상(母親喪)을 당해 거상(居喪)하고 있는 그를 기복(起復)시키려 하자, "공은 거상(居喪)의 뜻을 지키지 못함을 슬퍼하여 사양하고자 하였으나 화(禍)가 미칠까 두려워하여 마침내 관직에 나아갔으나 항상 어머님의 죽음을 슬퍼하여 근신(謹身)하였다."는 기록으로 보아 부모에 대한 효심(孝心)이 지극했음을 알 수 있다.

박원종의 처신에 대해『연려실기술(練藜室記述)』에는 음애일기(陰崖日記)의 기사를 인용하여 이렇게 기술하고 있다.

그러나 그의 천성은 확실해서 처세에 구차하지 않아, 경오년(1510) 3월에 극력 사직할 것을 청하니, 그때의 의논들이 가상하게 여겼다.『음애일기』[81]

실제로 그는 정승의 자리에 오르자 우의정(右議政) 좌의정(左議政)·영의정(領議政)을 거치면서 그때마다 항상 자신은 일개 무부(武夫)로써 적임자가 아니라며 사직(辭職)을 청(請)했던[82] 것이다. 이것으로 볼 때 그는 처신이 분명

---

81) 然其天資確實 去就不苟 庚午三月力請辭職 時論嘉之『陰崖日記』
82)『中宗實錄』원년 9월 기축일 기사 참조.
"右議政朴元宗啓曰天命人心已歸故大功已定臣何有功得此三公之任任大責重臣不敢當請辭傳曰功大不可改也"
『中宗實錄』2년 2월 3일(정축일) 기사 참조.
「좌의정 박원종(朴元宗)이 사면하여 아뢰기를, "신이 본래 무인(武人)으로서 별로 재식(才識)이 없는데, 반정 후에 신을 공이 크다하여 특별히 삼공(三公)의 소임을

했음을 알 수 있다.

박원종은 영의정(領議政)에서 사직(辭職)한 후 오늘날 남양주시(南楊州市) 와부읍(瓦阜邑) 도곡리(陶谷里)에 있던 도산별장(陶山別莊)에 은거(隱居)하여 생활했는데 중종 5년 4월 17일(임인)에 풍종(風腫)으로 졸(卒)했으며, 왕이 박원종이 병을 앓을 때마다 여러 번 승지(承旨)와 내관(內官)을 보내 문병(問病)하게 하고 보약(補藥)을 보낸 기록83)이 중종실록에 나와 있다.

중종실록 5년 4월 12일(정유)의 기록을 보면 중종은 박원종의 병이 위독(危篤)하다는 말을 듣고 친히 問문병(問病)을 가고자 했으나 예(例)가 없다 하여 우승지(右承旨) 손중돈(孫仲暾)을 대신 보내 문병한 후에 고하게 하고 있다.84)

또한 4월 16일에는 좌승지(左承旨) 이세인(李世仁)을 보내 문병하게 하고 하고 싶은 말을 받아오게 하였다.85)

제수하시니, 신의 마음이 불안하여 매양 사피(辭避)하려 하면서도 이루지 못하였습니다. …… 더구나 백관의 모범(儀表)이 되는 곳은 신이 있을 곳이 아닙니다."
하니, 전교하기를, "경은 공이 크고 신망이 중하니, 어찌 삼공에 적합하지 않겠는가? 간세(奸細)한 무리들의 미친 말에 구애되지 말라."
하였는데, 다시 아뢰기를,
"신이 만일 해를 입는다면, 위에서 크게 놀라신들 신에게 무슨 도움이 되겠습니까? 또 신은 재덕(才德)이 없어 삼공에 적합하지 않으니, 군(君)을 봉하는 데에 그치어 식록(食祿)이나 보전한다면, 신은 만족하고 상은(上恩) 역시 중한 것입니다."
하였으나, 윤허하지 않았다.」

83) 『中宗實錄』 4년 12월 27일(갑인)
「영의정 박원종(朴元宗)이 풍종(風腫)을 앓으므로, 상이 명하여 약을 하사하였다.」
『中宗實錄』 2월 28일(갑인) 청사직기사(請辭職記事) 참조.

84) 『中宗實錄』5년 4월 12일 (정유)조 기사.
「전교하기를,
"원훈대신(元勳大臣)인 평성부원군(平城府院君) 박원종(朴元宗)이 지금 병이 심하나, 예전에는 임금이 대신의 집에 거둥한 일이 있지마는, 지금은 그 예가 없으니 갈 수 없다."
하고, 우승지(右承旨) 손중돈(孫仲暾)에게 병을 물어서 아뢸 것을 명하였다. 중돈이 문병하고 돌아와서 아뢰기를, "원종의 병 증세를 보니 대단히 괴로워서 머리를 들지 못하였으며, 관대(冠帶)를 몸 위에 얹고 울면서 말하기를 '주상께서 매양 문병하게 하시고 또 승지를 명하여 친히 증세를 살피시니 감읍(感泣)함을 이기지 못합니다 신이 비록 생존하더라도 보궐(補闕)할 수는 없지마는, 다만 성안(聖顔)을 다시 뵙지 못하는 것이 한입니다.' 하였습니다." 하였다.」

4월 17일(壬寅)의 졸기(卒記)를 보면, 왕이 정원(政院)에 전교(傳敎)하기를, "지금 평성(平城)의 죽음을 들으니 애통(哀痛)함을 이기지 못하겠다. 예전에 대신(大臣)이 죽으면 친림(親臨)하여 조상(弔喪)하였는데, 고금(古今)이 비록 다르나 원훈대신(元勳大臣)이니 거애(擧哀)하는 것이 어떠한가를 정원(政院)에 물으라."하는 기록86)이 보이며 왕은 고기 반찬을 들지 않고 부증(賻贈)하는 은전(恩典)을 보통 예(例)보다 갑절이나 더하였으며 무열(武烈)이란 시호(諡號)를 내리고 있다.

이와 같은 중종의 박원종에 대한 극진한 예우는 그가 자신을 왕으로 추대한 공이 크기 때문이기도 하거니와 그가 겸손하고 처신이 신중했기 때문임을 알 수 있다.

---

85) 『中宗實錄』5년 4월 16일(신축) 기사 참조.
「좌승지 이세인(李世仁)에게 "병을 묻고, 하고 싶은 말을 물으라."하자, 세인이 돌아와서 아뢰기를, "원종이 병고로 말을 잘 못하였는데, 시비를 시켜 부축하게 하여 일어나 말하기를 '주상께서는 정신을 가다듬어 다스리기를 도모하시되, 오히려 미치지 못할까 두려워하셔야 한다.' 하고 또 '원컨대 인재를 아끼소서.'라고 하였습니다." 하였다.」

86) 『中宗實錄』5년 4월 17일(임인) 조 졸기기사(卒記記事) 참조.
「평성부원군(平城府院君) 박원종(朴元宗)이 졸하였다.
정원(政院)에 전교하기를, "지금 평성의 죽음을 들으니 애통함을 이기지 못하겠다. 예전에 대신이 죽으면 친림하여 조상하였는데, 고금이 비록 다르나 원훈 대신(元勳大臣)이니 거애(擧哀)하는 것이 어떠한가를 정원에 물으라."
하자, 영의정 김수동이 아뢰기를, "원종의 죽음은 신 등도 애통하고 아깝게 여깁니다. 성종조에 대신의 죽음으로 인하여 거애하고자 하였으나 상전(上典)이 계시므로 행하지 않았습니다. 지금 역시 상전이 계시고 또 출사(出師)하는 때를 당하여 흉사(凶事)를 거행하지 않는 것이 예전 예(例)입니다. 이것이 아름다운 일이기는 하나 지금은 불가합니다."하니, 전교하기를,
"성종조 일은 나도 들었으나, 내뜻이 그러하기 때문에 물은 것이다."
하고, 고기 반찬을 들지 않고 무릇 부증(賻贈)하는 은전을 보통 예보다 갑절이나 더하였다.
…… 삼공(三公)이 되자 자기는 무부(武夫)라 하여 간곡히 사양하였고, 병이 급하여지자 주상께서 승지를 보내어 '하고 싶은 말이 있는가?' 물으니 원종이 일어나 앉아 사례하기를 '주상께서 인재를 아끼시기를 원할 뿐입니다.' 하였다.…… 시호를 무열(武烈)이라 내렸다.」

4. 박원종의 학문(學問) 정도에 대하여

박원종의 학문은 어느 정도였을까?
그는 무관 출신이었으나 어느 정도 학문에도 조예가 있었던 것 같다. 이제 몇 가지 문헌의 기록을 통해 그것을 확인해 보자.

　　글을 읽어 대의(大義)에 통하고 활쏘기와 말타기가 남들보다 뛰어나서 음보(蔭補, 조상의 덕으로 벼슬함)로서 무반직(武班職)에 기용(起用)되었다.『신도비문(神道碑文)』에서

　　글을 읽어 대의(大義)에 통하고 활쏘기와 말타기가 뛰어나 20세에 무과(武科)에 급제하였다.『묘지(墓誌)』에서

　　정승이 되매 여러 사람의 신망에 만족하지 못한 것을 스스로 알아 공순하고 겸손하여 힘써 공부를 하였다.『연려실기술(練藜室記述)』에서

　　문아(文雅)[87]를 좋아하는 성품이어서 현달(顯達)한 신분에 이르러서도 언제나 책을 가까이 하였으며 의심스런 바가 있으면 반드시 물었다.『묘지(墓誌)』에서

　　공은 장수(將帥)의 직함을 지니면 인의(仁義)로운 장수(將帥)였고 또 글 읽기를 좋아하여 시(詩)도 잘하고 예(禮)에도 밝으니 관찰사(觀察使)로서 백성들을 구제하는 데 무슨 어려움이 있겠소. 성상(聖上)께서 꼭 공을 보내려 하는 이유가 어찌 없겠소. 공은 그 점에 더욱 유념하시오. 홍귀달(洪貴達)의『허백정집(虛白亭集)』

　　전교하기를,
　　"어제 대간(臺諫)이 아뢴 박원종의 일은 인품(人品)이 적당하니 어찌 천거가 있고 없는 데 구애하겠는가? 지금 비록 감사가 되었지마는, 뒷날 위급한 경우에 어찌 변방으로 전임시킬 수 없겠는가? 정승에게 물어보라."
하였다. 윤필상이 의논드리기를,

---

87) 문아(文雅) : 시문을 짓고 읊는 풍류의 도.

"박원종은 무재(武才)가 뛰어나고 또 학식과 역량이 얕거나 좁지 않으니 그가 감사의 임무에 충분합니다. 다만 천망(薦望)이 없으니 어찌하리까?"
하고, 한치형(韓致亨)은 의논드리기를,
"대간(臺諫)의 논한 것이 당연한 듯 합니다. 그러나 원종이 일찍이 승지(承旨)와 병조, 공조의 참의(參議), 한성부 우윤(漢城府右尹)과 경상도 절도사를 지내어 경력이 이미 오래 되었는데도 한가지 결함된 일이 없었으며, 우윤(右尹)때에는 송사를 결단함이 공평하므로 송사한 사람들이 칭찬하였습니다. 무재(武才)가 지금 그보다 나은 사람이 없고 또 문필도 우수하며 부지런하고 조심스럽게 직무에 종사하고 있으니, 신의 생각으로는 감사의 임무를 감당할 만한데, 하물며 강원도 같은 송사가 간단한 지역이겠습니까? 무신(武臣)으로 이덕량(李德良)·여자신(呂自新)·신주(辛鑄)·하숙부(河叔溥) 같은 사람이 모두 감사가 되었으며, 또 승지(承旨)로 감사에 제수된 사람은 천거가 없었으니, 만약 그가 쓸모 있는 사람이면 천망(薦望)에 구애할 필요가 없습니다."
하고, 성준(成俊)은 의논드리기를,
"신이 박원종과 전에 같은 관직에 있었는데, 처사가 부지런하고 조심스러우며 문필이 넉넉했으니, 그가 감사의 임무에 무슨 부족이 있겠습니까? 사람된 품이 이와 같으니, 어찌 천망(薦望)에 구애할 필요가 있겠습니까?"
하고, 이극균(李克均)은 의논드리기를,
"대간의 아뢴 말이 모두 옳습니다. 그러나 박원종은 무재(武才)가 뛰어날 뿐만 아니라 문필도 넉넉합니다. 전에 한성부 우윤일 때 송사하는 사람들이 그의 공평함을 칭찬하였는데, 강원도는 송사가 지극히 간단하니, 어찌 감당하지 못하겠습니까? 여자신(呂自新)과 신주(辛鑄)도 모두 본도(本道) 감사를 지냈으나 천거가 있었는지 없었는지 모르겠습니다. 임금이 인재(人才)를 쓸 때 구차하게 예를 따를 것이 없고 현명한 인재라면 모두 소용에 맞추어야 하므로, 임금이 밝게 알아서 할 뿐인 것입니다."
하였다. 『연산군일기』 8년 6월 21일(신유)조.

이로 볼 때 박원종은 무과출신이었으나 학문에 상당한 조예가 있었음을 알 수 있다.

5. 중종(中宗)의 후궁 경빈박씨(敬嬪朴氏)에 대하여

일부 역사소설이나 드라마나 중종(中宗)의 제1후궁(後宮)인 경빈박씨(敬嬪朴氏)가 박원종의 양녀(養女)로 나오는데 이는 전혀 근거없는 것이다.

즉 박원종(朴元宗)의 양녀(養女)라는 경빈박씨(敬嬪朴氏)는 순천박씨 족보(順天朴氏族譜)에는 나와 있지 않고 중종실록(中宗實錄)에는 그녀의 아버지가 상주(尙州)의 정병(正兵) 박수림(朴秀林)으로 나오는데[88], 박원종과 유순정(柳順汀)이 박씨의 아버지인 박수림(朴秀林)에게 서반참상(西班參上)의 관직을 내려줄 것을 중종(中宗)에게 청하고 있다.

또한 중종실록 22년 4월 임신일(壬申日)의 기록(記錄)을 보면 경빈박씨가 비록 가난하긴 해도 상주(尙州)에 대대로 살아오던 사족(士族) 집안[89]이라 적고 있어, 모 드라마에서 경빈(敬嬪)을 후실소생(後室所生)으로 경빈(敬嬪)의 생모(生母)를 천(賤)한 신분(身分)으로 표현한 것이 잘못된 것임을 알 수 있다.

이와같이 조선왕조실록(朝鮮王朝實錄)에는 경빈박씨(敬嬪朴氏)가 박원종(朴元宗)의 양녀(養女)라는 기록이 보이지 않으며, 현재 남양주시(南楊州市) 진접읍(榛接邑) 연평리(蓮坪里 : 一名 宮洞)에 있는 그녀의 묘비(墓碑)에도 "경빈 밀양박씨지묘(敬嬪 密陽朴氏之墓)" 라고 기록되어 있어 순천박씨(順天朴氏)가 아닌 것이 분명한데, 정확한 고증(考證)을 거치지 않은 다른 역사소설가(歷史小說家)의 잘못된 기록을 마치 사실인양 인용(引用)하는 오류(誤謬)를 범하고 있다.

오히려 명종실록(明宗實錄) 즉위년 9월 6일(병인)조 기록을 보면 "……황돈일(黃頓一)은 바로 박원종(朴元宗)의 양녀(養女)로서 인종(仁宗)의 궁중으로 들어간 여인입니다……"[90] 라는 구절이 보인다.

---

88) 『中宗實錄』卷2, 2년 3월 辛酉日條 참조.
89) 『中宗實錄』卷58, 22년 4월 壬申日條 「史臣曰秀林世居尙州系雖士族窮寒無比乃隷正兵燕山乙丑因綵紅之擧始知有美處于及反正初薦入宮中是爲敬嬪.」
90) 『明宗實錄』卷2, 즉위년 9월 6일(병인). 「傳簡大內時恐失之 故每令黃頓一傳之 頓一乃朴元宗之養女而入於仁宗宮中者也」

가계도(家系圖)

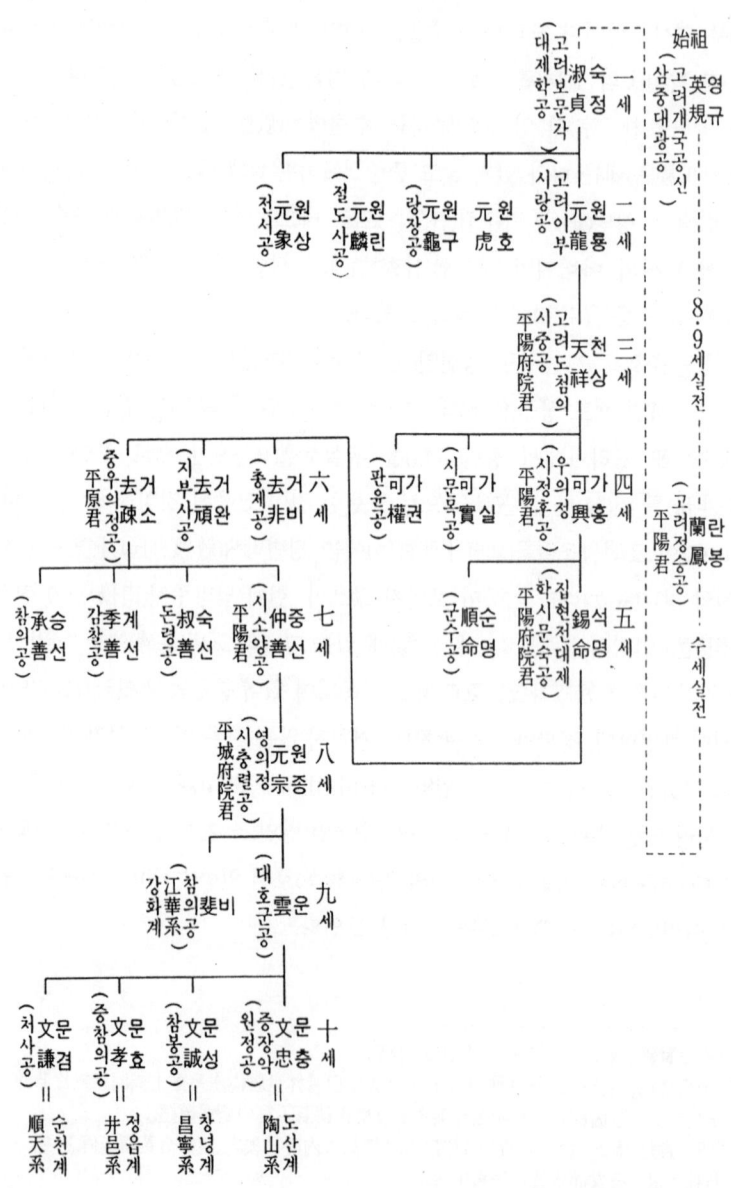

연보(年譜)

1세 1467年(世祖 13, 丁亥)

　父親 昭襄公 諱 仲善(벼슬이 判敦寧府事에 이름)과 貞敬夫人 陽川許氏 사이에서 一男七女中 외아들로 태어나다.

15세 1481年(成宗12, 辛丑)

　8월 27일(己巳) 父親 昭襄公 세상을 떠남.

20세 1486年(成宗17, 丙午)

　宣傳官으로 武科에 及第, 訓練院 判官이 되다.

22세 1488年(成宗19, 戊申)

　아들 雲(벼슬이 大護軍에 이름)이 태어남.

23세 1491년(成宗22, 辛亥)

　3월 25일(신축)　기사(騎射)·격구(擊毬)·삼갑사(三甲射)에서 우등을 차지하여 활과 화살을 받다.

26세 1492年(成宗23, 壬子)

　8월 7일(을사)　同副承旨가 되다.
　9월 10일(무인)　공조참의(工曹參議)가 되다.

27세 1493년(성종24, 癸丑)

　2월 23일(무오)　병조참지(兵曹參知)가 되다.

29세 1495年(燕山君1, 乙卯)

　兵曹參議가 되다.

경상좌도 병마절도사(慶尙左道兵馬節度使)로 나가서 울산(蔚山)의 병영(兵營) 안에 이사정(二思亭)을 건립하다.

32세 1498年(燕山君 4, 戊午)

    7월 28일(壬戌)   내직으로 들어와 吏曹參議를 맡다.
    8월 6일(己巳)   兵曹參議에 재차 임명되다.
    11월 9일(辛丑)   同副承旨가 되다.
    윤11월 8일(己巳)   右副承旨가 되다.

34세 1500年(燕山君 6, 庚申)

    2월 18일(壬寅)   平安道兵馬節度使에 除授되다.
    2월 20일(甲辰)   어머니께서 年老하여 辭職하니 바꾸게 하다.
    2월 27일(辛亥)   同知中樞府事가 되다.
    5월 10일(癸亥)   兼副摠管이 되다.
    6월 11일(癸巳)   漢城府右尹이 되다.

36세 1502年(燕山君 8, 壬戌)

    1월 12일(乙酉)   한성부 우윤으로 3년 간 있었는데, 判尹, 左尹, 郞廳들이 모두 遞職되었으나 혼자만이 遞職되지 않아 재직당시에 처리한 민원들 중에 혹시라도 억울한 사람이 있을 경우 전임자가 바뀐 뒤에야 다시 항소할 수 있는데 혼자 남아 있어 억울한 사람이 있어도 항소할 수 없는 문제가 있다는 것을 들어 遞職을 請하여 允許를 받다.
    2월 9일(壬子)   아버님의 군호(君號)를 이어받아 承襲君으로 平城君에 봉해지다.
    6월 16일(丙辰)   江原道觀察使에 除授되다.
    6월 29일(己巳)   江原道觀察使를 떠나기에 앞서 謝恩肅拜를 하고 출발하다.

10월 3일(己亥)　　狀啓91)를 올려, 심한 흉년이 들었으므로 田稅를 咸鏡道에 운반하는 것을 本고을에 바치도록 해줄 것과 대여한 관청 곡식은 비축미로 대신 납부케 하여 줄 것을 청하다.

37세 1503年(燕山君 9, 癸亥)

2월 6일(癸卯)　　狀啓를 올려, 本道에 近年에 큰 눈이 내려 짐승들이 거의 다 얼어죽었으니 中國使臣을 대접할 노루와 사슴을 講武場92)을 論할 것 없이 사냥해 잡을 수 있도록 허락해 줄 것을 청하다.
평해(平海)에 관동팔경(關東八景)의 하나인 월송정(越松亭)을 창건하다.

12월 24일(丁巳)　　同知義禁府事가 되다.

38세 1504年(燕山君 10, 甲子)

1월 3일(乙丑)　　母親 貞敬夫人 陽川許氏의 상을 당하다.

39세 1505年(燕山君 11, 乙丑)

3월 20일(癸丑)　　임금이 下敎하여, 公이 脫喪 한 뒤에 資憲大夫의 品階를 주도록 하다.
6월 知中樞府事가 되다.

10월 7일(戊午)　　임금이 밤중에 公과 黃衡93)을 불러 注葉山 사냥하는 곳

---

91) 장계(狀啓) : 관찰사 또는 임금의 명령을 받들고 지방에 나간 벼슬아치가 글로 써서 임금께 올리는 계본(啓本).
92) 강무장(講武場) : 강무(講武)하던 곳. 강무(講武)란 국왕의 친림하에 거행히는 무예(武藝)의 연습을 말함. 국왕이 먼저 활을 쏘고 다음에 제군(諸君)과 제장사(諸將士), 일반인이 차례로 수렵(狩獵)하는 행사로서 매년 단오절(端午節)과 추석절(秋夕節) 두차례 거행함.
93) 황형(黃衡) : 1459(세조 4)~1520(중종 15). 조선 중종 때의 무신. 자는 언평(彦平). 시호는 장무(莊武). 본관은 창원(昌原). 시정(寺正) 예헌(禮軒)의 아들. 1480년(성종 11) 무과에 급제. 절충 유해 양진 첨사(折衝柔惠兩鎭僉使)에 보직되어 원수 허종(許琮)의 선봉으로 야인을 평정하고 함경·경상 병마절도사(兵馬節度使)·첨지중추부사

에 가서 左右廂의 일을 감독하게 하다.

40세 1506年(燕山君 12, 丙寅)

2월 9일(己未)　　京畿道觀察使로서 狀啓를 올리다.

2월 19일(己巳)　　임금께서 전교하여, 26일 光陵山 사냥에 調隼坊[94]의 군사 1만과 兵曹에서 뽑은 군사 3만 명을 公과 黃衡으로 장수를 삼아 지휘하게 하다.

4월 8일(丁巳)　　打圍[95]大將인 公에게 임금이 御書를 싸보내다.

6월 13일(辛酉)　　임금이, 중책을 맡았으므로 공의 품계를 특별히 한 품계 올리라 명하다.

7월 3일(庚辰)　　임금이, 昇平府夫人의 병세가 매우 위중하니, 북도절도사 박원종은 머물러 간호하라 명하다.

7월 13일(庚寅)　　임금이, 節度使로 있던 公을 京職에 차임하게 하다.

7월 20일(정유)　　공의 누님 승평부대부인(昇平府大夫人)[96]께서 돌아가시다.

9월 2일(戊寅)　　公이 成希顏, 柳順汀등과 反正하여 燕山君을 폐하고 中宗을 推戴하다.

1506年(中宗 1, 丙寅)

9월 4일(庚辰)　　崇祿大夫 議政府左參贊이 되다.

(僉知中樞府事)를 지내고, 1510년(중종 5) 삼포(三浦)의 왜란이 일어나자 방어사(防禦使)에 특임되어 평정하였다. 평안·함경(咸鏡)도 절도사를 지내고 돌아와 지중추부사에 이르렀다.

94) 조준방(調隼坊) : 사냥 매와 개 키우는 곳.

95) 타위(打圍) : 임금의 사냥을 말함. 여러 사람이 짐승을 포위하고 이것을 임금이 쏘아 잡았기 때문에 생긴 말. 요(遼)나라 3대 태종(太宗) 야율덕광(耶律德光)이 선휘사(宣徽使) 고훈(高勳)에게 "내가 상국(上國)에 있을 때 타위(打圍)하여 고기를 먹는 것을 즐거움으로 삼았는데, 중국(中國)에 들어온 뒤로부터는 마음이 항상 즐겁지 않았다. 만약 다시 우리 본토를 얻는다면 죽더라도 한이 업으리라!"하였다.『新五代史 四夷附錄』, 契丹篇.

96) 승평부대부인(昇平府大夫人) : 월산대군(月山大君)의 부인. 연산군(燕山君)의 백모(伯母). 병조판서 박중선(朴仲善)의 딸. 박원종(朴元宗)의 누님.

9월 8일(甲申)　　靖國一等功臣에 策錄되다.

9월 13일(己丑)　右議政이 되고, 平城府院君에 책봉되다.

10월 11일(丙辰)　左議政이 되다.

10월 23일(戊辰)　功臣會盟祭97)를 거행하고 金盞 4部, 七寶臺具1部, 銀甁 1개를 하사받다.

41세 1507년(中宗 2, 丁卯)

윤1월 28일(임신)　이과(李顆) 옥사사건의 추관(推官)으로 숙마(熟馬) 1필을 받다.

8월 4일(乙亥)　忠烈公의 甥姪女인 淑儀尹氏가 中宗繼妃 (章敬王后)98)에 策封되다.

9월 6일(丙午)　李顆의 獄事를 다스린 功으로 定難功臣 一等에 책록되어 秉忠奮義決策翊運靖國 推誠保社佑世定難 功臣 大匡輔國 崇祿大夫 議政府 左議政 平城府院君에 策封되다.

인천(仁川)의 삼목도(三木島)를 개간하여 논 40여 석지기,

---

97) 공신회맹제(功臣會盟祭) : 공신(功臣)들이 모여 임금에게 충성을 맹세하던 조선의 의식(儀式). 예를 들면 1506년(중종 1) 10월에 회맹제를 행하고 당대의 공신과 구(舊) 공신의 장자(長子)를 각각 한 계급씩 높여 주고, 특히 박원종(朴元宗)·유순정(柳順汀)·성희안(成希顏)·유자광(柳子光)에게는 금잔(金盞)·마필(馬匹) 등을 주었다. 『中宗實錄』

98) 장경왕후(章敬王后) : 1491(성조 22)~1515(중종 10) 조선 중종(中宗)의 제1계비(繼妃). 성은 윤(尹), 휘호(徽號)는 숙신명혜(淑愼明惠), 장경(章敬)은 시호, 파원부원군(坡原府院君) 여필(汝弼)의 딸. 영의정 박원종(朴元宗)의 생질녀(甥姪女). 희릉지(禧陵誌)에 의하면, "겨우 나이 8세에 어머니의 상을 당하여 시훼(柴毀)하면서 복상(服喪)을 견지히기를 이른과 같이 하니 이모(姨母)되는 승평부부인(昇平府夫人)이 이를 듣고, 비범한 아이라고 여겨 데려다 거두어 길렀다. 아름다운 예의범절로써 『소학(小學)』과 『내훈(內訓)』 등 여러 책을 주어 읽게 하니 드디어 서사(書史)에 통하게 되고, 그와 같은 배움이 행동에 드러나 보였다." 하였다.
1506년(중종 1) 뽑혀서 숙의(淑儀)가 되고, 1507년 박원종(朴元宗) 등 공신(功臣)의 주청으로 왕비에 피봉, 1511년 효혜공주(孝惠公主)를 낳았고, 1515년 원자(元子; 인종)를 낳고 산후병으로 죽었다. 능은 원당(元堂)의 서삼릉(西三陵) 안에 있는 희릉(禧陵)이다.

밭 30여일 갈이의 옥토로 만들다.

42세 1508年(中宗 3, 戊辰)
4월 19일(丙戌)　北京에 謝恩正使로 가다.

43세 1509年(中宗 4, 己巳)
윤9월 25일(甲申) 중국에 謝恩使로 갔다가 가져온 闕里誌의 中國版 8권을 올리니 임금께서 털요(毛縟) 한 벌을 내리다.
윤9월 27일(丙戌) 領議政이 되다.
12월 27일(甲寅) 영의정으로 있던 公이 風腫을 앓으니 임금이 약을 하사하게 하다.

44세 1510年(中宗 5, 庚午)
2월 28일(甲寅)　河宗海를 보내어 약을 하사한 데 대하여 사례하고 영의정직을 사임할 것을 청했으나 允許하지 않다.
2월 29일(乙卯)　재차 사임을 청했으나 받아들이지 않다.
3월 6일(辛酉)　公이 사임을 請하니, 윤허하고 물러가 保養하게 하고 承旨에게 술을 내려보내다. 그리고 公을 平城 府院君, 領經筵事로 삼다.
4월 12일(丁酉)　임금이 承旨 孫仲暾을 公에게 보내어 問病하다.
4월 16일(辛丑)　左承旨 李世仁을 보내 問病하고, 하고싶은 말을 받아오게 하니, 公이 侍婢의 부축을 받고 일어나 "主上께서 정치를 잘 하셨으니 무슨 할 말이 있사오리까. 다만 인재를 사랑하고 아끼소서"라고 하다.
4월 17일(壬寅)　四鼓(새벽2시~4시 사이)경에 운명하니 享年이 44세이다. 임금이 三日간 朝會를 中止하고 贈贈하는 恩典을 보통의 例보다 갑절이나 더하게 하고 武烈이란 諡號를 내리다. (뒤에 忠烈로 시호를 고쳐 내림)

死後 1775年(英祖 51, 乙未)

  1월 13일(辛酉)   임금께서 左副承旨 金致恭을 公의 사당에 보내어 致祭하게 하다.[99]

---

99) 이 年譜는 成宗實錄, 燕山君日記, 中宗實錄, 順天朴氏世譜 등을 참고하였음.

묘도문 墓道文

선고소양공신도비문 (先考昭襄公神道碑文)

　유명조선국 정충출기포의적개 보사정난익대 순성명량좌리공신 숭정대부 판돈녕부사 평양군 증대광보국숭록대부 의정부우의정 시소양 박공 신도비명 병서(有明朝鮮國 精忠出氣布義敵愾 保社定難翊戴 純誠明亮佐理功臣 崇政大夫 判敦寧府事 平陽君 贈大匡輔國崇祿大夫 議政府右議政 諡昭襄 朴公 神道碑銘 幷序)

　승평부부인(昇平府夫人)[1] 박씨께서 서제(庶弟)의 사위인 소위장군(昭威將軍)[2] 이인석(李引錫)[3]을 통하여 사홍(士洪)에게 말씀하시기를 "선고께서는 나라에 공로(功勞)가 있으셨고 官職 또한 높았는데, 돌아가심에 자식들은 비록

---

1) 승평부부인(昇平府夫人) : ?~1506(연산군 12). 월산대군(月山大君)의 부인. 판돈녕부사(判敦寧府事) 박중선(朴仲善)의 딸. 박원종의 누나.
2) 소위장군(昭威將軍) : 조선시대 서반(西班)의 정4품 하(下)의 위계(位階).
3) 이인석(李引錫) : 공조참판(工曹參判) 백상(伯尙)의 아들. 인동(引銅)의 아우. 소양공 박중선(朴仲善)의 서사위. 어머니는 남부 녹사(南部綠事) 배염(裵廉)의 딸. 성종 3년(1472) 사용(司勇)이 되고, 16년(1485) 왕명으로 의사(醫司)에 소속되고, 이듬해, 경상도(慶尙道) 섬마별감(點馬別監)이 되었다. 18년(1487) 호송관(護送官)이 되고, 20년(1489) 왕자군사부(王子君師傅)가 되었다.

어렸지만 장례만은 남 못지 않게 자못 후하게 지냈으나, 신도(神道)에 비명(碑銘)이 없었으니 어찌 한 두가지라도 기록해서 비석(碑石)에 새겨둘 만한 일이 없어서이겠습니까? 또한 근래에 전하께서 대군(大君)⁴⁾의 죽음을 슬퍼하시고 그대에게 비문(碑文)을 지으라 명하셨고, 소첩의 꿈에도 대군께서 그 비문을 급히 두 번 씩이나 읽고난 후 기뻐하시는 모습이 생시(生時)와 같이 완연(宛然)하였는데, 깨어보니 눈물이 흘러 옷깃이 축축히 젖어 있었습니다. (이로써) 소첩은 이승과 저승도 감통(感通)하는 이치가 있다는 것을 확실히 알게 되었습니다. 그대는 아버님에게 한결같이 정성을 다했으니 청컨대 그대의 글을 받아 자손 만대(萬代)에 전하고자 합니다."라고 하였다.

사홍은 엎드려 두 번 절하고 도의상 사양하지 못하여 삼가 공의 행장(行狀)에 의거하여 대략 다음과 같이 서술합니다.

공은 어려서 어버이를 여의고 몸소 스승께 나아가 글을 익혀 대의(大義)를 알았으며, 항상 친구들과 함께 놀며 자신의 뜻을 말할 때에도 확실하게 장병(將兵)의 일을 논하니 이 말을 들은 사람마다 기이(奇異)하게 여겼다.

자라서는 무예로써 업을 삼았는데, 활쏘기와 말타기가 남보다 뛰어나서 무인들 사이에 이름을 떨쳤으며, 또한 달리는 말 위에서 몸을 날려 날아오는 공을 치니 사람들이 공의 효용(驍勇)⁵⁾함과 민첩(敏捷)함에 탄복하였다.

처음에 충의위(忠義衛)⁶⁾에 속했다가 여러 번 승차(陞差)하여 4품의 위계(位階)에 이르러 선전관(宣傳官)⁷⁾을 겸하였다.

---

4) 대군(大君) : 1454(단종 2)~1488(성종 19). 즉 월산대군(月山大君)을 말함. 성종(成宗)의 친형. 덕종(德宗)의 장남. 박원종(朴元宗)의 매형. 이름은 정(婷). 자는 자미(子美). 시호는 효문(孝文). 부인은 병조판서 박중선(朴仲善)의 딸인 승평부대부인(昇平府大夫人).
5) 효용(驍勇) : 사납고 날래다.
6) 충의위(忠義衛) : 조선조 때 오위(五衛)의 하나인 충좌위(忠佐衛)에 속했던 군대. 공신(功臣)의 자손이나 그 첩의 중승자(重承者 : 장손으로 아버지가 죽은 후 조부의 服을 입는 자)로 조직되었다. 1418년(세종 즉위년)에 설치. 1월·4월·7월·10월의 4차례에 걸쳐 선발하였으며, 재직기간은 140일로 종3품까지 올라 퇴임하였다. 계속하여 근무할 경우에는 180일까지 더하여 정3품으로 그쳤다. 『대전회통(大典會通)』
7) 선전관(宣傳官) : 선전관청(宣傳官廳)의 관리로 선전관청은 조선초기에 설치하여 형

천순(天順) 경진년(세조 6, 1460) 여름에 과거에 응시하여 장원(壯元)을 하니 세조는 공이 친속(親屬)이 되고, 또 장원에 뽑혔으므로, 크게 기뻐하여 상(賞)을 내리고, 특별히 훈련원부사(訓鍊院副使)에 제수하였는데, 오래지 않아 지사(知事)로 승차(陞差)시키고, 겨울에 통정대부(通政大夫) 예빈소윤(禮賓少尹)에 선전관(宣傳官)을 겸직시켰다.

신사년(1461)에 상당(上黨) 한공(韓公 : 明澮)8)이 서북 양계(西北兩界)의 체찰사(體察使)9)가 되자 공으로써 막좌(幕佐)를 삼고 모의할 일이 있으면 반드시 공을 참여시켰다.

임오년(1462)에는 부지통례원사(副知通禮院事)로 옮겼다가 판군기감사(判軍器監事)로 올리고, 오래지 않아 병조참지(兵曹參知)로 올려 제수하였다.

이때부터 세조는 공을 재기(才器)로 보고 중히 여겼다. 계미년(1463)에는 참의(參議)로 올렸다가 성화(成化) 병술년(1466) 봄에는 참판(參判)으로 승차시키고 위계를 가선대부(嘉善大夫)로 하였다.

다음해 여름에는 북쪽 변경에서 적신(賊臣) 이시애(李施愛)10)가 반란을 일

명(形名 : 軍號의 일종)·계라(啓螺 : 吹打)·시위(侍衛)·전령(傳令)·부신(符信)의 출납을 관할하던 곳으로 처음에는 8명의 인원이 있었으며, 후에 76명으로 증가되었다. 정3품에서 종9품 중에서 선전관청의 관원이 선출되었는데, 1882년(고종 19)에 폐지되었다. 이곳에서 선청일기를 냈다.『대전회통(大典會通)』

8) 상당(上黨) 한공(韓公 : 明澮 : 즉 한명회(韓明澮)를 말함. 조선 세조 때의 공신. 정치가. 자는 자준(子濬). 호는 압구정(鴨鷗亭)·사우당(四友堂). 시호는 충성(忠成). 본관은 청주(淸州). 대제학 상질(尙質)의 손자. 예종비인 장순왕후(章順王后)와 성종비인 공혜왕후(恭惠王后)의 아버지이다. 정난(靖難)·좌익(佐翼)·익대(翊戴)·좌리(佐理) 4공신의 1등에 책록되었으며 상당부원군(上黨府院君)에 봉해졌고, 영의정을 재임하였다. 박원종(朴元宗)의 매부(妹夫)인 한익(韓翊)의 친척이다.

9) 체찰사(體察使) : 조선조의 군직(軍職)의 하나 국가에 전란(戰亂)이 일어났을 때 임금을 대신하여 그 지방에 나아가 일반 군무를 총찰(總察)하는 임무를 맡아 보았는데, 재상(宰相)이 겸임하는 것이 상례였다.

10) 이시애(李施愛) : ?~1467(세조13). 조선 세조 때의 무관. 본관은 길주(吉州). 검교문하부사(檢校門下府事) 원경(原京)의 손자. 판영흥대도호부사(判永興大都護府使) 인화(仁和)의 아들. 회령부사(會寧府事)를 지냈다. 1467년(세조 13) 북도(北道)의 수령을 남도 인사로써 삼는 것이 부당하다며 아우 이시합(李施合)과 매부 이명효(李明孝)와 함께 반란을 일으켜 절도사 강효문(康孝文)을 죽이고, 경관(京官) 출신의 북

으키자 공과 어유소(魚有沼)[11]가 선봉장(先鋒將)이 되어 싸워 이겨서 큰 공을 세우니, 정충출기포의적개공신(精忠出氣布義敵愾功臣)[12]호를 내리고, 위계를 가정대부(嘉靖大夫)로 올려 수병조판서로(守兵曹判書) 삼고 평양군(平陽君)을 봉하였다.

오래지 않아 자급(資級)을 뛰어넘어 정헌대부(正憲大夫)를 삼았다가 가을에는 평안도 절도사(平安道節度使)로 나갔다.

이때 북쪽 변경의 반적(叛賊)들의 난은 겨우 평정하였으나 서쪽 변방에서 다시 소란이 일어나자 다시 공으로써 진압하게 하였으며, 또 장영기(張永奇)[13] 등이 좀도둑질을 자행하며 호남(湖南) 지방을 유린(蹂躪)하니 공에게 명하여 토벌하게 하니 마침내 잡아 죽였다.

공이 스스로 병조판서(兵曹判書)에서 물러나 외직으로 나가니 남이(南怡)[14]

도 수령 및 관리를 모두 죽였다. 그러나 북청만령(北青蔓嶺)에서 패하여 경성(鏡城)으로 퇴각하였으나 그의 당인 이주(李珠)·이운로(李雲露) 등에게 살해되고 이로써 3개월 만에 난은 진압되었다.

11) 어유소(魚有沼) : 1434년(세종 16)~1489(성종 20). 자는 자유(子游). 시호는 정장(貞莊). 본관은 충주(忠州). 명장 득해(得海)의 아들. 18세 때 특히 뽑혀서 내금위(內禁衛)에 보직되고, 1456년(세조 2) 무과에 장원 급제. 1467년 이시애의 난을 평정하여 적개공신 1등에 책록 이조판서에 특진되었다. 북변의 병마사로서 여진족을 잘 다스러서 북변 국경지대가 평온하였다. 1488년 판중추부사 겸 도총관에 이르고 이듬해에 죽었다.

12) 적개공신(敵愾功臣) : 1467년(세조 13) 이시애(李施愛)의 난을 평정한 평정한 공신에게 준 훈호(勳號). 1등은 정출출기포의(精忠出氣布義) 적개공신이라 하여 귀성군(龜城君) 이준(李浚)·박중선(朴仲善)·남이(南怡) 등 10명, 2등은 정충포의(精忠布義) 적개공신이라 하여 김국광(金國光) 등 23명, 3등은 정충(精忠) 적개공신이라 하여 영순군(永順君) 부(溥) 등 11명을 공신으로 삼고 토지를 하사하였다.

13) 장영기(張永奇) : 조선 예종조에서 성종 초년 사이에 전라도 함평(咸平)에서 창궐하여 지리산(智異山)에 둔을 치고 영호남의 도적을 규합하여 전라도 지역에서 세력을 떨치던 도적의 두목.

14) 남이(南怡) : 1441(세종 23)~1468(예종 즉위). 태종의 외손. 좌의정 권남(權擥)의 사위. 1457년(세조 3) 17세에 무과에 급제. 세조의 총애를 받았다. 이시애(李施愛)의 반란과 건주위(建州衛)를 정벌하는 데 공을 세우고, 적개공신(敵愾功臣) 1등에 책록되어 26세의 젊은 나이로 병조판서가 되었다. 그러자 한계희(韓繼禧)는 종실이나 외척에게 병권을 주는 것은 부당하다고 간하였고, 예종이 즉위한 후 유자광(柳子光)의 무고로 처형되었다.

가 대신 판서(判書)가 되었는데, 일을 잘못하고 그르침이 많으니, 세조가 다시 공을 병조판서로 삼았다.

공은 병조에서 참지(參知)로부터 판서(判書)에 이르렀는데, 출입한 지 7, 8년동안 항상 병권(兵權)을 맡았지만 사심(私心)이 없고, 대쪽과 같았으며 모든 일을 신중하게 처리하니 이로 말미암아 임금께서 공을 의지하여 일을 맡겼으며, 더욱 신임하게 되었다.

그해 겨울에 예종(睿宗)이 즉위하고, 남이(南怡)의 옥사(獄事)를 다스리는 일에 공을 세우니 추충정난익대공신(推忠定難翊戴功臣)15)의 호를 내렸고, 위계를 숭정대부(崇政大夫)로 올렸다.

주상 전하께서 보위를 이어받음에 공을 세우니 또 공(功)을 기록하고 순성명량좌리공신(純誠明亮佐理功臣)16)의 호를 내렸다.

병신년(성종 7, 1476)에는 중국 연경에 사은사(謝恩使)로 다녀왔고, 정유년(1477)에는 경기도 관찰사가 되었고, 무술년(1478)에는 소환되어 이조판서(吏曹判書)가 되었고, 기해년(1479)에는 판돈령부사 겸 지훈련원사(知訓鍊院事)가 되었으며, 3년 후 가을 8월에 병환이 위독하여 다시 일어나지 못하니 임금께서 부음(訃音)을 들으시고 놀라 슬퍼하시고 조회(朝會)를 중지하셨으며, 예에 따라 부증(賻贈)을 내리고 관작(官爵)을 더하여 대광보국숭록대부(大匡輔國崇祿大夫) 의정부 우의정(議政府右議政)에 추증17)되고, 시호를 소양(昭襄)18)

---

15) 익대공신(翊戴功臣) : 1468년(예종 즉위) 남이(南怡)·강순(康純) 등이 반역을 음모한다 하여 이들의 옥사(옥사)를 다스리는데 공을 세운 신숙주(申叔舟)·한명회(韓明澮) 등 38명에게 준 훈호. 1등 공신은 수충보사병기정란익대공신(輸忠保社炳幾定難翊戴功臣), 2등 공신은 수충보사정난익대공신, 3등 공신은 추충정란익대공신(推忠定難翊戴功臣)이라 일컫었디.
16) 좌리공신(佐理功臣) : 1471년(성종 2) 신숙주(申叔舟)·한명회(韓明澮) 이하 73명에게 임금을 잘 보좌하고 정치를 잘 하였다는 공으로 내린 훈호. 1등은 신숙주 등 9명, 2등은 월산대군(月山大君)외 11명, 3등은 성봉조(成奉祖)외 18명, 4등은 김수온(金守溫)외 35명이다. 그리고 좌리공신의 아버지에게도 추증(追贈)하여 순충보조공신(純忠補祚功臣)이라 칭하게 하였다.
17) 우의정(右議政)에 추증(追贈) : '대군(大君)의 처부(妻父)에게 우의정을 추증하는 예'에 따른 것이다. 뒤에 아들인 박원종(朴元宗)이 영의정의 자리에 오르자, '영의정·

이라 하였다.

 공은 천성(天性)이 아름다운 옥을 쌓아 놓은 듯 맑았으며, 키가 크고 풍채와 태도가 거침이 없어 종일 사람을 대하였지만 잡다하게 쓸데없는 긴 말을 하지 않았고, 남의 옳고 그름을 말하지도 않았으며, 또한 조정(朝廷)의 일을 언급하지도 않았다.

 비록 사람을 사귀는 일은 없었으나, 혹 여러 사람이 모인 곳에서 공을 비판하는 말이 갑자기 터져 나오더라도 공은 입을 열고 빙그레 웃어 마치 바보같이 아무 것도 모르는 것같이 하니 타고난 성품이 고고(孤高)하고 지조(志操)를 지킴이 돈독(敦篤)하여 남보다 몇 등급 뛰어난 자가 아니고서는 반드시 이와 같은 경지에 이를 수가 없는 것이다.

 공은 무예(武藝)로 몸을 일으켜 청현(淸顯)의 관직을 역임하여 이르는 곳마다 칭송(稱頌)이 있어 왕의 총애(寵愛)를 받았으며, 나가서는 장수로 들어와서는 재상(宰相)으로 공명(功名)이 이미 높았다. 또한 두 대군을 사위로 맞이하였으며, 아들과 딸이 모두 연이어서 귀한 가문과 혼인하여 가문이 빛났건만 공의 처신은 담담하여 남에게 교만(驕慢)하지 아니하니 이 또한 보통 사람으로서는 하기 어려운 일이요, 공이 홀로 세상 사람들에게 추앙을 받게 된 까닭이다.

 애석(哀惜)하도다! 하늘은 왜 공에게 장수(長壽)를 주지 않아 이에 이르렀단 말인가?

 공의 휘는 중선(仲善)이요, 자는 자숙(子淑)이니, 순천(順天) 평양(平陽)의 세가(世家)이다. 증조의 휘는 가흥(可興)이니 고려에 벼슬하여 우의정(右議政)에 이르렀고[19], 할아버님 휘는 석명(錫命)이니 우리 태종(太宗) 임금을 도와 좌명

 좌의정·우의정의 아버지에게는 모두 영의정(領議政)을 추증' 하는 예에 따라 다시 영의정에 추증되었다.『兩銓便攷』「追贈」조 참조
18) 소양(昭襄) : 용모와 품위가 공순함을 소(昭)라 하고, 갑주(甲冑)의 공로가 있음을 양(襄)이라 하였다.
19) 고려조엔 우의정(右議政)이란 관직이 없었으며, 世宗實錄 9년 정미년(1427) 8월 21일(병자)조의 기록을 보면 "右議政으로 치사(致仕 : 나이가 많아 관직에서 물러남)

공신(佐命功臣)20)이 되고, 관직이 자헌대부(資憲大夫) 지의정부사(知議政府事 : 좌참찬)·집현전 대제학(集賢殿大提學)·지경연(知經筵)·춘추관사(春秋館事)에 이르렀으며 시호는 문숙(文肅)이다. 순충적덕보조공신(純忠積德補祚功臣) 숭록대부(崇祿大夫) 의정부 우찬성(議政府右贊成)에 추증21)되었다.

아버님 휘는 거소(去疎)이니, 봉렬대부(奉列大夫) 부지돈령부사(副知敦寧府事) 순충적덕병의보조공신(純忠積德秉義補祚功臣) 대광보국숭록대부(大匡輔國崇祿大夫) 의정부 우의정(議政府右議政)에 추증22)되고, 평양군(平陽君)에 봉해지니 모두 공의 훈공(勳功) 때문이다.

어머님은 곧 소헌왕후(昭憲王后)23)의 동생이니 심안효공(沈安孝公)24)의 따

한 朴可興이 졸하였다"고 되어 있어 조선조의 관직임이 확인되었으므로 본고에서는 이를 바로잡는다.
20) 좌명공신(佐命功臣) : 1401년 박포(朴苞)의 난을 평정하고 태종을 추대한 46명의 공신에게 내린 훈호. 4등으로 갈라 상당후(上黨侯) 이저(李佇) 등 9명에게 진충좌명(盡忠佐命) 1등, 예문관춘추학사 이래(李來)에게는 진충좌명 2등, 의안군 화(義安君和)·완산후(完山侯) 이천우(李天祐)에게는 익대좌명(翊戴佐命) 2등, 창녕백(昌寧伯) 성석린(成石璘) 등 12명에게는 익대좌명 3등, 참찬(參贊) 조박(趙璞) 등 22명에게는 익대좌명 4등을 각각 주어 표창하였다.
21) 우찬성(右贊成)에 추증(追贈) : 손자 박중선(朴仲善)의 적개(敵愾)의 공으로 3대 추증의 예에 따라 추증된 것이다. 1품계를 오를 때마다 1품계씩 감계(減階)하였다. 『兩銓便攷』「追贈」조
22) 우의정(右議政)에 추증(追贈) : 충훈부(忠勳府)의 군(君)이나 판돈령(判敦寧)의 아버지에게는 우의정을 추증(追贈)하는 예를 따른 것이다(이상은 예에 따라 3대를 추증한다). 『兩銓便攷』「追贈」조
23) 소헌왕후(昭憲王后) : 1395(태조 4)~1445(세종 28). 조선 세종의 왕비. 청천부원군(靑川府院君) 심온(沈溫)의 딸. 1408년(태종 8)에 출가, 경숙옹주(敬淑翁主)·경빈(敬嬪)·공비(恭妃) 등을 봉했다가 32년(세종 14)에 왕비(王妃)로 개봉되었다. 8남 2녀를 낳았으며, 아버지가 역적으로 몰려 한때 왕후의 지위가 위태로웠으나 내조(內助)의 공이 컸으므로 무사하였다. 수양대군의 처소에서 사망하니 문무백관이 크게 애도하였다.
24) 심안효공(沈安孝公) : ?~1418년(세종 즉위). 이름은 온(溫). 조선 세종의 장인. 자는 중옥(仲玉), 시호는 안효(安孝). 본관은 청송(靑松), 덕부(德符)의 아들. 세종의 비 소헌왕후의 아버지. 11세 때 鉦려의 감시(監試)를 거쳐 문과에 급제. 조선에 들어와 영의정에 이르렀다. 1418년(태종 18) 사신으로 명나라에 다녀오다가 태종 비난 사건에 관련되어 압록강에서 체포되고, 수원(水原)으로 압송되어 자결하였다. 이 사건은 처음 온의 동생인 정( )이 도총제(都摠制)로서 병조판서 박습(朴習)과 같이

님인데 또한 공의 훈공(勳功)으로 인해 정경부인(貞敬夫人)에 봉해졌다.

공은 가선대부(嘉善大夫) 행 호군(護軍) 허곤(許稇)의 따님에게 장가들어 1남 7녀를 낳았으니, 아들은 원종(元宗)이니, 병오년(성종 17, 1486) 무과(武科)에 급제하여 현재 훈련원 판관(訓鍊院判官)과 내승(內乘)을 겸직(兼職)하고 있고, 맏따님은 승평부부인(昇平府夫人)이니 월산대군(月山大君)의 부인이다. 둘째 따님은 선전관(宣傳官)인 신무정(辛武鼎)에게 출가했고, 셋째 따님은 사옹원 봉사(司饔院奉事) 이탁(李鐸)에게 출가했고, 넷째 따님은 군기시 판관(軍器寺判官) 한익(韓翊)에게 출가했고, 다섯째 따님은 윤여필(尹汝弼)[25]에게 출가했고, 여섯째 따님은 김준(金俊)에게 출가했고, 일곱째 따님은 제안대군(齊安大君)[26]의 부인이다. 측실(側室) 자녀는 다섯 명이다.

공은 정통(正統) 을묘년(세종 17, 1435)에 태어나 성화(成化) 신축년(성종 12, 1481)에 세상을 떠나니 향년(享年)이 47세이다.

이해 12월 모일(某日)에 양주(楊州) 금대산(金臺山)[27] 도혈리(陶穴里)[28]의 언

상왕(上王 : 태종)을 비난한 것이 온의 선동으로 인정된 것이며, 습은 먼저 처형되었다. 좌의정 박은(朴訔)이 온을 비난한 바 있어, 온의 유언으로 대대로 후손에 이르기까지 박씨와 결혼하지 않았다. 뒤에 세종의 명으로 복관되었다.

25) 윤여필(尹汝弼) : 1466(세조 12)~1555(명종 10). 조선 중종(中宗)의 장인. 박원종(朴元宗)의 매부(妹夫). 시호는 정헌(靖憲). 본관은 파평(坡平). 1506년(중종 1) 정국공신(靖國功臣) 3등이 되고, 이듬해 딸이 중종의 계비(繼妃 : 章敬王后)가 되어 파원부원군(坡原府院君)으로 봉해졌으며, 판돈령부사(判敦寧府事)가 되었다. 45년(명종 즉위) 을사사화 때 아들 임(任)이 화를 입었으나, 그는 80세의 노령이었으므로 화를 모면, 뒤에 용인현(龍仁縣)에 부처(付處)되었다가 51년(명종 6) 풀려 나왔다. 사망 후 복관(復官)되었다.

26) 제안대군(齊安大君) : 예종의 2자. 이름은 현(琄). 자는 국보(國寶). 시호는 영효(靈孝). 정(正) 증좌의정(贈左議政) 상주김씨(尙州金氏) 수말(守末)의 딸에게 장가갔으나 중병에 걸리자 안순왕후(安順王后)의 명으로 친정으로 돌려보내고, 다시 순천박씨(順天朴氏)에게 장가갔으니, 평양군(平陽君) 증영의정(贈領議政) 소양공(昭襄公) 박중선(朴仲善)의 딸이다. 그 후에 왕후의 명으로 다시 김씨와 만나 살았으며 자식이 없다. 효성이 지극하여 모후(母后)의 상을 만나 별려(別廬)에서 상기를 마치면서 애모(哀慕)하여 마지 않았다. 평생에 여색(女色)을 가까이 하지 않고 다만 성악(聲樂)을 즐겨하고 관악(管樂)·현악(絃樂)에 모두 능하였다.

27) 금대산(金臺山) : 주 남쪽 75리 지점에 있다.『新增東國輿地勝覽 楊州牧』조.

28) 도혈리(陶穴里) : 경기도 남양주시(南楊州市) 와부읍(瓦阜邑) 도곡리(陶谷里). 속칭

덕에 예장(禮葬)하였다.

　명(銘)을 지어 가로대,

　　순천박씨(順天朴氏)는 대대로 벼슬이 연이었었네
　　이에 의정공(議政公)29)이 아름다운 명성(名聲) 드날렸고,
　　문숙공(文肅公)30)이 이어받아 능연각(凌烟閣)31)에 이름이 빛났네
　　덕(德)을 쌓아 경사(慶事) 이어지니 이에 공이 출생하셨네
　　공은 어려서부터 웅지(雄志)를 품었었네
　　스승을 찾아가서 글을 읽었고, 스스로 무예(武藝)를 연마(硏磨)하였네
　　영자(英姿)32)의 특이함은 고니(鵠鳥)가 치솟듯, 난새(鸞鳥)가 달리듯 하였더라
　　궁술(弓術)의 절묘(絶妙)함은 돌을 꿰뚫었고 버들잎을 꿰뚫었다
　　명성(名聲)은 금군(禁軍)에 드날렸고, 과거(科擧)에선 남과 겨뤄 이겼도다
　　임금께서 이에 은총(恩寵)을 베푸셨고, 청요(淸要)33)의 관직을 두루 시험하셨네
　　임금을 호위하였고, 오래도록 선전관(宣傳官)을 겸하였네
　　적신(賊臣)34)이 난을 일으키니 북쪽 변방이 소란하였어라
　　공이 명(命)을 받으매 사졸(士卒)을 이끌고 앞서 싸웠네
　　한번 북이 울리니 적도(賊徒)를 섬멸(殲滅)하고 개선(凱旋)하였다
　　왕께서 그 공적을 가상(嘉尙)히 여겨 훈공(勳功)을 표창하고 승진시켰네

　은 도산(陶山).
29) 의정공(議政公) : 곧 세종조에 검교 우의정(檢校右議政)을 지낸 정후공(靖厚公) 박가흥(朴可興)을 이름.
30) 문숙공(文肅公) : 조선 태종조의 명신 박석명(朴錫命)의 시호(諡號). 관직은 지의정부사(知議政府事, 좌참찬)에 이름.
31) 능연각(凌烟閣) : 당 태종(太宗)이 장손무기(長孫無忌) 등 공신(功臣) 24인의 화상(畵像)을 그려두게 한 누각(樓閣)의 이름. 『당서(唐書)』卷2, 「太宗紀」
32) 영자(英姿) : 영매한 자질.
33) 청요(淸要) : 청환(淸宦)과 요직(要職).
34) 적신(賊臣) : 이시애(李施愛)를 이름.

호남(湖南)에 도적(盜賊)35)이 일어나 백성의 근심이 깊었더라
공을 보내 잡게 하시니 백성들이 공을 믿고 단잠을 자게 되었다
공의 공(功)을 표창하여 두 번 병권(兵權)을 맡겼네
7, 8년 동안 맡은 일에 더욱 충실하였네
세 임금을 섬겼으되 은총(恩寵)은 한결같았더라
두 대군(大君)36)을 사위로 삼으니 가문이 빛이 났네
부귀(富貴)하면 남들은 교만(驕慢)하지만 공의 마음은 더욱 경건(敬虔)하였다
나라에서 장성(長城)처럼 의지하니 큰 배로 내를 건너는 듯 든든하였네
하늘은 어찌 힘쓰지 않아 훌륭한 동량(棟樑)을 갑자기 버렸던가?
임금께서 애석(哀惜)히 여기셨고, 선비들도 모두 슬퍼하였네
울창한 저 묘역(墓域)은 금대산(金臺山)의 언덕일세
무덤에 나무는 장차 아름드리가 되리니, 묵은 풀은 이미 빽빽히 들어섰네
신도(神道)에 비가 없고, 가승(家乘)이 만약 인멸(湮滅)된다면 어찌할거나?
뉘 있어 공의 사적 후세에 전하리? 부인37)의 현명(賢明)함 때문일세
부인께선 어질었으니 남편에게 정성을 다바쳤네
대군(大君)의 거상(居喪)에는 정리(情理)와 예절(禮節)이 완전하였네
아버님38)의 행적(行績)을 드러내었고, 애모(哀慕)함이 더욱 깊었네
효도(孝道)와 정절(貞節)이 시종(始終) 허물할 게 없었더라
현덕(賢德)을 기술코자 하나 글 솜씨가 없는 것이 부끄럽네
큰 것은 비석이요, 높은 것은 무덤이라
광채는 한 골짜기에 더하였고, 기쁨은 구천(九泉)39)까지 움직였네

---

35) 호남(湖南)에 도적(盜賊) : 장영기(張永奇)를 말함.
36) 두 대군(大君) : 덕종(德宗)의 장남인 월산대군(月山大君)과 예종(睿宗)의 장남인 제안대군(齊安大君).
37) 부인 : 월산대군(月山大君)의 처인 승평부부인(昇平府夫人)을 이름.
38) 아버님 : 소양공(昭襄公) 박중선(朴仲善)을 이름.
39) 구천(九泉) : 죽은 뒤에 넋이 돌아간다는 곳. 구천지하(九天地下). 황천(黃泉).

이곳에 온 자가 공의 모습을 알고자 하거든 이 비석에 새긴 글을 볼지어다

홍치(弘治) 3년(성종 21, 1490) 경술년 여름 4월 일에 세우다.
절충장군(折衝將軍) 행충무위 대호군(行忠武衛大護軍) 임사홍(任士洪)⁴⁰⁾은 짓고 쓴다.
상진(相進) 근역(謹譯)

有明朝鮮國 精忠出氣布義敵愾 保社定難翊戴 純誠明亮佐理功臣 崇政大夫 判敦寧府事 平陽君 贈大匡輔國崇祿大夫 議政府右議政 諡昭襄 朴公 神道碑銘 幷序

昇平府夫人朴氏 介庶弟之婿昭威將軍李引錫 謂士洪曰 先考有動勞於國家 位秩亦崇 其卒也 諸孤幼 雖葬之禮 殆無薄於人 墓之道無銘焉 豈無一二可記事以刻諸石 且近上慟惜大君之逝 命子撰碑 妾夢大君促其文讀再過 欣欣若平昔 覺而流淚沾襟 吾固知幽明有感通之理 子之於親固所自盡 請得子文 以圖傳久 士洪俯伏再拜 義不可辭 謹据其狀 而畧序之 公少孤能自就師 讀書通大義 常與兒儕遊 言及其志 確然論將兵事 聞者爲之異 長洒業武 射御絶倫 名動羽林 又能於奔馬上 翻身接飛毬 人嘆其驍捷 初屬忠義衛 累階 至四品 兼宣傳官 天順庚辰夏 試武擧 擢第一 世祖以公是親屬 且居選魁 大加忻賞 特除訓鍊院副使 俄陞知事 冬通政大夫禮賓少尹 兼宣傳官 辛巳 上黨韓公 體察于西北兩界 以公爲佐幕 凡有謀議 必與之預 壬午 遷副知通禮院事 進判軍器監事 未幾陞授兵曹參知 自是

---

40) 임사홍(任士洪) : ?~1506(연산군 12). 조선 연산군 때의 세도가. 본관은 풍천(豊川). 좌찬성(左贊成) 원준(元濬)의 아들. 아들 광재(光載)는 예종의 딸 현숙공주(顯肅公主)의 남편 풍천위(豊川尉)가 되고, 숭재(崇載)는 휘숙옹주(徽淑翁主)에게 장가들어 풍원위(豊原尉)가 되었다. 글씨와 문장에 능했으며 특히 촉체(蜀體)에 능했는데, 작품으로는 양주(楊州)의 박중선묘비(朴仲善墓碑)·금천(衿川)의 노사신(盧思愼)의 신도비·고양(高陽)의 월산대군(月山大君) 이정묘비(李婷墓碑) 등 9개의 비문이 남아있다. 아버지 원준(元濬)과 아들 희재(熙載) 등 3대가 모두 문장과 글씨에 능했는데 희재는 특히 송설체(松雪體)를 잘 썼다.

世祖器公頗深 癸未進參議 成化丙戌春 陞參判 階嘉善 翌年夏 北鄙有賊臣施愛
之亂 公及魚有沼 爲先鋒將 克捷功大 賜精忠出氣布衣敵愾功臣號 階陞嘉靖 守
本曹判書 封平陽君 未幾超階正憲 秋出爲平安道節度使 時北賊纔平 西塞又有
事 欲須公以鎭 而復有張永奇草竊 湖南旋 命公討之 竟得擒戮 自公出兵曹 南怡
代爲判書 事多顚錯 世祖復公爲判書 公於兵曹 由參知至判書 出入七八載之間
常典兵權 淸簡愼重 由是上倚任益篤 其年冬 睿宗卽祚 以靖南怡有功 賜推忠定
難翊戴功臣號 進階崇政 今上繼統 又策勳 賜純誠明亮佐理功臣號 丙申朝燕京
丁酉出爲京畿觀察使 戊戌召拜吏曹判書 己亥判敦寧府事 兼知訓鍊院事 越三年
秋八月 以病不起 上聞訃驚悼 撤朝如例賻贈 有加進爵 大匡輔國崇祿大夫 議政
府右議政 易名昭襄 公天資蘊美玉 入長身 風度飄然 終日對人 無冗長語 不言人
是非 亦不及於朝廷事 雖無交游 衆處談鋒迅起 公則開口微哂 若一癡然不知者
非稟受之高 操守之篤 逈出人數等者 必不能到此 公拔身兜鍪 歷踐淸顯 所至具
有稱 受上眷遇 出入將相 功名旣隆 又有兩大君爲之女婿 南女皆連婚貴戚 門閭
赫赫 公處之澹 如不以嬌盈 施於人 此又凡人所難 而公獨見重於世者也 惜乎 天
不與年 而至於此耶 公諱仲善 字子淑 世家順天之平陽 曾祖諱可興 事高麗爲右
議政 祖諱錫命 佐我太宗 爲佐命功臣 官至資憲大夫 知議政府事 集賢殿大提學
知經筵 春秋館事 諡文肅 贈純忠積德補祚功臣 崇祿大夫 議政府右贊成 考諱去
疎 奉列大夫 副知敦寧府事 贈純忠積德秉義補祚功臣 大匡輔國崇祿大夫 議政
府右議政 平陽君 皆以公勳也 妣卽昭憲王后之妹 沈安孝公女 亦以公勳 封貞敬
夫人 公娶嘉善大夫行護軍許稛女 生一男七女 男曰元宗 中丙午武科 今訓鍊院
判官兼內乘 女長卽昇平府夫人 月山大君室也 次適宣傳官辛武鼎 次適司饗奉事
李鐸 次適軍器判官韓翊 次適尹汝弼 次適金俊 次齊安大君夫人 側室子女五人
公生正統乙卯 卒於成化辛丑 享年四旬有七 是年十二月某甲 以禮葬于楊州金臺
山陶穴里之原 銘曰 平陽 奕世 金紫蟬聯 粤議政公令聞著宣 顯允文肅 名炳凌烟
德積慶延 公乃生焉 公有大志 自在髫年 尋師讀書 能自勉旃 英姿之異 鵠峙鸞騫
射藝之絶 石沒楊穿 聲馳羽林 科捷人前 聖心洒眷 歷試華躔 爲侍禁密 久兼宣傳
賊臣搆亂 擾我北邊 公能受命 身士卒先 一鼓之餘 兇穢旋湔 王嘉乃績 旌勳擢遷

湖南盜發 頗爲民瘼 畀公往擒 民賴安眠 以公功懋 再授兵權 七八載間 委任盆專
荷三聖恩 如一月偏 嬌兩大君 門閥赫然 富貴人驕 公心轉處 國倚長城 舟濟巨川
天胡不憖 華舘遽捐 當宁軫惜 士林共悼 鬱彼佳城 金臺之墟 宰木將抱 宿草已薦
神道無碣 家乘或湮 誰懷永圖 夫人之賢 維夫人賢 能盡所天 居大君喪 情禮克全
表先考行 哀慕愈堅 惟孝惟節 終始罔愆 欲紀賢德 愧筆非椽 有豊者碑 有崇于阡
光增一壑 喜動九泉 來者其儀 視此貞鐫 弘治三年 庚戌夏 四月 日立石

折衝將軍行忠武衛大護軍 任士洪 撰書幷篆額

충렬공신도비문 (忠烈公神道碑文)

유명조선국 병충분의결책익운정국 추성보사우세정난공신 대광보국숭록대부 의정부영의정겸 영경연 춘추관 홍문관 예문관 관상감사 평성부원군 증시 무열 박공 신도비명 병서(有明朝鮮國秉忠奮義決策翊運靖國推誠保社祐世定難功臣大匡輔國崇祿大夫議政府領議政兼領 經筵春秋館弘文藝文館觀象監事平城府院君贈諡武烈朴公神道碑銘 幷序)

 남자가 한 가지의 선행(善行)이나 한 가지의 재예(才藝)가 여러 사람 중에 조금만 뛰어나도 충분히 한 시대(時代)에 이름을 드날리고 후세까지도 그 이름이 알려지게 되는 것이어늘, 하물며 성군(聖君)을 도와 혼란한 시국(時局)을 태평하게 하고, 사직(社稷)을 보전(保全)하고 백성을 구제하여, 그 분이 태어남은 하늘의 뜻이었고 그 분이 돌아가심은 나라의 동량을 잃음과 같은 무열공(武烈公)[41]의 경우야말로 더 말할 나위가 있겠는가?
 그 훈공(勳功)과 덕업(德業)을 사관이 기록하고 이정(彛鼎)에 새겨, 사람들

---

41) 부군의 시호는 뒤에 忠烈公으로 改諡되었으나 시기는 未詳이다.

의 마음과 눈에 심고 또 귀로 전하고 입으로 외워서 장차 백대(百代)가 지나도 사라지지 않을 것이니, 비록 그 공적(功績)을 기록한 비석이 없더라도 오히려 괜찮을 것이다. 그러나 그 유택(幽宅)을 빛나게 할 비석 하나가 없다면 이 또한 그대로 둘 수는 없는 일이다.

공(公)이 돌아가자, 하나도 부족함이 없이 나라에서 도와 장례를 치렀으나 비를 세우는 예만은 없었다.

부인 윤씨(尹氏)께서 슬픔을 머금고 정성을 다해 생질(甥姪)과 함께 석공(石工)을 모아 비석을 갖추기로 하고 용개(用漑)에게 명(銘)을 청하였다.

나는 공의 외족(外族)으로 알고 지낸 지가 오래되어 공에 대한 사실을 자세히 알고, 또 문장(文章)을 잘한다는 것으로 대제학의 자리에 있으니 어찌 감히 사양하겠는가.

살피건대 공의 성(姓)은 박씨(朴氏)요. 휘(諱)는 원종(元宗)이며 자는 백윤(伯胤)이니 그 선계(先系)는 순천(順天)에서 나왔다.

휘 천상(天祥)이란 분이 계셨으니 무예(武藝)로써 고려 공민왕(恭愍王)을 섬겨 평양부원군(平陽府院君)에 봉해졌고, 이 분에서 휘 가흥(可興)이란 분을 낳으셨으니 조선조(朝鮮朝)에 들어와 의정부 우의정(議政府右議政)에 추증(推贈)42)되니 공의 고조(高祖)이다.

이 분께서 휘 석명(錫命)을 낳으셨으니 문장(文章)으로 이름을 떨쳤으며 태종조(太宗朝)에 벼슬하여 좌명공신(佐命功臣)에 책록(策錄)되고 지의정부사(知議政府事)가 되었으며 평양부원군(平陽府院君)에 봉(封)해지니 이분은 공의 증조(曾祖)이다.

조부의 휘는 거소(去疎)이니 부지돈령부사(副知敦寧府事)를 지냈으며, 의정부 우의정(議政府右議政)에 추증(推贈)되었다.

아버님 휘는 중선(仲善)인데 무과(武科)에 장원(壯元)하여 적개공신(敵愾功

---

42) 이 비문에선 靖厚公의 관직 右議政이 贈職으로 되어 있는데, 世宗實錄 9년 정미년 (1427) 8월 21일(병자)조의 기록을 보면 "右議政으로 치사(致仕 : 나이가 많아 관직에서 물러남)한 朴可興이 졸하였다"고 되어 있어 實職임을 알 수 있다.

臣)에 책록(策錄)되고 평양군(平陽君)에 봉해졌으며 관직이 판중추부사(判中樞府事)에 이르렀다.

외조부(外祖父)는 휘가 허균(許稛)이니 가선대부(嘉善大夫) 행호군(行護軍)을 지냈는데 또한 양천(陽川)의 훌륭한 가문으로 집안이 대대로 명가(名家)로 내려왔고 뿌리가 깊고 근원(根源)이 깊었으니 대대로 자손이 번성하여 모두 영웅호걸(英雄豪傑)이 되었다.

성화(成化, 명 헌종의 연호) 정해년(세조 13, 1467)에 공(公)을 낳았는데, 어려서부터 이미 남들보다 키가 매우 크고 건장하였으며 골격이 보통사람과는 다른지라, 한충성공(韓忠成公 : 韓明會)이 한 번 보고 기특(奇特)하게 여겨,

"오래지 않아 큰 그릇이 되리라"

하였다.

글을 읽어 대의(大義)에 통하고 활쏘기와 말타기가 남들보다 뛰어나서 음보(蔭補, 조상의 덕으로 벼슬함)로서 무반직(武班職)에 기용(起用)되어 호군(護軍)이 되었으며 병오년(성종 17, 1486)에 선전관(宣傳官)이 되었다. 이해에 무과(武科)에 급제하여 훈련원 판관(判官)이 되고 누차 첨정(僉正)과 부정(副正)에 올랐으며 매번 관직을 옮겨갈 때에는 항상 선전관(宣傳官)과 내승(內乘, 궁중의 말과 수레를 맡아보던 관직)을 겸직(兼職)하여 오랫동안 왕의 행차(行次)를 호종(扈從)했는데, 성종(成宗)께서 쓸만한 인재라 여겨

"그 재주가 큰 일을 맡길 만하니 급히 등용하도록 하라"

고 하셨다.

임자년(성종 23, 1492)에 자급(資級)을 뛰어넘어[43] 승정원(承政院) 동부승지

---

43) 당시 박원종(朴元宗)의 승진은 나이에 비해 매우 빠른 편이었다. 그래서 허균(許筠)조차도 그의 저서 『성소부부고(惺所覆瓿藁)』에서 '20세 이전에 과거(科擧)에 급제한 자에서부터 30세 이전에 고관(高官)이 된 사람과 40세 이전에 고관(高官)이 된 사람의 명단을 이렇게 기록하고 있다.
「26세 : 남 이는 병조판서, 이 파는 도승지, 박원종(朴元宗)은 병조참의, 김신국은 사인(舍人)이 되었고, 정사룡(鄭士龍)은 중시(重試)에 장원하였다.
32세 : 박원종(朴元宗)은 판윤(判尹), 윤계겸은 공조판서가 되었다.」『성소부부고(惺所覆瓿藁)』「제24권 설부」

(同副承旨)에 제수(除授)되고 위계(位階)가 통정대부(通政大夫)에 올랐으나 언관(言官)이 공의 연소(年少)함을 아뢰므로44) 공조참의(工曹參議)에 임명했다가 병조참의로 옮겼다.

연산군 을묘년(연산군 1, 1495)에 경상좌도 병마절도사(慶尙左道兵馬節度使)로 나갔다가 내직으로 들어와 첨지중추부사(僉知中樞府事)가 되었으며 무오년(연산군 4, 1498)에 이조(吏曹)와 병조참의(兵曹參議)가 되었다가 거듭 동부승지(同副承旨)에 제수되고 좌부승지(左副承旨)로 승진되었다.

경신년(연산군 6, 1500)에는 특별히 평안도절도사(平安道節度使)를 제수하였으나 공이 모친께서 연로(年老)하심을 이유로 사직(辭職)하였다. 다시 동지중추부사(同知中樞府事)에 제수되고 승습군(承襲君)45)으로 평성군(平城君)에 봉해졌다.

얼마 후에 한성부 우윤(漢城府右尹) 겸 도총부 부총관(都摠府副摠管)에 임명되었다. 이때 좌윤(左尹) 홍흥(洪興)46)은 성품이 엄중(嚴重)하여 쉽게 남을 허여(許與)47)하는 일이 없었으나, 마음속으로부터 공에게 탄복(歎服)하였으므로 자주,

"나라의 그릇이다."

---

44) 언관(言官)이 …… 아뢰므로 : 당시 박원종의 나이는 26세로서 『중종실록』에 의하면 「왕이 승정원(承政院)에 나이 젊은 자로서 승지에 제수된 사실을 물으니, 승정원에서 서계(書啓)하기를,
"임사홍(任士洪)은 27세였고, 권건(權健)은 25세였습니다."
하니, 또다시 권건의 이력(履歷)을 기록하여 아뢰라고 하였다.」『중종실록』 23년 8월 12일(임오)조 기사 참조.
45) 승습군(承襲君) : 功臣의 자손으로 父祖의 府院君 또는 君號를 이어받아서 封君된 자.
46) 홍흥(洪興) : 조선 연산군 때의 문관. 자는 사걸(士傑). 본관은 남양(南陽). 한성부윤(漢城府尹) 심(深)의 아들. 좌의정 응(應)의 동생. 1443년(세종 25) 사마시에 급제, 음보(蔭補)로 출사하여 한성부 좌윤에 이르렀는데, 그동안 내외 벼슬을 역임하여 치적을 나타냈고, 헌부(憲府)를 맡아 기강을 바로잡았으며, 개성유수로 부임하자 백성들이 기뻐 맞이하였다. 인물과 풍채가 뛰어나서 성종이 항상 사신으로 명나라에 보내어 우리 나라의 인물을 자랑했다.
47) 마음 속으로 허락하여 칭찬함.

고 칭찬하였다.

임술년(연산군 8, 1502)에는 외직(外職)으로 강원도 관찰사(江原道觀察使)로 나갔는데 백성들을 구제하고 민폐(民弊)를 제거하는데 뜻을 두어 아무 명목 없이 거둬들이는 진상품(進上品)을 감해줄 것을 여러 번 청(請)하였다.

강원도(江原道)에는 이름난 산과 큰 절이 많아서 중들이 많이 모이므로, 이들이 사람들을 꾀어 시주를 바치게 하는 일을 못하게 금하고, 이를 어긴 자를 잡거나 보고하는 우졸(郵卒 : 驛卒)에겐 상(賞)을 주니 마을에 중의 자취가 없게 되었다.

계해년(연산군 9, 1503)에는 체직되어 평성군(平城君) 겸 동지의금부사(同知義禁府事)가 되고, 갑자년(연산군 10, 1504) 봄에는 어머님 상(喪)48)을 당하여 묘소 옆에 여막(廬幕)49)을 짓고 어머님 묘를 보살피는데 당시에 처음으로 단상제(短喪制, 3년상을 1년 상으로 함)를 시행하니 을축년(연산군 11, 1505) 겨울에는 상중(喪中)에 있는 공을 특별히 기용(起用)하여 동지중추부사(同知中樞府事)로 임명하고 위계(位階)를 정헌대부(正憲大夫)로 높였다.

공은 거상(居喪)50)의 뜻을 지키지 못함을 슬퍼하여 사양하고자 하였으나 화(禍)가 미칠까 두려워하여 마침내 관직에 나아갔으나 항상 어머님의 죽음을 슬퍼하여 근신(謹身)하였다.

병인년(연산군 12, 1506)에는 지중추부사(知中樞府事) 겸 경기관찰사(京畿道觀察使)가 되었다. 갑자년(연산군 10, 1504) 여름부터 나라에서 도성(都城)의 동북쪽에 금표(禁標)51)를 세우고 사방 1백 리 지역을 사냥터로 만들어서 이

---

48) 원문에는 부친상(父親喪)인 외우(外憂)로 되어 있으나 공의 부친인 소양공(昭襄公)께선 이미 1481년(성종 12)에 돌아가셨으므로 번역문에선 모친상(母親喪)으로 바로잡는다.
49) 여막(廬幕) : 궤연 옆이나 무덤 가까이에 지어놓고 상제가 거처하는 초가.
50) 거상(居喪) : 상중에 있음.
51) 금표(禁標) : 연산군 때에 일반의 출입을 금하기 위하여 세운 비석. 당시 금표구역은 지금의 고양시·파주시·양주군·포천군·남양주시·광주군·구리시·김포시 등이 포함되었다. 현재 연산군 때에 세운 금표비가 고양시 대자동(大慈洞) 간촌(間村)마을 금천군(錦川君) 묘소 입구에 있다. 이 금표비는 1980년대 중반 인근의 전주

지역내의 관사(官舍)와 민가(民家)를 모두 철거하여 사람들의 출입을 금하고 이를 어긴 자는 사형(死刑)에 처하였다. 그리고 이 일에 대해 잘못됨을 간하는 자는 즉시 처벌하였고 크게 법망(法網)을 얽어서 살륙(殺戮)으로써 정사(政事)를 일삼으니 온 나라가 몹시 두려워하여 숨을 죽이고 다투어 명을 따랐다.

이에 공은 항상 친하게 지내는 사람들에게,

"임금이 도(道)를 잃어 명을 내림에 법도가 없으니 비록 한 사람의 힘으로는 그 난정(亂政)을 바로잡을 수 없지만 주선을 잘하여 간언(諫言)을 받아들인다면 어찌 한 두가지 일쯤이야 바로잡을 수 없겠는가?"

라고 하였다.

어느날 저녁에 또 교지(敎旨)52)를 내려 서남 쪽에도 지난번 동북 쪽에서와 같이 금표(禁標)를 세우게 하였는데, 광주(廣州)에서부터 서쪽으로 양천(陽川) 김포(金浦) 부평(富平) 전역(全域)이 출입금지 구역으로 들어가니 공이 그 불가함을 아뢰어 양주(楊州) 등의 고을이 금표 안에 들지 않게 하니 조정 안팎에서 모두 공을 의지하고 중하게 여겼다.

금표를 세우고부터 임금이 그 구역에서 아무때나 말을 달려 사냥하므로, 명 나라 사신이 경내에 들어올 때 역로(驛路)의 관사(館舍)에서 접대하는 것을 일정에 맞추지 못하는 일이 많았다. 이에 공이 왕의 뜻에 거슬리는 말을 하니 연산주(燕山主)가 언짢아하면서

"이전에는 내 뜻을 거역하는 자가 없었는데 박원종(朴元宗)만이 감히 그러한가? 지난번 그대의 말을 쫓아 금표(禁標)를 줄이도록 허락한 것을 지금도 후회하고 있는데 이제 다시 거론(擧論)한단 말인가?"

이씨 자손들이 묘역정화사업을 벌이던 중 발견되어 이곳에 세운 것이다. 앞면에는 "금표 안으로 침범하여 들어오는 자는 기훼제서율에 따라 처참한다(禁標內犯入者論棄毀制書律處斬)"이라 적혀 있다.
※ 기훼제서율(棄毀制書律) : 임금의 명령이 적힌 문서 또는 증표 등을 기치(棄置)하거나, 훼손(毀損)한 죄를 처벌하는 법률 조문. 이 죄는 참형(斬刑)에 해당한다. 『대명률(大明律)』<이율(吏律) 기훼제서인산(棄毀制書印信) 조(條)>.
52) 교지(敎旨) : 임금이 문무관(文武官) 4품 이상의 관리에게 내리는 사령(辭令). 세종 7년 왕지(王旨)를 개칭한 것임. 일명 관고(官誥).

하였다. 공은 조정(朝廷)에 있어도 어지러운 정사(政事)는 구제할 수 없고 화(禍)만 자초할 뿐이라는 것을 알고 서둘러 외직(外職)을 청(請)하여 함경북도절도사(咸鏡北道節度使)에 제수(除授)되고 품계도 숭정대부(崇政大夫)로 올랐다.

부임길에 올랐는데 마침 공의 누님인 승평부부인(昇平府夫人, 월산대군 부인)의 병환이 위독하였다. 이에 왕은 급히 공을 소환하여 머물면서 상사(喪事)를 주간(主幹)하게 하고 공을 평성군(平城君) 겸 도총부 도총관(都摠管)으로 삼았다.

공은 조정에 돌아온 뒤로 늘 국사(國事)가 구제할 방도가 없음을 가슴아파하고 종묘사직(宗廟社稷)과 백성이 중하다고 생각하여 분연히 이윤(伊尹)과 곽광(霍光)의 뜻[53]을 품고, 이에 성희안(成希顔)[54] 유순정(柳順汀)[55]과 함께 모의(謀議)한 후 그해 9월 2일에 의(義)로운 군사(軍士)를 일으켜 연산군(燕山君)을 폐(廢)하고 중종(中宗)을 임금으로 추대(推戴)하니 백성들이 모두 한마음 한뜻으로 호응하였다.

그동안 정사(政事)를 그르친 간신배들을 베어 죽이되 죄없는 사람은 한 사람도 함부로 죽이지 못하게 하니 온 나라안이 청명(淸明)하여지고 신인(神人)이

---

53) 이윤(伊尹)과 곽광(霍光)의 뜻 : 나라와 백성을 위하여 혼매한 군주를 징계하여 뉘우치게 하거나, 폐출하고 새로운 군주를 옹립하는 일을 말함. 이윤은 탕(湯)을 도와 은 나라를 세운 어진 재상으로서 탕이 죽고 아들 태갑(太甲)이 어린 나이로 왕위에 올라 방탕한 생활을 일삼자 태갑을 탕의 묘가 있는 동(桐) 땅으로 유배를 보내 징계하였다가 태갑이 크게 뉘우치자 3년 만에 다시 왕으로 옹립하여 은 나라의 기틀을 튼튼히 하였으며, 곽광은 한 나라의 어진 재상으로, 소제(昭帝)가 죽고 후사가 없자 무제(武帝)의 손자인 창읍왕(昌邑王) 유하(劉賀)를 맞아 왕으로 세웠으나 혼매하고 방탕하여 제왕으로서외 문제기 있자 폐출하고 다시 무세의 증손(宣帝)을 옹립하여 나라의 기틀을 바로잡았다. 『書經 太甲』『漢書』卷8·63·68·74
54) 성희안(成希顔) : 1461~1513. 중종때의 문신. 자는 우옹(愚翁). 호는 인재(仁齋). 시호는 충정공(忠定公). 충렬공(忠烈公)과 함께 중종반정(中宗反正)에 참여하여, 1등 공신이 되고 영의정에 이르렀다.
55) 유순정(柳順汀) : 1459~1512. 중종때의 문신. 자는 지옹(智翁). 시호는 문정공(文貞公). 김송직(金宗直)의 문인. 충렬공(忠烈公)과 함께 중종반정(中宗反正)에 참여하여, 1등공신이 되고 영의정에 이르렀다.

모두 편안하여지매 비록 먼 지방 백성이나 천한 노복까지도 공의 성명을 지금까지도 칭송하여 어떤 이는 공을 부를 때 박대감(朴爺爺)이라고 하였으며,

"박대감(朴爺)이 아니었다면 우리가 죽은 지 오래였을 것이다"
라고 하였다.

주상(主上)께서 공의 공(功)을 1등으로 기록하고 병충분의결책익운정국공신(秉忠奮義決策翊運靖國功臣)의 훈호(勳號)를 내리고 의정부 좌참찬(左參贊)에 제수하였는데 며칠만에 대광보국숭록대부(大匡輔國崇綠大夫)로 위계(位階)를 올리고 의정부 우의정겸 영경연사 감춘추관사 평성부원군(議政府右議政兼領 經筵事監春秋館事平城府院君)에 제수하였다.

공이 사임하고자 하여,

"삼공(三公)의 임무(任務)가 막중(莫重)한데 신과 같은 무부(武夫)는 맡아서는 아니되옵니다"
하고 하루에도 서너 번씩 아뢰어 굳이 사양하고 맡지 아니하니 주상께서 간곡(懇曲)히 맡으시기를 권하시매 할수 없이 맡으시고 오래지 않아 좌의정(左議政)에 올랐다.

정묘년(중종 2, 1507) 봄에 김공저(金公箸)56)등이 공을 해치려는 음모(陰謀)를 꾸몄다가 조정을 어지럽힌 죄목으로 처형되니, 공은 스스로,

"신이 본디 명망(名望)을 쌓지 못했사온데 정승(政丞)의 자리에 앉았으므로 인심(人心)을 만족시키지 못하여 간악한 음모를 자초하였습니다"
하고 상소하여 물러나기를 간절히 청하여 마지않았으나 주상께서 허락하지 않는다는 비답(批答)을 내리셨다.

그해 여름에 조정의 의논이 바야흐로 유자광(柳子光)을 배척하여 기어이 제거하려 드니 유자광은 그 공론(公論)이 그치지 않을 것을 알고 공에게 기대어 자신을 구해주기를 바라서 곧 편지를 보내어 으르면서,

"나와 공은 같은 무인(武人)으로서 정승의 반열에 올랐으므로 좋아하지 않

---

56) 김공저(金公箸) : ?~1507. 중종때의 의원. 1507년 서예가 박경(朴耕) 등과 함께 충렬공(忠烈公)과 유자광(柳子光)·노공필(盧公弼) 등을 제거하려다가 탄로되어 처형됨.

는 문사(文士)들이 많소이다. 입술이 없으면 이가 시린 법이라, 내가 배척(排斥)되면 다음에는 공에게 화(禍)가 미칠 것이오"
라고 하니 공이 웃으면서 대답하기를,

"조야(朝野)가 이를 간 지 오래인데 공이 일찍 물러나지 않은 것이 한스럽소이다"
하였다.

이보다 앞서 유자광은 공의 지위와 명망(名望)이 중함을 보고 매일같이 공의 집에 찾아와 두 집안이 선대(先代)에 서로 교유(交遊)가 있었던 친분을 가지고 계속 깊이 관계를 맺기를 바랐으므로, 자기 생각에는 이미 자신의 심복을 얻은 것으로 여겼다가 공에게 이런 대답을 듣자 간담이 서늘하여 돌아갔다.

그해 가을에는 이과(李顆)57)의 옥사(獄事)를 다스려서 추성보사우세정난공신(推誠保社佑世定難功臣)의 훈호(勳號)를 받았다.

무진년(중종 3, 1508)에는 고명(誥命 : 조선국왕의 즉위를 승인하는 중국 황제의 문서)을 내려준 데 대해 사례하는 사은사(謝恩使)로 북경(北京)에 갔으며 돌아와서는 정승의 자리를 너무 오래 차지하고 있었다며 글을 올려 물러나기를 청하니 주상(主上)께서 역시 허락하지 않는다는 비답(批答)을 내리셨다. 기사년(중종 4, 1509) 가을에는 영의정겸 영경연 홍문관 예문관 춘추관 관상감사(領議政兼領經筵弘文館藝文館春秋館觀象監事)에 올랐다.

공은 정승이 되고서부터 글로써 또는 말로써 사임(辭任)을 청한 것이 한 두번이 아니었는데 영의정(領議政)이 되자 스스로 더욱 자중(自重)하였으며 대궐에 엎드려 여러 날을 사임을 청하고 또 글을 올려 간절히 청하려다가 그만두면서,

---

57) 이과(李顆) : 1475~1507. 중종때의 문관. 자는 과지(顆之). 연산군 때 전라도로 귀양 갔다가 김준손(金駿孫) 등과 진성대군(晋城大君)을 추대하려다가 반정(反正)이 이미 성공했다는 말을 듣고 중지. 정국 4등 공신에 책록되었으나, 공이 없다 하여 원종공신(原從功臣)으로 강봉(降封)되자 불만을 품고 이찬(李纘)등과 견성군(甄城君)을 추대하고 충렬공(忠烈公)과 유순정(柳順汀) 등을 제거하려다가 노영손(盧永孫)의 밀고로 발각되어 처형됨.

"대신(大臣)이 사직(辭職)하는 글을 올리면 의례 임금께서 비답(批答)을 내려 중히 여기는 말씀을 많이 하시는데 나같은 사람은 더욱 감당할 수 없는 일이다"
하고 이내 조그만 종이에 자신의 생각을 써서 왕명(王命)을 출납하는 승지(承旨)가 참고하게 하였는데, 모두 여섯 조항으로 그 내용이 너무도 간절하고 지극하여 다른 사람은 하기 어려운 말들이었다.

임금께서 이르기를,
"경(卿)이 정승(政丞)이 된 것은 국론(國論)이 결정한 것인데 경이 반드시 물러나고자 하는 까닭을 내가 모르겠소"
하니 공이 두려워하여 왕명을 받들었다.

그해 겨울에 공은 각종(脚腫)을 앓아 이듬해 봄이 되어도 낫지 않았다. 그러나 음식을 먹거나 기거(起居)하는데 불편할 정도는 아니어서 조회(朝會)에 빠지는 일이 없었으나 관직을 사임하여 병든 몸을 조섭(調攝)코자 더욱 간절히 물러나기를 청하니 경오년(중종 5, 1510) 3월에 비로소 윤허(允許)하시고 부원군(府院君)에 봉(封)했으나 그때까지도 병이 낫지 아니하였다.

4월에 이르러 마침내 병이 위독해지자 주상께서는 내의(內醫)를 계속 보내어 진료하게 하였으며 또 승지(承旨)를 보내어 하고 싶은 말을 물어 오도록 하니 공은 병이 위독하나 일어나서 사례하고,
"주상(主上)께서 즉위하신 지 5년에 정신을 가다듬고 다스려 크고 작은 모든 일을 하나라도 다스려지지 않는 것이 있을까 염려하시니, 무슨 할 말이 있겠습니까. 다만 인재(人才)를 사랑하고 아끼소서"
하였다. 말을 마치자 기운이 다하여 혼미하여 정신을 잃었고 이날 밤 4고(四鼓, 새벽 2시에서 4시 사이)경에 세상을 떠나니 이날은 17일이요, 향년(享年)이 44세였다.

공의 부음(訃音)을 듣자 임금은 크게 슬퍼하고 사흘간 조회(朝會)를 중지하였으며 부의(賻儀)를 보통의 예보다 더 많이 내리고 특별히 도승지(都承旨)를 보내 제사를 지내도록 하였다. 시호를 무열공(武烈公)이라 내리셨다.

선비들과 평민들도 길에서 만나면 서로 공의 죽음에 조의를 표하고 조정의 모든 관리가 끊이지 않고 조상(弔喪)하러 와서 몹시도 비통(悲痛)해 하며 하늘이 공을 빨리 데려감을 원망하였다.

공은 공신(功臣)의 집안에서 자랐으나 어려서부터 귀한 집 자제들이 갖는 교만하거나 거만한 습성이 없었고 비록 스승이나 벗의 가르침이 없더라도 그 타고난 천성(天性)이 순수하고 아름다워 잡됨이 없고 도량이 넓고 성격이 원만하였으며 사물을 대함에 포용하는 아량이 있었다.

관직에 나아가 일을 처리함에는 마음속에서 옳고 그름을 확정하여 사사로움으로 인하여 법을 어기지 않았고 부귀(富貴)가 극에 달했으나 그것을 자랑하지 않았고, 젊은 선비들에게 겸손하고 묻기를 좋아하였으며 친구에게 급한 일이 생기면 반드시 도와주어 인색하지 아니하였다.

성품이 문아(文雅)58)를 좋아하여 항상 서화(書畵)를 수집하여 스스로 완상(玩賞)하였고, 문학하는 선비를 만나면 정성을 다해 대접하였다.

집안을 다스림에는 엄격하여 부인을 대할 때는 손님을 대하듯 공손하였으며, 아무리 총애하는 첩(妾)이라도 예의에 어긋나는 일이 있으면 반드시 야단쳐 내보냈다.

공의 신장(身長)은 구척(九尺)이나 되었으며 풍채가 훤칠하니 그 위용과 풍모가 가히 두려워 할 만하고 본받을 만한데도 화기가 넘쳐 공을 바라보면 의젓하여 곧바로 덕있는 사람임을 알 수가 있었다.

부인은 사복시 부정(司僕侍副正)을 지낸 윤인(尹磷)의 따님으로 이분은 대를 이을 아들을 두지 못하였다.

또 한 부인은 창녕성씨(昌寧成氏) 첨지(僉知) 준(準)의 따님으로 이분께선 외아들 운(雲)을 두셨으니 공의 음덕(蔭德)으로 선략장군(宣略將軍) 부호군(副護軍)이 되었다.

이 해 6월 25일에 양주 고을 동쪽 도혈리(陶穴里)에 있는 금대산(金臺山) 아

---

58) 문아(文雅) : 시문을 짓고 읊는 풍류의 도.

래 예장(禮葬)하였다.

　아, 공의 훈공(勳功)과 덕망(德望)은 종묘사직(宗廟社稷)과 백성들이 힘입은 바이니 하늘이 마땅히 복록(福祿)과 경사(慶事)로써 공에게 보답하고 장수를 누리게 하여 우리 임금을 돕게 하여야 하거늘 장수(長壽)를 누리지 못했으니 하늘은 공에게 어찌 이리도 인색한가? 슬프도다! 하지만 공의 훌륭하신 공훈(功勳)과 명망(名望)이 육신(肉身)과 함께 사라지지 않고 위대하게 길이 남아 있으리니 만약 나의 말을 믿지 못하겠거든 다음의 명(銘)을 보라.

　명(銘)은 다음과 같다.

　　하늘이 이 나라 백성을 도우사
　　현웅(賢雄)59)을 보내셨네
　　어려운 시국(時局) 구해 나라 안정시키고
　　성군(聖君)을 도왔도다
　　지난날 불운(不運)을 만나
　　백성들은 도탄(塗炭)에 빠지고
　　종묘사직(宗廟社稷)이 의지할 곳을 잃어
　　국운(國運)이 위태로왔네
　　의젓하신 무렬공(武烈公)은
　　나라 구할 뜻을 품었네
　　해를 받들고 구름을 타게 하니60)
　　그 공 하늘에 닿았네
　　쓰러져 가던 나라가

---

59) 현웅(賢雄) : 어진 영웅. 즉 충렬공 박원종을 지칭.
60) 해를 …… 타게 하니(奉日乘雲) : 해는 임금을 상징하며, 봉일(捧日)이란 옛날 해로써 제왕(帝王)을 깨닫게 하였으므로 옹립(擁立 : 임금으로 모심)하여 추대(推戴 : 윗사람으로 떠받듦)하는 것을 말한다. 구름이란 높은 곳을 의미하니 구름을 타게 한다는 것은 높은 자리에 받들어 앉힌다는 뜻으로 곧 임금의 자리에 앉힌다는 뜻이다.

똑바르고 완전해졌네.
우리 임금을 왕도(王道)로 인도하셨고
폭정(暴政)을 선정(善政)으로 바꾸셨네
사람들은 새로운 삶을 찾았고
나라에는 동량(棟樑)이 있게 되었네
훈업(勳業)은 온 나라를 뒤덮고
경륜(經綸)은 묘당(廟堂)61)에 가득하였네
세상이 공(公)을 의지하고
우러러 흠모(欽慕)할제
목가(木稼, 상고대, 죽음)는 어이 그리 빨라
하늘이 수명(壽命)을 주지 않았던가?
덕망(德望)은 사람들의 가슴에 간직되고
명성(名聲)은 귀에서 귀로 전해지니
아름다운 이름 백대(百代)에 전해지고
육신(肉身)은 여기에 묻히셨네

대제학(大提學) 신용개(申用漑)62) 찬(撰)하다
정덕(正德 : 명 무종 연호) 6년(중종6, 1511) 6월에 세우다.
相進 謹譯

有明朝鮮國秉忠奮義決策翊運靖國推誠保社祐世定難功臣大匡輔國崇祿大夫
議政府領議政兼領 經筵春秋館弘文藝文館觀象監事平城府院君贈諡武烈朴公神

---

61) 묘당(廟堂) : 의정부(議政府)의 별칭. 또는 나라의 정치를 다스리는 조정. 묘정(廟庭)
    이라고도 함.
62) 신용개(申用漑) : 1463(세조9)~1519(중종14) 이조 중종조의 대신. 자는 개지(漑之),
    호는 이락정(二樂亭), 시호는 문경(文景), 본관은 고령(高靈), 신숙주의 손자. 중종반
    정후 우의정을 거쳐 1518년 左議政에 이르렀으며, 당대 선비들의 중심 인물이 되
    었다.

道碑銘幷序

　士有一善一藝 明位稍出輩者 猶足以鳴一時顯後代 黃翼聖亨屯 安社稷濟烝黎 其生也天爲生之 其死也國失樑棟如武烈公者 其勳庸德業 太史有紀 彝鼎有銘 入人心目 耳傳而口誦之者 將百代不泯 雖紀功無碑 猶可也 然無以表幽壚示光大焉 則斯亦不可闕 公卒 官庀葬事 無一不完 葬令獨無樹碑目 夫人尹氏啣哀竭誠 與甥姪謀聚工具石 請銘于用漑 用漑於公表族 受知久 得公之實詳 且以文爲官 銘安敢辭 按公姓朴氏 諱元宗 字伯胤 其先出於順天 有諱天祥者 以武藝事高麗恭愍王 封平陽府院君 是生諱可興 入國朝 贈官議政府右議政 於公高祖 是生諱錫命 名於文 事太宗策功佐命 知議政府事 平陽府院君 於公曾祖 祖諱去踈 副知敦寧府事 贈議政府右議政 考諱仲善 魁武科 錄敵愾功 封平陽君 官至判中樞府事 外王父許稛 嘉善行護軍 亦陽川右姓 家世名閥 遠有代序 毓慶流祉 種爲英豪 以成化丁亥生公 自髫齔 已魁健雄偉 骨相異凡 韓忠成公 一見奇之曰 不久定作大器 讀書通大義 射御絶倫 蔭補武班職 爲護軍 歲丙午 拜宣傳官 是年 中武科 爲訓練院判官 累陞僉正副正 每遷歷 常帶宣傳內乘之職 侍輦轂久 成宗心器之 謂其才可大受 急於用 壬子 超授承政院同副承旨 階通政 言官論其年少 適爲工曹參議 俄遷兵曹 燕山朝乙卯 出節度慶尙左道兵馬 還拜僉知 戊午 參議吏兵曹 重拜同副承旨 轉陞左副 庚午 特授平安道節度使 公辭以母老 改除同知中樞府事 襲勳封平城君 尋拜漢城府右尹兼都摠府副摠管 時左尹洪興性嚴重 不輕許人 心腹公 亟稱曰國器 壬戌 出爲江原道觀察使 志蘇民祛獘 凡供御無名者 多請減損道多名山巨刹 學浮屠者爲淵藪 禁母得誑誘人捨施 賞郵卒捕告 村里無緇髡跡 癸亥 適爲平城君兼同知義禁府事 甲子春 丁外憂 守廬墓側 時初短喪制 乙丑冬 特起公爲同知中樞 進階正憲 公痛不得守志欲辭 懼禍及遂拜命 常恒恒疚懷 丙寅 以知中樞府事兼觀察京畿 自甲子夏 立標都城東北 廣袤百里 爲雉兔場 撤官舍民居 禁人出入 犯者死 追罪言事者不已 大開罪網 以殺戮爲政 中外脅息 趁令猶恐後 公常語所親曰 君上失道 號令無章 雖不可以一人之力紓其亂 周旋納約 豈無一二事可救 一日 又有旨立西南標如東北 自廣州西 盡陽川金浦富平並

入禁場 公陳啓其不可 陽川等邑 得不入標內 中外倚重 自立標 馳獵不時 明使入境 驛路館待 多失程期 公觸諱以言 主不悅曰 前此無有忤予者 某獨敢爾 何頃從其言許近標限 方悔恨 今復云云耶 公知在朝無救於亂 祗速禍 亟求外寄 得拜咸鏡北道節度使 進階崇政 旣就道 公姊昇平夫人病革 遽命召還 仍留幹喪 爲平城君兼都摠府都摠管 公自還朝 常痛傷國事無策可救 念宗社生靈爲重 奮然懷伊霍之志 乃與成希顔・柳順汀共策 以是年九月 初二日 擧義廢立 國人響應 萬心同貫 誅剪凶穢 不妄殺一無辜 朝野淸明 神人奠安 雖㢤氓賤隷 稱誦公名姓 迄今不離口 或呼爲朴爺爺云 微朴爺吾死久矣 上錄功勳爲第一 賜秉忠奮義決策翊運靖國功臣號 拜議政府左參贊 數日 進階大匡輔國崇祿 拜議政府右議政兼領經筵事・監春秋館事 平城府院君 公辭曰 三公任重 非臣武夫所宜居 日陳數四 固避不拜 上敦諭就職 未幾 陞左議政 丁卯春 以金公著等謀害公 以亂朝政伏辜 自謂素不畜名望 居相位 不壓人心 以召姦謀 上章求退 懇乞不已 上賜批答不允 夏朝論方斥柳子光 必欲去之 子光知公論不置已 冀賴公營救 乃爲書恐公曰 吾與公 俱以武人躋崇班 文士多不悅 脣亡齒寒 我㢤 次及公 公笑且答曰 朝野切齒久矣 恨公不早退 先是 子光見公位望重朝著 日趍門墻 叙先世遊從之舊 深自結納意已得心腹 得此報 破膽而去 秋 參鞫李顆獄 賜推誠保社佑世定難功臣號 戊辰如京師 謝賜誥命 還以冒處相職久 上章乞退 上又賜批答不允 己巳秋 陞領議政兼領經筵・弘文館・藝文館・春秋館・觀象監事 公自爲議政 以章以言 請辭者不一 及拜首相 益自憂懼 伏闕辭避累數日 又欲上章陳懇 卒不果曰 大臣上章辭職 例賜批答 多有推重之語 在吾無狀 尤不敢當 乃於短紙書所懷 以備出納者遺忘 其條有六 辭意切至 有人所難言者 上曰 卿爲首相 國論所歸 卿必欲退 予不識所以 公懼而就命 冬 患脚腫 涉春不瘳 然飮食起居不甚病 不廢朝衙 欲解官調攝 求退益切 庚午三月 始蒙允許 封府院君 病猶未治 至四月卒革 上遣內醫診視問使不絶於門 又遣承旨問所欲言 公力疾起謝曰 主上卽位五年 勵精圖治 事無大小 猶恐不理 安有可言 但須愛惜人才 言訖 氣乏不能省 是夜四鼓絶纊 乃十七日也 壽四十四 訃聞 上震悼 輟朝三日 賻贈加例 別遣都承旨賜祭 易名曰武烈 士庶相弔於道 百僚之弔祭者 莫不悲哀悼慟 怨天之奪速也 公生長勳門 自少無

綺紈驕傲習 雖乏師友礱磨之力 其得於天者醇美無雜 胸中恢洪絶崖岸 遇物如有容 及莅官處事 確然定是非於內 不以私歆法 富貴已極而不自有 下士好問 見親舊有急 必周救無所吝 性好文雅 常收畜書畵以自玩 見文士 推誠以接 治家嚴 待夫人敬如賓 妾侍有不如禮 雖愛 必杖而出之 身長九尺 風神峻爽 其威容儀度 可畏可象 而和氣誾如 望之儼然 卽知其爲有德人也 夫人是司僕寺副正尹磷之女 無嗣 側室有子曰雲 以公蔭授宣略副護軍 是年六月二十五日 以禮葬于楊州治東陶穴里金臺山下 嗚呼 公之勳德 乃宗社生靈所賴 天宜以福慶報其身 與之遐齡 留相我聖君 錫之嫡胤 繼嗣其家業 而身無年嫡無胤 天於公 何嗇耶 痛哉 然隆功盛名 不與身俱逝者大而遠 如不我信 盖視玆銘 銘曰 天佑斯民 乃生賢英 濟屯寧國 而翼聖明 頃値運否 萬姓崩角 宗祊失依 國步斯剝 有儼武烈 心懷扶顚 捧日乘雲 功高斡天 惟傾惟圮 旣正旣完 登我王道 濟猛以寬 人有性命 國有棟樑 勳業山河 經綸廟堂 世方倚賴 想望儀刑 木稼何遽 天不與齡 德在人心 名傳于耳流芳百代 委燹山趾

大提學 申用漑撰
正德 六年 六月 日立

충렬공묘지명 (忠烈公墓誌銘)

병충분의결책익운정국 추성보사우세 정난공신 대광보국숭록대부 평성부원군 박공 묘지(秉忠奮義決策翼運靖國 推誠保社佑世定難功臣 大匡輔國崇祿大夫 平城府院君 朴公 墓誌)

연산조(燕山朝) 말기에 더럽고 문란함이 이미 극도에 달하여 신민(神民)이 장차 보전할 바가 없었다. 아침 저녁을 보장하기 어려운 위급한 때 우리 평성공(平城公)께서는 여러 사람의 소망을 좇아 성군(聖君)을 추대할 큰 계책(計

策)을 결의하여 국운을 회복시키니 공의 은덕과 공훈에 보답하여 영의정(領議政)에 임명되었다.

부원군(府院君)으로서 사제(私第)에서 돌아가시니 장례식 며칠 후 경주김씨(慶州金氏) 세필(世弼)63)군이 공의 외질서(外姪壻)로서 공의 언행(言行)과 이력(履歷)을 적은 행장(行狀)을 지어서 행(荇)에게 묘지(墓誌)64)를 청하였다. 김군(金君)은 나의 친구이다.

나는 구차하게 헐뜯거나 칭찬하지 않을 줄은 알기에 삼가 본 행장(行狀)에 의하여 묘지(墓誌)를 지었으며 감히 망령되게 칭찬한 것은 없다.

공의 휘는 원종(元宗)이요, 자(字)는 백윤(伯胤)이며 순천박씨(順天朴氏)이니 성화(成化 : 명 헌종의 연호) 정해생(세조 13, 1467년)이다.

공은 어려서부터 용모가 준수하고 풍채가 뛰어났다. 한충성공(韓忠成公, 충성은 명회의 시호)이 한 번 보고는 기특히 여겨 말하기를,

"후일 반드시 큰 인물이 될 것이다"

라고 하였다.

글을 읽어 대의(大義)에 통하고 활쏘기와 말타기가 뛰어나 20세에 무과(武科)에 급제하였다. 훈련원 판관(訓練院判官) 첨정(僉正) 부정(副正)과 선전관(宣傳官) 그리고 사복시(司僕寺) 내승(內乘)을 겸직(兼職)하였다.

성종(成宗)께서 공의 재주 있음과 충성스러움을 아시고 크게 쓸만 하다고 여겨 자급(資級)을 뛰어넘어 승정원(承政院) 동부승지(同副承旨)를 제수하고

---

63) 김세필(金世弼) : 1473(성종 4)~1533(중종 28). 조선의 문관. 자는 공석(公碩), 호는 십청헌(十淸軒)·지비옹(知非翁), 시호는 문간(文簡). 본관은 경주, 훈(薰)의 아들, 충렬공의 외질서(外姪壻). 사마시에 급제하여 이조참판에 이르렀다. 忠烈公 行狀을 지었으며, 文集으로 十淸軒集이 있다. 그러나 십청헌집엔 충렬공의 행장이 실려 있지 않으니 명종 때 乙巳士禍가 일어나 문서를 수색 몰수할 때 이 책도 역시 그 속에 끼어 없어졌으니, 충렬공 행장 또한 이 때 없어진 듯하다. 겨우 2권이 남았었는데, 영조 때에 후손 김광악(金光嶽)이 종족과 상의하여 간행하였다. 十淸軒集은 4권 2책 인본이다.
64) 묘지(墓誌) : 죽은 사람의 행석, 자손의 이름, 묘지의 이름, 나고 죽은 때 등을 기록한 글. 사기판에 적거나 돌에 새겨서 무덤 옆에 묻는다.

위계(位階)를 통정대부(通政大夫)에 두었다.

대간(臺諫)이 공의 나이 어림을 말하니 공조참의(工曹參議)로 옮겼다가 얼마후 병조참의(兵曹參議)로 옮겼다.

연산조(燕山朝)에 경상도절도사(慶尙道節度使)가 되고, 이조(吏曹)와 병조참의(兵曹參議)를 역임하였다. 동부승지(同副承旨)를 제수받고 좌부승지(左副承旨)를 거쳐 특별히 평안도절도사(平安道節度使)를 제수하고 위계를 가선대부(嘉善大夫)로 올렸으나, 공이 모친께서 연로(年老)함을 이유로 사양하고 부임하지 아니하니 한성부우윤(漢城府右尹)에 임명하였다.

이때 한성부좌윤(漢城府左尹) 홍흥(洪興)은 성품이 엄중하여 허여(許與)하는 이가 적었으나 공과 함께 일을 하면서 항상 칭찬하기를 '국기(國器)이다'고 하였다.

강원도 관찰사(江原道 觀察使)로 나갔을 때는 아무 명목없이 거둬들이는 공물의 감량을 주청하였으며 승려를 엄금하여 백성들을 속이고 현혹하는 일이 없게 하니 여론이 훌륭하게 여겼다.

연산주(燕山主) 초에 단상제(短喪制 : 3년상을 1년상으로 함)를 실시하여 상을 당하여 여묘(廬墓)살이를 하고 있는 공을 특별히 기복(起復 : 상중에 등용함)하여 동지중추부사(同知中樞府事)로 삼고 위계(位階)를 정헌대부(正憲大夫)로 올렸다.

공은 물러나고자 하였으나 되지 않았으므로 마음이 자못 편치 못하여 의지할 곳이 없었다.

연산주(燕山主)가 동북방(東北方) 백리 지역에 금표(禁標)를 세워 관사(官舍)와 민가(民家)를 철거한 후, 사람들이 출입하지 못하게 금령(禁令)을 내리고 이를 어기는 자는 사형(死刑)에 처하였다.

하루는 또 서남(西南) 쪽에 동북쪽처럼 표석을 세우도록 교지(敎旨)를 내렸다. 조정 안팎에서는 서로 말하는 것을 크게 꺼렸는데 말을 한 자는 불측한 죄로 다스렸다.

이때 공은 경기관찰사(京畿觀察使)로 있었는데, 분연히 부당함을 아뢰니 조야(朝野)가 모두 공이 큰 일을 감당할 수 있음을 알고 기대하였다.

중국 사신이 우리 나라 경내(境內)에 들어올 때 역로(驛路)의 관사(館舍)에서 접대하는 것이 일정에 어긋나는 일이 많으므로 공이 또 이를 들어 아뢰니, 연산주(燕山主)가 화를 내며 말하기를,

"이전에는 나를 거역하는 자가 없더니 박원종(朴元宗)이 홀로 감히 그러한가?"

하였다. 공도 화가 미칠까 두려워 서둘러 외직(外職)을 구하여 함경도절도사(咸鏡道節度使)가 되어 나가니 위계가 숭정대부(崇政大夫)로 올랐다. 이미 부임길에 올랐으나 공의 누님되는 승평부부인(昇平府夫人)이 병으로 돌아가자 연산주(燕山主)가 공을 소환하여 도총부 도총관(都摠府都摠管)을 겸직(兼職)시켰다.

공은 국사(國事)가 이미 어찌할 수 없음을 보고, 언제나 하늘을 우러러 탄식하면서 마음속에 반정(反正)할 뜻을 품고 성희안(成希顏) 유순정(柳順汀)과 연산주를 폐위시키고 중종(中宗)을 추대할 것을 결의하였다.

거사일(擧事日)에 나라 사람들이 모두 말하길,

"이일을 먼저 발의한 이는 필시 박영공(朴令公)일 것이다"

라고 하였다. 구름이 모여들 듯 그림자가 따르듯 많은 군중들이 모의한 적이 없으나 공과 뜻을 같이 하였다.

공이 지휘하는 것이 신(神)과 같고, 호령(號令)하는 것이 물이 흐르듯 행동이 형세와 사리에 합치하였다. 아침이 채 가기도 전에 내외가 청명(淸明)하여지고, 신인(神人)이 또한 편안하여지니, 이때가 정덕(正德 : 명 무종의 연호) 원년(1506년) 9월 2일이다.

비록 먼 지방 사람이나 천한 농사꾼들도 공의 성명(姓名)을 일러 칭찬하여 마지않았고, 지극히 높여 불러 대감(爺)이라 하면서 말하기를,

"박대감(朴爺)이 아니었다면 우리의 오늘이 있을 수 있었겠는가?"

라고 하였다. 어떤 이는 자신의 옷을 가리키며,

"박대감(朴爺)께서 입혀주신 것이다."

고 하였으며, 음식을 먹을 때는

"박대감께서 주신 음식이다"

고 하였으니 민중(民衆)들의 마음을 얻음이 이와 같았다.

주상(主上)께서 공의 훈공(勳功)을 기록하게 하고 병충분의결책익운정국공신(秉忠奮義決策翊運靖國功臣)의 훈호를 내렸다. 의정부좌참찬(議政府左參贊)이 되고, 대광보국숭록대부(大匡輔國崇祿大夫)에 올라 우의정 겸 영경연사 감춘추관사 평성부원군(右議政兼領經筵事 監春秋館事 平城府院君)에 제수되었으며, 얼마 있지 않아 좌의정(左議政)에 올랐다.

정묘년(중종2, 1507) 여름 조정(朝廷)에서 유자광(柳子光)을 몰아낼 방법을 논의하니, 자광(子光)이 공에게 의지하고자하여 글을 보내 도와 달라고 으르면서 말하기를,

"나와 공은 같은 무인(武人)으로서 정승의 반열에 올랐으므로 좋아하지 않는 문사(文士)들이 많소이다. 입술이 없으면 이가 시린 법, 내가 배척(排斥)되면 다음은 공에게 화가 미칠 것이오"

라고 하였다. 공이 웃으며 대답하기를,

"조야(朝野)가 이를 간 지 오래되었는데 공이 일찍 물러나지 않은 것이 한스럽소"

하니 자광(子光)이 간담이 서늘하여 돌아갔다.

가을에 이과(李顆)의 옥사(獄事)를 다스린 공으로 추성보사우세정난공신(推誠保社佑世定難功臣)의 호가 추가로 내려졌다. 무진년(중종3, 1508) 여름 고명(誥命)에 대한 사은사(謝恩使)로 북경에 갔으며, 기사년(중종4, 1509) 가을, 영의정겸 영경연 홍문관 예문관 춘추관 관상감사(領議政兼領經筵弘文館春秋館觀象監事)에 올랐다.

공은 정승의 직임에 대하여 "삼공(三公)의 임무는 막중한 것이므로 무부(武夫)가 감당할 바가 아니다"라고 생각하였고, 또 가득 차면 넘친다는 것을 경계하여 사직을 청하는 상소를 올린 것이 네 번이나 되고, 말로써 청한 것은 수도 없으니 모두 지성(至誠)에서 나온 것이었다. 주상께서 돈유(敦諭)[65]하고

윤허(允許)하지 아니하니, 공은 근심하여 대궐 앞에 엎드려 여러 날이나 사직을 간청(懇請)하였다. 그러자 주상께서는 하교하기를,

"경이 수상(首相)이 된 것은 통일된 국론인데 경이 기필코 사퇴하고자 하는 까닭을 과인은 모르겠소"

라고 하니 공이 두려워하여 중지하였다.

이 해 겨울에 각종(脚腫)을 앓았는데 음식을 먹거나 기거함에 불편할 정도로 심한 병은 아니었으나 오히려 사직할 것을 더욱 간절(懇切)히 하니 경오년(중종 5, 1510) 봄에 이르러 마침내 주상께서 윤허(允許)하시고 부원군(府院君)에 봉하였다.

아, 주발(周勃)은 대왕(代王)을 옹립(擁立)하였으나 사사(私私)로이 청탁(請託)한 간사함66)을 면하지 못하였고, 곽광(霍光)은 선제(宣帝)를 추대(推戴)하였지만 마침내 권세(權勢)를 탐(貪)하는 실정(失政)67)이 있었으니, 고인들에 비하여도 공은 가장 훌륭하다 하겠다.

이 해 여름 4월이 되자 공의 병세가 위독(危篤)함에 주상께서 내의(內醫)에게 명하여 진료토록 하고 계속 문후(問候)하게 하였다.

또 승지(承旨)를 보내어 하시고 싶은 말씀이 있는지를 묻자, 공은 병세가 위독하였으나 일어나 사례(謝禮)한 후에,

"주상(主上)께서 정신을 가다듬고 다스리시니 무슨 할 말이 있겠습니까만,

---

65) 돈유(敦諭) : 임금이 신하나 선비들을 정진하도록 타이름. 또는 그 말.
66) 주발은……간사함 : 주발은 한 나라의 장군으로, 한고조를 도와 천하를 통일하였고, 이후 고조 아들 혜제(惠帝)가 죽자 여태후(呂太后)의 족척이 세력을 잡고 왕족인 유(劉) 씨를 핍박하자 승상 진평과 협력하여 여(呂) 씨 일족을 제거하고 대왕(代王)이던 유항(劉恒)을 영립하였으니 바로 문제(文帝)이다. 후일 만란을 도모한다는 모함을 받아 하옥되자 형리에게 뇌물을 주고 풀려날 방법을 알아, 자신의 며느리이자 문제의 딸인 박소(薄昭)를 통해 구명운동을 하여 풀려났다.『漢書』卷四, 三十八「周勃列傳」
67) 곽광은……실정 : 곽광은 자신의 딸을 황후로 세웠고, 곽광이 죽은 이후 곽씨 일족이 다시 권력을 잡기 위해 반역을 꾀하다가 멸족의 화를 당하였다. 이는 곽광이 자신의 딸을 황후로 세운 데서 연유하였다는 것으로 곽광의 잘못이라 한 것이다.『漢書 卷 七』

인재를 아끼소서"

하였다. 말씀을 마친 뒤 기운이 다하여 정신을 잃었는데, 이 날밤 사경(四更)에 운명하니 13일이다. 수(壽)가 44세였다.

주상께서 매우 애통해 하여 3일간 조회(朝會)를 중지하고 부의(賻儀)68)로 내리는 제수(祭需)는 보통의 예보다 많이 하사(下賜)하였으며 사대부와 백성들도 조문(弔問)하여 마지 않았다.

공은 천성(天性)이 순수하여 가식이 없고 소탈하였으며 마음을 비우고 사물을 대하여 남과의 관계를 소중히 여겼다. 하지만 관직에서의 일처리는 분명하여 동요됨이 없었다.

문아(文雅)69)를 좋아하는 성품이어서 현달(顯達)한 신분에 이르러서도 언제나 책을 가까이 하였으며 의심스런 바가 있으면 반드시 물었다.

말년에 부귀(富貴)가 최고에 이르렀으나 명성과 자위로 자처하지 않았으며, 재물(財物)에 대해서도 인색(吝嗇)하지 않아서 끝내 세상에서 시비하는 말이 없었다.

집안을 엄하게 다스려 예(禮)로써 부인(夫人)을 대했으며, 시첩(侍妾)이 한 번이라도 교만한 짓을 하면 비록 매우 사랑하더라도 반드시 매를 쳐서 내쫓으니, 규문(閨門)70) 안의 질서가 엄숙하였다.

공은 신장(身長)이 9척이며 풍채가 당당하여 그 모습이 지닌 덕과 걸맞았으니 고인의 이른바 대인군자(大人君子) 였다.

공의 아버님은 휘(諱) 중선(仲善)이니, 정충출기포의적개 정난익대 순성명량좌리공신 숭정판돈령부사 평양군(精忠出氣布義敵愾定難翊戴純誠明亮佐理功臣崇政判敦寧府事平陽君)이요. 할아버님은 휘(諱) 거소(去疎)이니 증직(贈職)이 의정부 우의정(議政府 右議政)이요. 증조부(曾祖考)는 휘 석명(錫命)이니 증직이 의정부 좌찬성(左贊成)이다. 그 윗대도 모두 뛰어난 분들이시다.

---

68) 부의(賻儀) : 초상 난 집에 돈이나 물건을 보내어 도와줌.
69) 문아(文雅) : 풍류를 짓고 읊는 풍류의 도.
70) 규문(閨門) : 부녀자가 거처하는 곳.

어머님은 양천허씨(陽川許氏)니 행호군(行護軍) 균(稇)의 따님이요. 부인은 파평윤씨(坡平尹氏)니 사복시부정(司僕寺副正) 휘 인(磷)의 따님으로 후사(後嗣)가 없다. 계배(繼配)는 창녕성씨(昌寧成氏)이니 이 분은 첨지(僉知) 준(準)의 따님으로 아들 운(雲)을 낳았다.

이해(1510) 6월 25일 양주(楊州) 동쪽 도혈리(陶穴里)[71)]에 있는 금대산(金臺山)[72)] 아래 예장(禮葬)하였다.

다음과 같이 명(銘)한다.

큰 집이 기우는데
뉘 있어 동량(棟樑) 되며
가 없는 홍수 지니
뉘 있어 배가 될까?
훌륭하신 평성군(平城君)
만민(萬民)이 우러렀네
정도(正道)로써 구제하니
이윤(伊尹)의 마음[73)]이요
곽광(霍光)의 공(功)[74)]이여라

---

71) 도혈리(陶穴里) : 경기도 남양주시(南楊州市) 와부읍(瓦阜邑) 도곡리(陶谷里). 속칭은 도산(陶山).
72) 금대산(金臺山) : 주 남쪽 75리 지점에 있다. 『新增東國輿地勝覽 楊州牧』조
73) 이윤(伊尹)의 마음 : 반정(反正)의 뜻을 품는 것을 말함. 이윤(伊尹)은 은(殷) 나라의 탕(湯)을 도와 걸(桀)을 쳐서 천하를 평정하고, 탕이 죽은 뒤에는 그 손자 태갑(太甲)이 무도하므로, 3년 동안 유배히여 그 히물을 뉘우치게 한 후 살 보쌜하여 은나라의 기초를 튼튼히 함.『史記 卷3』
74) 곽광(霍光)의 공(功) : 반정(反正)의 공을 말함. 곽광(霍光)은 중국 전한(前漢)시대 정치가로 무제(武帝)·소제(昭帝)·선제(宣帝)를 섬긴 명신임. 그는 어릴 때부터 궁중에서 일하고, 무제를 20여년간 섬겼는데 한 무제(武帝)의 고탁(孤託)을 받아 어린 소제(昭帝)를 잘 보필했고, 소제가 죽자 창읍왕 하(昌邑王賀)를 세웠으나, 방자 무노하므로 폐하고 선제(宣帝)를 옹립했다. 선제는 즉위 후에 모든 일을 먼저 그와 의논하게 했다. 그 딸은 황후가 되고 일문 영달하여 존귀를 누렸다.

사람들 길이 의지하니
공은 죽지 않았도다
국운(國運) 만세(萬世)에
공의 수명 장구(長久)하리
금대산(金臺山) 아래
양지바른 이 언덕
이곳이 공의 유택(幽宅)
명(銘)을 지어 알리오

대광보국숭록대부 의정부좌의정겸 영경연 감춘추
관사 세자부 이행75) 근지(李荇 謹誌)
相進 謹譯

秉忠奮義決策翼運靖國推誠保社佑世定難功臣大匡輔國崇祿大夫平城府院君朴公墓誌

燕山之季 穢亂旣極 神民將無所庇庥 嗷嗷皇皇 莫保朝夕 我平城公 順羣望 決大策 推戴聖上 光復國運 報德酬功 位極上台 以府院君卒于第 葬有日 鷄林金君世弼 以婚於公外姪女 撰言行踐履爲狀 請荇誌之 荇金君友也 知不苟毁譽 謹依本狀爲文 不敢妄有所贊也 公諱元宗 字伯胤 順天朴氏 成化丁亥生 少而美容儀 風朵峻聳 韓忠成公 一見奇之曰 他日必爲大器 讀書通大義 射御絶人 年二十 中武科 歷訓鍊判官・僉正・副正兼宣傳官・內乘 成宗知忠恪有才器可大用 超拜

---

75) 이행(李荇) : 1478(성종 9)~1534(중종 29). 조선의 정치가. 자는 택지(擇之). 호는 용재(容齋), 시호는 문헌(文憲). 본관은 덕수, 사간 의무(宜茂)의 세째 아들. 문과에 급제, 중종 10년(1515) 대사간으로 있을 때, 박상(朴祥) 김정(金淨) 등이 상소를 올려 충렬공을 비롯한 반정공신들이 廢妃한 일이 잘못되었으므로 廢妃 愼氏를 復位시켜야 한다고 주장하자 이를 극력으로 반대하여 막았다. 20년에 大提學이 되고, 30년에 左議政에 이르렀다. 문집에 용재집(容齋集)이 있다.

承政院同副承旨 階通政 臺諫以年少爲言 遞爲參議工曹 俄遷兵曹 燕山朝 爲慶尙道節度使 歷吏·兵曹參議 授同副承旨 由左副 特拜平安道節度使 進階嘉善 公以母老辭不赴 爲漢城府右尹 時左尹洪興 性嚴重 小許可 與公同事 常稱曰 國器 出觀察江原道 請減供御無名者 禁浮屠 無得誑誘 物論趨之 主初短喪制 公方持服廬墓 特起爲同知中樞 進階正憲 公欲辭不可 頗怏怏無賴 主旣立標東北百里 撤官舍民居 禁毋得出入 犯者死 一日 又有旨立西南標如東北 中外方以言爲大諱 言者罪不測 時公爲京畿觀察使 奮然陳列 朝野咸屬望 知公大可有爲也 中朝使入竟 驛路館待 多失程期 公又以爲言 主怒曰 前此無有忤我者 某獨敢爾 公亦愼禍 及亟求外寄 乃出節度咸鏡道 進階崇政 旣就道 公姊昇平夫人 病且死 主召公還 兼都摠府都摠管 公見國家事已無可奈何 常俯仰噓唏 隱然有反正之志 與成希顔·柳順汀 決議廢立 擧事之日 國人皆曰 首義者 必朴令公也 雲合景附 不謀而同 公指揮若神 號令如流 動合機宜 不終朝 內外淸明 神人乂安 是正德元年九月初二日也 雖遠裔賤吡 無不贊稱公名姓 至號爲爺曰 微朴爺 我其得有今日乎 幾指其衣曰 朴爺衣我 食曰 朴爺食我 其順衆心者如此 上錄公勳 賜秉忠奮義決策翊運靖國功臣號 由議政府左參贊 進階大匡輔國崇祿 拜議政府右議政兼領經筵事·監春秋館事·平城府院君 未幾 陞左議政 丁卯夏 朝廷方論斥柳子光 子光欲倚公爲助 以書恐動之曰 吾與公 並以武人躋崇品 文士多不悅 脣亡齒寒 我斥 次及公 公笑答曰 朝野切齒久矣 恨公不早退也 子光破膽而去 秋 參鞫李顆獄 可賜推誠保社佑世定難功臣號 戊辰夏 如京賜誥命 己巳秋 陞領議政兼領經筵·弘文館·藝文館·春秋館·觀象監事 公自爲議政 以三公任重 非武夫所居 又以盛滿爲戒 上章請辭者數四 以言請者不數 皆出至誠 上敦諭不允 公憂愼 伏闕懇辭累數日 上教曰 卿爲首相 國論所歸 卿必欲退 予不識所以 公恐而止 冬患脚腫 飮食起居不甚病 然猶求退益切

至庚午春 上方允許之 封府院君 嗟夫 周勃迎代 未免請間之私 霍光立宣 終有貪權之失 方之古人 公最優焉 是年夏四月 公病革 上命內醫診視 問候相屬 又遣承旨 問所言 公力疾起謝曰 主卜勵精圖治 安有可言 但須愛惜人才 言訖氣乏 不能省 是夜四鼓卒 寔十三日也 壽四十四 上震悼 輟朝三日 賻祭有加 士庶莫不相

弔 公天姿醇美 無邊幅 不置畦畛 虛懷遇物 不輕絶人 而當官莅事 確然無所撓屈 性喜文雅 雖至顯達 常以書自隨 有所疑必問 末年 富貴已極 而未嘗以名位自處 於財亦無所吝惜 故終無間言 治家嚴 待夫人以禮 妾侍一有慢侮 雖甚愛 必杖而 出之 閨門之內 斬然也 身長九尺 儀度偉如 貌稱其德 古所謂大人君子也 公考諱 仲善 精忠出氣布義敵愾·定難翊戴·純誠明亮佐理功臣 崇政判敦寧府事 平陽 君 祖諱去踈 贈議政府右議政 曾祖諱錫命 贈議政府左贊成 其先皆聞人 妣陽川 許氏 行護軍稛之女 夫人坡平尹氏 考諱磷 司僕副正 無嗣 側室子曰雲 是年六月 二十五日 葬于楊州東陶穴里 金臺山下 銘曰 大廈之顚 誰爲棟樑 水之無涯 孰舟 與航 翼翼平城 萬民所望 革危以正 心尹功光 人實永賴 公爲不亡 國運萬世 公 壽則長 山曰金臺 有阜面陽 是維公墓 視玆銘章

　　大匡輔國崇祿大夫 議政府左議政兼 領經筵 監春秋館事 世子傅
　　李荇謹誌

전 傳

명신록(名臣錄)에서

  박원종(朴元宗)의 자(字)는 백윤(伯胤)이니 순천인(順天人)이다.
  성화(成化) 정해년(세조13, 1467)에 태어나서 성종(成宗) 병오년(성종17, 1486)에 무과(武科)에 급제(及第)하여 훈련원 부정(訓練院副正)이 되고 자급(資級 : 位階)을 뛰어넘어 동부승지(同副承旨)가 되었다.
  이조참의(吏曹參議)와 양도의 관찰사(兩道觀察使 : 강원·경기), 삼도의 절도사(三道節度使 : 경상·평안·함경)를 역임(歷任)하고 중종반정(中宗反正)으로 정국1등공신(靖國一等功臣)에 책록(策錄)되어 평성부원군(平城府院君)에 봉해졌으며 정승(政丞)에 제수(除授)되어 영의정(領議政)에 이르렀다.
  경오년(중종5, 1510)에 돌아가니 향년(享年)이 44세였다. 중종묘정(中宗廟庭)에 배향(配享)되었다.
  공은 용모가 아름답고 글을 읽어 대의(大義)에 통하였다. 활쏘기와 말타기가 뛰어났었는데, 한명회(韓明澮)가 한 번 보고 기특히 여겨 말하기를,
  "후일 필시 큰 인물이 될 것이다."
하였다.
  연산군(燕山君)의 정치가 어지러워 종묘(宗廟) 사직(社稷)이 위급(危急)하였

다. 성희안(成希顔)이 평소에 뛰어난 지략(智略)이 있어서 반정(反正)할 뜻이 있었으나 함께 계획할 사람이 없었다. 마을 사람 신윤무(辛允武)를 시켜 가만히 의향을 떠보게 하니 공이 곧 옷소매를 떨치고 일어나면서 말하기를,
"이는 내가 밤낮으로 마음 속에 품고 있던 바이다."
하였다.
이에 성희안은 저녁에 공의 집으로 가서 서로 통곡하고, 충성과 절의를 지킬 것을 다짐하였다.
드디어 유순정(柳順汀)에게 그 의사를 알리고, 박영문(朴永文)과 신윤무(辛允武)·홍경주(洪景舟) 등에게도 두루 알려서 각기 동지(同志)를 불러 모으게 하였다.
9월 2일에 연산군이 장단(長湍)의 석벽(石壁)에 놀러 가려고 하니, 공(公) 등은 이날 성문을 닫아 막고 진성대군(晋城大君)을 추대하기로 이미 계획이 이루어졌는데 연산군이 이 행차를 취소할 것을 명하였다.
기밀(機密)한 일이 이미 드러나 중지할 수 없는 형세가 되자, 초 하룻날 밤중에 장수와 병졸들을 훈련원에 모이게 하여 먼저 신수영(愼守英)을 쳐죽이고 다음으로 임사홍(任士洪)과 신수근(愼守勤)을 쳐죽이게 하였다.
신수근 등이 비록 권세를 빙자하고 임금의 총애를 믿어 제멋대로 방자하였으나, 그 당시에 임금에게 아부하여 나라를 기울게 한 자가 어찌 그 사람뿐이리오마는 단지 이 세 사람만 베어 죽인 것은 수근이 본래 교만하고 방자하여 법에 따르지 않았으며 장차 국구(國舅)가 되어 멋대로 날뛰게 된다면 제거하기가 어렵기 때문이었다.
해가 뜰 무렵에 벼슬아치들이 다 모였으나 무슨 까닭인지 모르는 자도 있었다. 입직(入直)한 도총관(都摠管) 민효증(閔孝曾)과 병조참지(兵曹參知) 유경(柳涇)은 먼저 나가고 승지(承旨) 이우(李堣)가 그 다음에 나갔으며 윤장(尹璋)과 조계형(曺繼衡)이 또한 나가니 입직(入直)한 군사들이 모두 성(城)을 넘어 나가서 반정군(反正軍)에 붙고 말았다.
연산군이 차비문(差備門)에 앉아 승지를 불러 들여서,

"태평한 때에 어찌 다른 변고(變故)가 있겠는가? 아마도 이것은 홍청(興淸)¹⁾의 본부(本夫)들이 모여서 도적질하고 있는 것이니 속히 정승(政丞)과 금부당상(禁府堂上)²⁾을 부르도록 하라"
하고 이어 이우(李堣)에게 명하여 열쇠를 가지고 대궐문을 돌아 다니면서 살피게 하였다.

그러나 이우는 사람을 시켜 궐문(闕門)을 나가서 살피게 하였는데 조정(朝廷)이 이미 반정군(反正軍)의 수중에 들어간 것을 알고 몸을 피해 밖으로 나가 버렸다.

연산군은 이우가 벌써 궐문(闕門)을 나갔다는 말을 듣고 급히 앞으로 나아가서 윤장(尹璋)과 조계형(曹繼衡)의 옷소매를 잡았다. 두 사람은 거짓으로 공손한 척하면서 옷소매를 뿌리치고 나가니 환관(宦官)과 여러 색인(色人 : 궁중의 잡무를 맡은 사람들)들도 모두 나가고 오직 후궁(後宮)과 기생(妓生)의 무리만이 서로 모여 목놓아 우니 소리가 밖에까지 진동하였다.

이에 군문(軍門) 안에서 회의를 열어 유자광(柳子光) 이계남(李季男)을 시켜 대궐문을 지켜 폐주(廢主)가 달아나는 것에 대비하게 하고 공이 백관을 거느리고 경복궁 문 앞에 나아가 자순대비(慈順大妃)에게 하명(下命)을 청하니 잠시 후에 문을 열고 그들을 들어오게 하였다.

공 등은 근정전(勤政殿) 서쪽 뜰에 나아가서 벌여 앉고 유순정(柳順汀) 정미수(鄭眉壽)를 시켜 진성대군(晋城大君)을 그의 사저에서 맞아오게 하였다.

진성대군이 평시서(平市署)³⁾의 이웃집에 임시로 머물렀었는데, 유순정 등이 두 세번 왕위에 오르기를 권하니, 이에 임금은 군복 차림으로 연(輦)⁴⁾을

---

1) 홍청(興淸) : 연산군이 팔도에서 뽑아 올려 가무(歌舞)를 가르쳐 유흥에 동원했던 여자.
2) 금부당상(禁府堂上) : 의금부(義禁府)의 정3품 이상의 당상관(堂上官).
3) 평시서(平市署) : 1392년(태조 1)에 설치한 경시서(京市署)를 1466년(세조 12)에 고친 이름으로, 시전(市廛)에서 쓰는 자(尺), 말(斗), 저울과 물가의 등락(騰落)을 관할하던 관청이다.
4) 연(輦) : 임금이 타는 가마의 하나.

타고 법물(法物)을 갖추어 나오니 저자에서는 동요함이 없이 장사하였고 부로(父老)⁵⁾들은 만세를 불렀으며 개중에는 눈물을 흘리는 사람도 있었다.

대저 반정(反正)의 계획은 성희안(成希顔)에게서 나와서 공이 완성시켰는데, 위태함을 편안하게 만들었으니 진실로 우리나라 만대(萬代)에 전할 위업(偉業)이었다. 『음애잡기(陰崖雜記)』에서.

朴元宗 字伯胤 順天人 成化丁亥生 成宗丙午武科 以訓鍊副正 超拜同副承旨 歷吏曹參議‧兩道觀察使‧三道節度使 中宗反正 策靖國元勳 封平城府院君 拜相至領議政 庚午卒 年四十四 配享中宗廟庭 公美容儀 讀書通大義 射御絶人 韓明澮 一見奇之曰 他日必爲大器

燕山政亂 宗社危急 成公希顔素多大略 欲廓淸昏亂 無與規畫 令里人辛允武試徵意 公乃奮袂起曰 是我日夜蓄積也 昌山乃暮抵平城家 各痛哭 敍忠義 遂以其意通柳順汀 徧諭朴永文‧辛允武‧洪景舟等 各倡同志 九月初二日 燕山欲遊長湍石壁 公等約是日閉門拒守 推戴晋邸 區劃已成 燕山命停是行 機事已露 勢不可止 初一日夜半 會將士于訓鍊院 先擊殺愼守英 次任士洪‧愼守勤 守勤等雖憑藉權勢 怙侈無章 當時迎合傾國者 豈無其人 而獨誅此三人者 守勤素驕 繼不軌 爲國舅則 將跋扈難除故耳 平明百官皆會 而有不知所以者 入直都摠管閔孝曾 兵曹參知柳涇 先出 承旨李堣 次出 尹璋‧曹繼衡 又出 入直軍士皆踰城出附 燕山坐差備門 召承旨等入曰 太平之時 安有他變 恕是興淸之夫 相聚爲盜耳 其亟召政丞及禁府堂上 乃命李堣持管鑰巡審闕門 堣令人出門審 知朝廷已有所屬 遂抽身出 燕山聞堣已出門 遽前把尹璋‧曹繼衡袖 二人佯爲遜辭揮而出 宦侍及諸色人等皆出 惟後宮娼流相聚號哭 哭聲震于外 於是 會議戟門內 柳子光‧李繼男守闕門 以備廢主奔逸 公率百官 詣景福宮門外 請命于慈順大妃 俄而開門引入 公等詣勤政殿西庭列坐 令柳順汀‧鄭眉壽 迎駕于潛邸 上寓平市署傍人家 順汀等再三勸進 上以戎服御輦備法物以出 市不易肆 父老呼萬歲 有流

---

5) 부로(父老) : 동네에서 나이가 많은 어른.

涕者 大抵 廢立之謀 出於昌山 而成於公 轉危爲安 實東方萬世之業也.『陰厓雜記』

반정(反正)하던 날에 나라 사람들이 모두 "이 일을 먼저 주도한 이는 반드시 박영공(朴令公)일 것이다"하였다.
비록 먼 지방의 사람이나 천한 농사꾼까지도 공의 이름을 불러 칭찬하지 않는 사람이 없었고 지극히 높여 불러 대감이라 하면서 "박대감(朴大監)이 아니었다면 우리의 오늘이 있었겠는가?"라고 하였다.
어떤 사람은 자신의 옷을 가리키며 "박대감께서 입혀주신 것이다"하고, 무엇을 먹을 때는 "박대감께서 먹여주시는 것이다"고 하였으니 민중(民衆)들의 마음을 얻음이 이와 같았다.『묘지(墓誌)』에서.

反正擧事之日 國人皆曰 首義者 必朴令公也 雖遠裔賤甿 無不讚稱公名姓 至號爲爺曰 微朴爺 我其得有今日乎 或指其衣曰 朴爺衣我 食曰 朴爺食我 其順衆心者 如此.『墓誌』

정묘년(중종 2, 1507) 여름에 조정이 유자광(柳子光)의 배척을 논의(論議)하니, 자광(子光)이 공(公)을 충동하면서 말하기를 "나와 공은 다같이 무인(武人)으로 숭품(崇品)에 올랐으므로 좋아하지 않는 문사(文士)들이 많소이다. 입술이 없으면 이가 시린 법이오."하였다.
그러나 공은 웃으면서 대답하기를, "조정에서 이(齒)를 간 지가 오래오이다. 공이 일찍 물러나지 않는 것이 한스럽소이다"하니 자광(子光)이 낙담(落膽)하여 놀아갔다.『묘지(墓誌)』에서.

丁卯夏 朝廷論斥柳子光 子光恕動公曰 吾與公並武人 文士多不悅 脣亡齒寒 公笑答曰 朝廷切齒久矣 恨公不早退也 子光破膽而去『墓誌』

경오년(중종 5, 1510)에 극력으로 사직(辭職)을 청하여, 김수동(金壽童)으로 영의정(領議政)을 삼으니 당시의 여론이 아름답게 여겼다. 『음애잡기(陰崖雜記)』에서.

庚午 公固情辭職 以金壽童爲領議政 時論嘉之 『陰厓雜記』

공의 병이 위독함에 주상께서 승지(承旨)를 보내어 하고 싶은 말을 물으니 공은, "주상(主上)께서 정신을 가다듬어 정치에 힘쓰시니 무슨 할 말이 있겠습니까? 다만 인재를 아끼소서" 하였다. 『묘지(墓誌)』에서.

公病革 上遣承旨 問所欲言 公曰 主上勵精圖治安有可言之事 但願愛惜人才 『墓誌』

『해동명신록(海東名臣錄)』에서

공의 자(字)는 백윤(伯胤)이요 순천인(順天人)이다. 평양군(平陽君) 중선(仲善)의 아들이며 문숙공(文肅公) 석명(錫命)의 증손(曾孫)이다. 성화(成化 : 명 헌종의 연호) 정해년(세종 13, 1467)에 태어났다.

어렸을 때 한명회(韓明澮)⁶⁾가 한 번 보고는 기특하게 여겨,

"후일 반드시 큰 그릇이 될 것이다."

하였다. 학문을 하여 대의(大義)에 통하였고, 활쏘기와 말타기에 남보다 뛰어

---

6) 한명회(韓明澮) : 조선 세조 때의 공신. 정치가. 자는 자준(子濬). 호는 압구정(鴨鷗亭)·사우당(四友堂). 시호는 충성(忠成). 본관은 청주(淸州). 대제학 상질(尙質)의 손자. 예종비인 장순왕후(章順王后)와 성종비인 공혜왕후(恭惠王后)의 아버지이다. 정난(靖難)·좌익(佐翼)·익대(翊戴)·좌리(佐理) 4공신의 1등에 책록되었으며 상당부원군(上黨府院君)에 봉해졌고, 영의정을 재임하였다. 박원종(朴元宗)의 매부(妹夫)인 한익(韓翊)의 친척이다.

났으며 20세에 무과(武科)에 급제하여 훈련원 부정(訓練院副正)을 역임하였다.

성종(成宗)께서 충성과 재주 있음을 알고 자급(資級)을 뛰어넘어 동부승지(同副承旨)에 임명하였는데, 대간(臺諫)이 공의 나이가 어리다는 것을 이유로 반대하니 교체되어 공조참의(工曹參議)를 거쳐 병조참의(兵曹參議)로 옮겼다.

연산조(燕山朝)에는 경상도 병마절도사(慶尙道兵馬節度使)가 되었다가 돌아와서 동부승지(同副承旨)에 제수(除授)되었고 좌부승지(左副承旨)에 이르렀다. 특별히 평안도 병마절도사(平安道兵馬節度使)에 제수(除授)되고 가선대부(嘉善大夫)의 품계(品階)로 승급되었는데, 노모(老母)가 계심을 이유로 사양하고 부임하지 아니하니 한성부 우윤(漢城府右尹)에 임명되었다.

당시 좌윤(左尹)이던 홍흥(洪興)은 성품이 엄중하여 허여(許與)하는 사람이 적었는데 공과 함께 일을 하면서 항상 칭찬하기를 "국가의 큰 그릇이다"고 하였다.

강원도 관찰사(江原道觀察使)로 나가서는 명목없는 진상품(進上品)을 감해줄 것을 요청하는가 하면, 중들이 일반인들을 유혹하는 것을 금하였는데, 당시 여론이 훌륭하게 평가하였다.

연산군(燕山君)이 단상제(短喪制)를 실시하여 당시 상중(喪中)에 있던 공을 특별히 기용하여 동지중추부사(同知中樞府事)로 삼고 정헌대부(正憲大夫)의 품계(品階)로 올렸다. 공은 사양하려 했지만 되지 않아 매우 불만스러워 하였다.

연산군(燕山君)이 동북(東北) 백리지역에 금표(禁標)를 세우고 그 지역 안의 관청(官廳)과 민가(民家)를 모두 철거하고 출입을 금하여 이를 어긴 자는 사형(死刑)에 처하였으며 서남(西南) 지역에도 마찬가지로 금표(禁標)를 세워 동북(東北) 지역처럼 단속하였다.

공은 당시 경기관찰사(京畿觀察使)로 있으면서 그 부당함을 과감하게 지적하니 연산군(燕山君)은 화를 내면서 "전에는 나의 비위를 거스리는 사람이 없었는데 박원종만이 감히 나를 거역하는가?" 하였다. 공도 화(禍)를 두려워하여 함경도절도사(咸鏡道節度使)의 외직(外職)을 구하였는데 품계가 숭정대부(崇政大夫)였다.

부임길에 올랐는데 누님인 승평부부인(昇平府夫人)[7]께서 병으로 돌아가자 연산군(燕山君)은 다시 공을 불러 도총관(都摠管)으로 삼았다.

공은 국사가 어떻게 해볼 수 없는 지경에 이른 것을 보고 한탄하면서 속으로 반정(反正)할 뜻을 가지고 있었는데 승평부부인이 병사(病死)하자 공은 항시 분한(忿恨)을 품고 지냈다.

그러던 중 성희안(成希顔)이 연산군(燕山君)에게 미움을 사는 시(詩)를 지어 관직(官職)에서 물러나 집에 있게 되자 혼란한 조정을 맑게 바로잡고자 하였으나, 같이 계획할 사람을 찾지 못하던 차에 신윤무(辛允武)[8]를 시켜 공의 의

---

[7] 승평부부인(昇平府夫人) : ?~1506(연산군 12). 월산대군(月山大君)의 부인. 판돈령부사(判敦寧府事) 박중선(朴仲善)의 딸. 박원종의 누나. 행동이 어질었다 하며, 세조 12년(1466) 8월 19일, 당시 월산군(月山君)과 결혼하여 상원군부인(祥原郡夫人)에 피봉(祥原은 尙州의 古號이니 잘못 封한 것이다)되었다. 1471년(성종 2) 월산군이 대군(大君)으로 진봉(進封)되자 부인도 종부직(從夫職)의 예에 따라 대군처의 봉호인 승평부부인(昇平府夫人)으로 진봉되었으며, 연산군 때에는 세자(世子)를 키운 공으로 다시 부대부인(府大夫人)으로 진봉되었다. 성종 19년(1488) 12월 22일, 대군이 35세의 젊은 나이로 죽자, 묘(墓) 옆에 여막(廬幕)을 짓고, 아침 저녁으로 전(奠)을 올리고 곡(哭)을 하였으며, 탈상(脫喪)한 후에는 묘 곁에 흥복사(興福寺)를 세우고, 대군(大君)의 명복(冥福)을 빌었다. 이질녀(姨姪女)인 훗날의 어린 장경왕후(章敬王后 : 중종의 계비)가 8세(1498년)에 어머니의 상을 당하자 자신의 집으로 데려다 공부(小學과 內訓)와 예절을 가르치고 무려 9년 동안(승평부부인이 죽기 전인 연산군 12년까지) 보살펴 주었으며, 연산군(燕山君)의 어린 세자(世子)를 데려다 양육하기도 하였다. 1506년(연산군 12) 7월 20일에 병으로 죽었다. 묘는 고양시 신원동(新院洞)에 있으며 대군과 상하분(上下墳)인데, 앞쪽의 대군묘가 원형묘인데 반해 부인묘는 용미(龍尾 : 묘 꼬리)가 길게 늘어진 것이 특이하여 묘제(墓制) 연구에도 중요한 묘이다. 대군과의 사이에 자녀(子女)를 두지 못하였다. 후실인 원주김씨(原州金氏)가 두 아들을 두었는데 한 명은 일찍 죽고 덕풍군(德豊君)이 가계를 이었다. 그의 처는 파평현부인(坡平縣夫人) 윤씨로 파원부원군(坡原府院君) 여필(汝弼)의 딸이니 즉 장경왕후(章敬王后)의 고모(姑母)가 된다. 원주김씨와 덕풍군 묘는 월산대군 사당인 석광사(錫光祠) 이웃산에 있다.

[8] 신윤무(辛允武) : ?~1513(중종 8). 조선 중종조의 공신. 본관은 영월(寧越). 연산군 때에 선전관(宣傳官)·의주 판관(義州判官)을 역임. 군자감 부정(軍資監副正)으로 왕의 총애를 받던 중, 1506년 박원종(朴元宗)에게 내외 정세를 알려 주어 중종반정을 결심케 하고, 거사일엔 무사들을 모은 뒤, 임사홍(任士洪), 신수근(愼守勤), 신수

사를 은밀히 물어 왔다. 공은 소매를 걷어붙이고 일어나,

"그것은 내가 밤낮으로 생각해 온 것이다." 하였다. 이에 성공(成公)이 공의 집으로 찾아가 통곡(痛哭)하고, 평생 충의(忠義)로 나라에 몸바칠 것을 맹서하고 매우 흡족해 하였다.

몇 달 뒤에는 마침내 이런 의사를 이조판서(吏曹判書)이던 유순정(柳順汀)에게 알렸는데 순정(順汀)은 처음에는 흔쾌히 따르려 하지 않았으나 함께 하기로 한 뒤에는 힘을 다하였다.

병인년(연산 12, 1506) 9월 2일 공은 성희안(成希顏)·유순정(柳順汀) 두 사람과 곧바로 광화문(光化門)에 도착하여 수백보 거리에다 말을 세우고 진(陣)을 쳤다. 공이 부채를 휘두르며 지휘하는 모습이 신(神)과 같이 날랜니 사람들이 모두,

"처음 모의를 한 이는 필시 박영공(朴令公)일 것이다"

하였다. 구름이 모이듯, 그림자가 따르듯, 모여들고 동조하여 날이 밝기 전에 거사(擧事)가 성공하였다.

거사(擧事)하던 초(初)에, 대궐에서 연산군(燕山君)은 변(變)이 일어났다는 소식을 듣고 승지(承旨)들을 불러 말하기를,

"이처럼 태평한 때에 무슨 변이 일어나겠느냐? 아마도 홍청(興淸)의 지아비가 도적질하는 소리일 것이다."

고 하면서 이우(李堣)에게 궐문(闕門)을 살피고 오라고 하였다. 이우는 사람을 시켜 밖에 나가 살펴보게 하고서는 조정(朝廷)이 이미 바뀌게 된 사실을 알고서 궁문 밖으로 빠져나가 버렸다. 연산군(燕山君)은 이우가 궁을 빠져나갔다는 말을 듣고는 손을 휘저으며 나와 대문 구멍으로 도망가려 하였는데, 후궁(後宮)들의 곡성(哭聲)이 밖에까지 진농하였다.

영(愼守英)을 살해, 일을 성공시켜 정국공신(靖國功臣) 1등으로 영천군(寧川君)에 봉해졌다. 1508년 공조판서, 좌참찬을 지내고 병조판서로 있다가 대간들의 탄핵을 받아 파직되었다. 1513년 박영문(朴永文)과 함께 영산군(寧山君)을 추대하여 무신정권을 수립하려 모의하다기 의정부의 관노 정막개(鄭莫介)의 고변으로 탄로, 주살(誅殺)되었다.

공은 백관(百官)을 거느리고 경복궁(景福宮)에 나아가 자순대비(慈順大妃)에게 처분을 청하니, 유순정(柳順汀) 정미수(鄭眉壽)를 중종(中宗)의 잠저(潛邸)에 보내 중종(中宗)을 새 임금으로 맞이해 오도록 명하였다. 그 때 중종(中宗)은 평시서(平市署) 이웃 집에 피신해 있었는데, 유정순(柳順汀) 등이 방문하여 재삼 왕위에 오르기를 권하자 비로소 융복(戎服)을 입고 연(輦)을 타고 궁으로 들어왔다. 날이 저물기 전에 백관(百官)이 반열을 정하여 도열한 뒤, 임금께서 근정전(勤政殿)에서 즉위(卽位)하였다. 주상(主上)께서 공의 공을 기록하게 하고 정국공신호(靖國功臣號)를 내렸으며, 관직을 높여 우의정(右議政)에 제수(除授)하였는데 얼마 후에는 좌의정(左議政)에 승진하였다.

정묘년(중종 2년, 1507) 여름에 조정(朝廷)에서는 유자광(柳子光)9)을 논척(論斥)하였는데 유자광이 공을 겁주어 동요시키기를,

"나와 공은 같은 무인(武人)으로서 숭품(崇品)의 반열에 올랐으므로 좋아하지 않는 문사(文士)들이 많소. 입술이 없어지면 이가 시린 법이니 내가 배척 당한 다음은 그 화(禍)가 공에게 미칠 것이오."

하니, 공이 웃으면서

"조정(朝廷)에서 이를 갈아 온 지 오래인데 공이 빨리 물러나지 않는 것이 한스럽소."

하자 자광(子光)이 낙담(落膽)하여 돌아갔다.

기사년(중종 4년, 1509)에 영의정(領議政)에 오르자 너무 가득 차면 넘친다는 것을 경계 삼아 글을 올려 사직을 청했으며, 대궐에 엎드려 간곡하게 사직

---

9) 유자광(柳子光) : 조선 세조·중종 때의 공신. 자는 우준(于俊). 본관은 영광(靈光). 부윤(府尹) 규(規)의 서자. 처음 건춘문(建春門)의 갑사(甲士)였다가 1467년(세조 13) 이시애(李施愛)의 진압군으로 종군하였으며(1468년 적개공신(敵愾功臣) 2등에 추록된다), 같은 해 세조(世祖)의 특지(特旨)로 문과(文科)에 장원. 이듬해 무과(武科)에 급제하였다. 1468년 남이(南怡)·강순(康純) 등을 역모로 몰아 죽인 공으로 익대공신(翊戴功臣) 1등에 책록되고, 1506년 중종반정(中宗反正)에 참여하여 또다시 정국공신(靖國功臣) 1등에 책록되어 무령부원군(武靈府院君)에 피봉되고, 영경연사(領經筵事)가 되었으나, 삼사(三司)의 탄핵을 받아 귀양가서 장님이 된 후 배소에서 죽었다.

을 청한 지가 여러 날이었다. 경오년(중종 5, 1510) 봄에야 비로소 사직을 허락하였다.

이해 4월에 공의 병이 위독해지자 임금이 승지(承旨)를 보내 당부하고 싶은 말을 물었는데, 공은 사례(謝禮)하면서 "주상(主上)께서 정신을 가다듬고 다스리시는데 무슨 할 말이 있겠습니까? 다만 인재(人材)를 아끼시기 바랍니다." 하고 돌아가니 향년(享年)이 44세요. 시호(諡號)는 무열(武烈)이다.

인물고(人物考)에서

박원종이 분연히 이윤과 곽광의 뜻을 품다
(朴元宗奮然懷伊霍之志)

박원종(朴元宗)은 본관이 순천(順天)이며 자는 백윤(伯胤)으로 성종조에서 무과(武科)에 급제하여 연산조(燕山朝)에서 도총관(都摠管)이 된 후 평성부원군(平城府院君)에 봉해졌다. 이 때 공은 국사를 구제할 수 있는 대책이 없음을 가슴 아프게 생각하고 또 종사(宗社)10)와 생령(生靈)11)을 중하게 생각하여 분연히 이윤(伊尹), 곽광(霍光)과 같이 할 뜻을 갖고 성희안(成希顔) 유순정(柳順汀) 등과 함께 병인년(1506) 9월 2일 의거(義擧)하여 연산주(燕山主)를 폐하여, 연산군(燕山君)으로 봉한 후 중종(中宗)을 받들어 대통(大統)12)을 계승하게 하였다.

공의 나이 44세에 작고하니 관직은 영상(領相)에 이르렀으며 시호는 무열(武烈)이다. 중종(中宗)의 묘정(廟庭)에 배향하였다. 『대동기문(大東奇聞)』

---

10) 종사(宗社) : 종묘와 사직. 곧 '나라의 복조'를 가리키는 말.
11) 생령(生靈) : 백성을 말함.
12) 대통(大統) : 황제 또는 임금의 계통.

朴元宗順天人 字伯胤 成宗朝武科 燕山朝爲都摠管 封平城府院君 痛國事無策可救 念宗社生靈爲重 奮然懷伊霍之志 乃與成希顔 柳順汀共策 以丙寅九月二日擧義 廢主爲燕山君 奉中宗入承大統 年四十四卒 官至領相 諡武烈 配中宗廟 『大東奇聞』

국조인물지(國朝人物志)에서

박원종(朴元宗)의 자(字)는 백윤(伯胤)이요, 본관(本貫)은 순천(順天)이니 중선(仲善)의 아들이다. 무과(武科)에 급제(及第)하여 선전관(宣傳官)이 되었다.

성종(成宗) 임금께서 훌륭한 인재라 여겨 "그 재주가 크게 쓸만하다."하고 서둘러 등용하여 자급(資級)을 뛰어넘어 승지(承旨)에 제수(除授)하였는데, 대간(臺諫)이 공의 연소(年少)함을 논(論)하니 공조참의(工曹參議)로 옮겼다.

연산조(燕山朝)에 도총관(都摠管)이 되었고, 승습군(承襲君)13)으로 평양군(平陽君)에 봉(封)해졌다. 누님인 승평부부인(昇平府夫人)께서 억울하게 돌아가시자 항상 분하게 여겼다.

국사(國事)가 구할 방도(方道)가 없음을 마음 아파하며 종묘사직(宗廟社稷)과 백성(百姓)이 중하다고 생각하고 분연(奮然)히 이윤(伊尹)과 곽광(霍光)의 뜻을 품고 이에 성희안(成希顔) 유순정(柳順汀)과 함께 계책을 결의하고 병인년(연산군 12, 1506) 9월 2일에 거의(擧義)하여 임금을 폐위(廢位)하여 연산군(燕山君)으로 삼고 중종(中宗)을 받들어 대통(大統)을 잇게 하였다.

임금께서 공의 공(功)을 1등으로 기록(記錄)하게 하고 병충분의결책익운정국공신(秉忠奮義決策翊運靖國功臣)의 훈호를 내렸으며 우의정(右議政)을 제

---

13) 승습군(承襲君) : 조선조 때 공신(功臣)의 자손으로 부조(父祖)의 부원군(府院君) 또는 군(君)의 호를 이어받아서 봉군(封君)된 자. 예를 들면 평양부원군(平壤府院君) 조준(趙浚)의 적장자(嫡長子) 대림(大臨)이 조준의 호인 평양부원군을 승습하였음과 같다.

수하고 평성부원군(平城府院君)에 책봉하였다.

기사년(중종 4, 1509)에 영의정(領議政)에 올랐는데, 매양 일을 아뢰려고 들어가 뵈면 임금께서 자리에서 일어나 기다렸고, 물러나올 때에도 공이 전각(殿閣)을 내려선 뒤에야 앉으셨다. 공이 듣고서 한탄(恨歎)하기를 "위엄이 임금을 두렵게 하고서는 옛부터 좋은 이름으로 생을 마친 이가 드물었다." 하고, 글을 올려 간절(懇切)히 물러나려고 진언하였으나, 끝내 받아들여지지 않자 말하기를 "대신(大臣)이 사직(辭職)할 때엔 의례 비답(批答)14)을 내리어 추중(推重)15)의 말을 많이 하시니 나같이 하찮은 사람에게 있어서는 더욱 감당할 수 없는 일이다"하고 작은 종이에 생각하는 바를 써서 승지가 잊어버리지 않도록 대비하였다. 모두 여섯 조항이었는데 말 뜻이 모두 간절(懇切)하고 지극(至極)하여 보통 사람은 하기 어려운 말들이었다.

임금께서 "경(卿)이 영의정(領議政)이 된 것은 국론(國論)이 결정한 것인데, 경이 기필코 물러나고자 하는 까닭을 과인(寡人)은 모르겠소."하고 윤허(允許)하지 않았다.

향년 44세로 돌아가니 시호는 무열(武烈)이다. 중종묘정(中宗廟庭)에 배향(配享)되었다.

朴元宗 字伯胤 順天人 仲善子 武科爲宣傳官 成宗心器之 謂其材可大受 急於用 超授承旨 臺臣論其年少 遞爲工曹參議 燕山朝爲都摠管 襲封平陽君 姊爲月山大君夫人 恥爲燕山所汚而死 元宗心常憤怏 痛國事無策可救 念宗社生靈爲重 奮然懷伊霍之志 乃成希顔·柳順汀 共策 以丙寅二月初二日舉義 廢主爲燕山君 奉中宗入承大統 錄勳爲第一 賜秉忠奮義決策翊運靖國功臣 拜右議政進封平城府院君 己巳陞領議政 每奏事入見 上起立待 其退出下殿後乃坐 元宗聞之歎曰 威震人主 古無鮮終令名者矣 上章陳懇 卒不果乃曰 大臣辭職 例賜批答 多有推重之語 在吾無狀 尤不敢當 乃於短紙 書所懷 以備出納者遺忘 其條有六 辭意

---

14) 비답(批答) : 상소에 대하여 임금이 내리는 답.
15) 추중(推重) : 추앙하여 존중히 여김.

切至 皆人所難言 上曰 卿爲首相 國論所歸 卿必欲退 予不識所以也 不允 元宗
曰 以聲色 醇醪自娛 年四十四卒 諡武烈 配享中宗廟廷 人物考

연려실기술(燃藜室記述)에서

중종조의 묘정배향(廟庭配享)

영의정 평성부원군(平城府院君) 무열공(武烈公) 박원종(朴元宗)
좌의정 창산부원군(昌山府院君) 충정공(忠定公) 성희안(成希顔)
좌의정 청천부원군(菁川府院君) 문성공(文成公) 유순정(柳順汀)
영의정 문익공(文翼公) 정광필(鄭光弼)

中宗廟庭配享

領議政平城府院君武烈公朴元宗
左議政昌山府院君忠定公成希顔
左議政[16]菁川府院君文成公柳順汀
領議政文翼公鄭光弼

중종조의 상신(相臣)

박 원 종(朴元宗) 윤여필(尹汝弼)[17]의 처남. ○ 외질서(外姪 婿) 김세필(金世

---

16) 현재 종묘(宗廟) 공신당(功臣堂)의 중종묘정(中宗廟庭)의 위패에는 좌의정이 아닌
 "右議政 菁川府院君 文成公 柳順汀"이라 되어 있다.
17) 윤여필(尹汝弼) : 1466(세조 12)~1555(명종 10). 조선 중종(中宗)의 장인. 박원종(朴
 元宗)의 매부(妹夫). 시호는 정헌(靖憲). 본관은 파평(坡平). 1506년(중종 1) 정국공신
 (靖國功臣) 3등이 되고, 이듬해 딸이 중종의 계비(繼妃 : 章敬王后)가 되어 파원부

弼)이 지은 행장(行狀)에 의하면, 정해년(1467)에 나서 경오년(1510)에 죽으니 나이 44세요, 적자(嫡子)는 없고 서 자(庶子) 운(雲)이 있었다.

中宗朝相臣

朴 元 宗 尹汝弼妻兄 ○ 外姪婿金世弼撰行狀丁亥生庚 午卒年四十四無嗣有庶子雲

○ 박원종의 자는 백윤(伯胤)이요, 본관은 순관(順天)이니, 평양군(平陽君) 중선(仲善)의 아들이다. 나이 20세에 무과에 급제하여 이조참의를 역임하고 기복(起復)하여 경기감사가 되었고, 정국원훈(靖國元勳)으로 평성부원군(平城府院君)이 되었다. 정승이 되기 전에 대광(大匡)에 올랐고 병인년에 정승이 되어 영의정에 이르렀다. 시호는 무열공(武烈公)이다. 경오년에 죽으니 나이 44세요, 묘정에 배향했다.

○ 朴元宗字伯胤順天人平陽君仲善之子年二十武科歷吏議起復爲畿伯靖國元勳平城府院君未入相大匡丙寅拜相至領相武烈公庚午卒年四十四配享 廟庭

○ 공(公)은 호화롭고 귀한 데 태어나서 무과로 발천하여 청현(淸顯)[18]의 벼슬을 지냈으나 예절 법도에 구애하지 않았다가, 난세를 만나 일을 꾸밀 때에 처리를 잘하여 드디어 세상에 뛰어난 공을 이루어, 비록 나무꾼이나 소 먹이는 아이들까지도 그의 이름을 알았다. 정승이 되매 여러 사람의 신망에 만족하지 못한 것을 스스로 알아 공순하고 겸손하여 힘써 공부를 하였다. 그러나 배운 것이 없고[19] 추솔한 기운이 밖에 나타나서, 비록 임금의 앞에서라도 의

원군(坡原府院君)으로 봉해졌으며, 판돈령부사(判敦寧府事)가 되었다. 45년(명종 즉위) 을사사화 때 아들 임(任)이 화를 입었으나, 그는 80세의 노령이었으므로 화를 모면, 뒤에 용인현(龍仁縣)에 부처(付處)되었다가 51년(명종 6) 풀려나왔다. 사망 후 복관(復官)되었다.

18) 청현(淸顯) : 청환(淸宦)과 현식(顯職). 즉 좋은 벼슬 자리를 말함.
19) 박원종의 학문(學文)에 대하여는 본고 「박원종(朴元宗)에 대한 소고(小考)」 중 <3.

논을 하는 자가 한번 자기 뜻을 어기면 왈칵 노여움을 목소리와 얼굴빛에 드러내어 스스로 진정치를 못했다.[20] 그러나 그의 천성은 확실해서 처세에 구차하지 않아, 경오년(1510) 3월에 극력 사직할 것을 청하니, 그때의 의논들이 가상하게 여겼다.『음애일기』

○ 公生於豪貴發於武科歷職淸顯不拘名檢及其遭亂運機處置得宜遂成不世之功雖樵童牧豎亦知其姓名及其大拜自量不厭衆望折節恭謙黽勉行公而不學無術麤厲之氣發見於外雖在 上前持論者一忤其意亦暴怒聲色不自戢然其天資確實去就不苟庚午三月力請辭職時論嘉之『陰崖日記』

○ 먼 지방의 사람이나 천한 하인들도 그의 이름을 불러 입에서 떠나지 않고, 혹은 박대감(朴爺爺)이라고 불렀다.『이락정집(二樂亭集)』

○ 遐氓賤隷稱公姓名不離口或呼爲朴爺爺『二樂亭集』

○ 공은 젊었을 때 용모가 아름답고 풍채가 뛰어났었는데, 한명회(韓明澮)가 한번 보고 기특히 여겨 말하기를, "다른 날에 반드시 큰 그릇이 될 것이라" 하였다. 나이 20에 무과에 급제하여 성종조(成宗朝)에 승지·병조참의를 지냈고, 연산조(연산조)에서 이조참의, 강원·경기감사를 지냈다. 우윤(漢城右尹)이 되었을 때 좌윤(左尹) 홍홍(洪興)이 성품이 엄중해서 허여(許與)하는 이가 적었으나, 공과 더불어 일을 같이 보면서 항상 칭찬하기를, "국기(國器)라" 하였다.『용재집』·『묘지』

○ 公少而美容儀風采峻聳韓明澮一見奇之曰他日必爲大器年二十中武科 成宗朝承旨兵議燕山朝吏議江原京畿監司爲右尹時左尹洪興性嚴重少許可與公同事常稱曰國器『墓誌』·『容齋集』

○ 경기감사로 있을 때 서남쪽에 표(標)를 세울 일을 말하고 연산군 일기(燕山紀)에 보라. 중국 사신이 경내에 들어올 때에 역로(驛路)의 관사(館舍)에서 대접하는 것이 거리와 기일이 많이 걸려 잘못되었으므로 공이 또 이것을 말

박원종(朴元宗)의 학문 정도에 대하여>를 참조할 것.
20) 박원종의 성격에 대하여는 본고의 「박원종(朴元宗)에 대한 소고(小考)」 중 <3. 박원종의 인품(人品)과 처신(處身)에 대해>를 참조할 것.

하니, 연산(燕山)이 노해서, "이전에는 나를 거스르는 자가 없더니 박원종이 홀로 감히 그러하냐"함에, 공이 화가 미칠까 두려워서 외직을 구하여 함경도 절도사(節度使)가 되어 나갔다.『묘지』·『용재집』

○ 畿伯時言西南立標事 見燕山紀 中朝使入境驛路館待多失程期公又以爲言 主怒曰前此無有忤我者某獨敢爾公懼禍及求外乃出節度咸鏡 上同

○ 공은 신장이 9척이며, 풍채가 의젓하여 모양은 그 덕행과 맞았다. 마음이 <겉과 속이 없어> 까다롭지가 않았고 성품이 문아(文雅)하여, 비록 현달(顯達)함에 이르러서도 항상 책을 가지고 다녔다.

○ 公身長九尺儀度偉如貌稱其德心無邊幅不置畦畛性喜文雅雖至顯達常以書自隨

○ 반정 며칠 전에 박원종이 공(신수근)의 집을 찾아와서 함께 장기를 두자고 청하여 짐짓 두 궁(宮)을 바꿔 뜻을 보이니 — 장기 놀이에는 장(將)과 졸(卒)이 있는데 우리 나라에서는 장을 궁이라고 한다. — 공이 장기판을 밀치며, "내 머리를 베라"하므로 원종이 움직일 수 없음을 알고 드디어 제거(除去)하기로 결정하였다.『국포집(菊圃集)』·『행장(行狀)』

反正前數日朴元宗來見公請對象戱故易兩宮以示意象戱有將有卒東人謂其將爲宮公推局曰吾頭可斷元宗知不可動遂議除之 『菊圃集』·『行狀』

○ 박원종이 강구손(姜龜孫)21)을 시켜 비밀히 신수근(愼守勤)22)의 마음을

---

21) 강구손(姜龜孫) : 1450(세종 32)~1506(중종 1). 조선 중기의 명신. 자는 용휴(用休). 시호는 숙헌(肅憲). 본관은 진주(晋州). 희맹(希孟)의 아들. 1479년(성종 10) 문과에 급제, 연산군 때 우의정을 지내고, 진원군(晋原君)에 피봉됐다. 그 후 사신으로 연경(燕京)에 다녀오다가 중도에서 죽었다.
22) 신수근(愼守勤) : 1450(세종 32)~1506(중종1). 조선 연산군 때의 문신. 자는 근중(勤仲)·경지(敬之), 호는 소한당(所閒堂), 시호는 신도(信度), 본관은 거창(居昌), 영의정 승선(承善)의 아들. 1506년(연산군 12) 좌의정이 되었다가 곧 중종반정(中宗反正)으로 두 아우인 유수(留守) 수겸(守謙), 판서 수영(守英)과 함께 피살되었다. 누이는 연산군의 부인이며, 딸은 중종의 첫째 부인인데 반정 후 8일만에 폐위(廢位)되어 사가(私家)로 쫓겨났다.

떠보게 하니 수근이 말하기를 "매부를 폐하고 사위를 세우는 일을 나는 할 수 없다"고 기록되어 있다.『기묘속록(己卯續錄)』

○ 朴元宗等 使公密試於守勤 守勤曰 廢妹夫立女婿 吾所未能

○ 황형(黃衡)이 박원종(朴元宗)을 대신하여 북병사(北兵使)가 되어 떠나던 날, 원종이 술을 차고 동쪽 들 밖에 나와 전송하는데, "나라에 큰 일이 있으니 공이 잠시 머물러 줘야겠소"(國有大事 公可少留)라는 여덟 자를 손바닥 가운데 써서, 술을 권하는 틈에 가만히 보였으니, 이것은 대개 <반정할> 계획이 이미 정해진 뒤였다. 그러나 공은 취한 것을 핑계삼아 못본 체 하고 가다가 포천(抱川)에 이르러서 반정된 것을 들었다.『기재잡기(寄齋雜記)』

公代朴元宗爲北兵使拜辭之日元宗佩酒出祖於東郊書國有大事公可少留八字於掌中乘行酒之隙潛示之蓋大計已定之後也公托醉若不見而去到抱川聞反正 『寄齋雜記』

朴元宗 海東名臣錄

公字伯胤 順天人 平陽君仲善之子 文肅公錫命之曾孫 成化丁亥生 少時 韓明澮一見奇之曰 他日必爲大器 讀書通大義 射御絶人 二十中武科 歷訓鍊副正 成宗知忠恪有才 超拜同副承旨 臺諫以年少論 遞爲工曹參議 遷兵曹 燕山時 爲慶尙兵使 還授同副 至左副 特拜平安兵使 升嘉善 以母老辭不赴 爲漢城右尹 時左尹洪興 性嚴重 少許可 與公同事 常稱國器 出按關東 請減供御無名者 禁浮屠誣誘 物論韙之 主短喪制 公方持服廬墓 特起爲同知中樞 進階正憲 公欲辭不可 頗怏怏 主立標東北百里 撤官舍民居 禁毋得出入 犯者死 又立西南標 如東北 公爲京畿觀察使 奮然陳日 主怒曰 前此無有忤我 某獨敢爾 公亦懼禍 求外節度咸鏡階崇政 旣就道 公姊昇平夫人 病且死 主召公還 爲都摠管 公見國事無可奈 何俯

仰噓唏 隱然有反正之志 時昇平夫人被汚病死 公心常怏憤 成公希顏賦詩忤主 落職家居 欲廓淸昏亂 無與規畫 令辛允武 來試微意 公奮袂而起曰 是我日夜蓄積也 成公乃抵于公家痛哭 敍平生忠義許國以死 懽甚洽 居數月 遂以其意 通吏判柳順汀 不能快從業 已同之勵勉而已 丙寅九月初二日 公與成柳兩人 直詣光化門外數百步許 立馬成陣 公麾扇指揮容止若神 國人皆曰 首義者必朴令公也 雲合景附 不謀而同 不終朝內外淸明 初禁中聞變 燕山召承旨等曰 如此太平之時 安有他變 恐是興淸之夫爲盜耳 命李堉巡審闕門 堉先令人出門審 知朝廷已有所屬 遂抽身出門 燕山聞堉已出 揮手而出 欲從門 竇出 後宮哭聲震於外 公率百官 詣景福宮門外 請命于慈順大妃 命柳順汀·鄭眉壽 迎駕于潛邸 中宗避寓平市署傍 順汀等再三勸進 乃以戎服御輦以入 日未晡百官班定 上卽位于勤政殿 上錄公勳 賜靖國功臣號 進拜右議政 未幾陞左揆 丁卯夏 朝廷論斥柳子光 子光恐動之曰 吾與公並以武人 躋崇品 文士多不悅 脣亡齒寒 我斥次及公 公笑答曰 朝廷切齒久矣 恨公不早退也 子光破膽而去 〇 己巳陞領議政 以盛滿爲戒 上章請辭 伏闕懇辭累數日 庚午春 始許之 四月 病革 上遣承旨 問所欲言 公謝曰 主上勵精圖治 安有可言之事 但須愛惜人才 卒年四十四諡武烈

서序

『허백정집(虛白亭集, 洪貴達著)』에서

평성 박공 원종을 강원도 관찰사로 보내며
(送平城朴公元宗觀察江原序)

홍치(弘治, 명 효종 연호) 임술년(연산군 8, 1502) 여름에 강원도 관찰사(江原道觀察使)의 자리가 결원(缺員)이 되어 이조(吏曹)에서는 그 후임(後任)을 천거(薦擧)하였다.

그런데 임금께서는 평성 박공(平城 朴公)을 특별히 제수(除授)하라고 직접 써서 내리니 조정(朝廷)의 동료(同僚)들은 이를 영예(榮譽)롭게 여겼다.

공(公)이 날을 정하여 떠나려 할 즈음 임금께서는

"본도(本道)가 비어있으니 경(卿)은 지체하지 말고 떠나라"

고 하교(下敎)하셨다. 그리고 그 다음날 근신(近臣)을 보내 남궁(南宮)에서 전별(餞送)의 예(禮)를 거행하였다. 그리고 그 다음날 조정(朝廷)의 사대부(士大夫)들이 홍인문(興仁門) 밖에다 자리를 마련하고 송별(送別)을 하였다.

그러나 나는 늙고 병들어 술을 가지고 가서 먼길에 전별(餞別)을 못하였다. 그렇다고 떠나는 길에 벙어리처럼 노자(路資)[1]가 되는 한 마디를 하지 않을

수가 없기 때문에 어린 종놈을 교외(郊外)에까지 뒤따라 보내 말하기를,

"공은 성상(聖上)께서 특별히 공을 보내는 이유를 아시오? 감사(監司)는 한 도(道)의 주인(主人)이오. 지방 수령(地方 守令)들의 근무 태도와 백성들의 안녕 여하(如何)가 달려있는 자리이므로 조정(朝廷)에서 신중(愼重)하게 천거하는 자리오이다. 그러나 때로는 임금께서 직접 제수하시기도 하니 어찌 그 이유를 몰라서야 되겠소이까. 옛 말에 신하는 임금보다 더 잘 아는 이가 없다고 하였소. 주상(主上)께서 공을 잘 알기 때문에 지금 공이 이렇게 떠나는 것이오. 공은 어떻게 잘 다스려서 주상께서 맡기신 중책(重責)에 보답하려 하시오?

내가 지난날 영동(嶺東)과 영서(嶺西)를 다스린 적이 있는데, 그 지역은 땅이 척박하여 백성들이 산중에 살면서 푸성귀나 먹고 사는데, 흉년이 들면 상수리나 밤 따위로 주린 배를 채우니 그들의 생활이 매우 어렵소. 도(道)의 주인(主人)이 어질면 그런 어려움이 풀리겠지만 그렇지 못하면 누가 그들을 이끌어 주겠소. 그러니 도(道)의 주인 된 이가 어찌 마음을 가다듬지 않을 수 있겠소?

공은 장수(將帥)의 직함을 지니면 인의(仁義)로운 장수(將帥)였고 또 글 읽기를 좋아하여 시(詩)도 잘하고 예(禮)에도 밝으니 관찰사(觀察使)로서 백성들을 구제하는 데 무슨 어려움이 있겠소. 성상(聖上)께서 꼭 공을 보내려 하는 이유가 어찌 없겠소. 공은 그 점에 더욱 유념하시오.

영동(嶺東)은 천하(天下)에서 제일 경치가 좋은 곳이오. 예로부터 삼신산(三神山)이 동쪽에 있다고 했는데 이를 두고 한 말이 아니겠소. 때문에 관동 관찰사(關東 觀察使)로 가는 사람을 선유(仙遊)라고 하여 많이들 미사여구(美辭麗句)로 전별(餞別)하곤 했는데, 이제 술잔을 권하며 공을 전별하는 사람들도 아마 그렇게 말했을 것이오. 그러나 그것은 그대를 보내는 성상(聖上)의 깊은 뜻이 아니며 공의 뜻도 아닐 것이오. 나의 말은 이뿐이외다. 이제 공께서는 길을 떠나시오."

---

1) 노자(路資) : 먼 길을 가고 오고 하는데 드는 돈.

하였다.

送平城朴公元宗觀察江原序

弘治壬戌夏 江原道觀察使缺 銓曹薦其代 御書下 特授平城朴公 同朝榮其賜 公卜日將行 上敎曰 本道空 卿行勿遲 越翼日 遣近臣禮餞于南宮 又明日朝之士大夫席輿仁門外 祖送之 虛白翁老且病 不能載酒遠于將之 則不可瘖無一言以贐行 故命少奴 追而及諸郊 語之曰 公知夫聖上所以特遣公者乎 監司一道主也 守令謹忽 民生休戚由之 朝廷之薦 非不愼且重也 然而有時或出於震衷者 豈可不知其所有此行 公何修而可以答九重委寄之重乎 愚嘗承乏 節鉞乎嶺東西矣 其地境以瘠 其民山居而草食 歲不收則橡栗以充其飢 其生也厭惟艱哉 道主仁則艱或爲易 否則誰因而控乎 主是道者 寧不動念乎 公出自將門 此所爲仁義之將也 又能好讀書 方且敦詩說禮爲其守 於總方岳活群生 何有 聖上所以必遣公者 豈無謂歟 公其勉哉勉哉 嶺東天下之奇觀也 古云三神山在東方 豈謂是歟 故使華之之關東者 謂之仙遊 送行者 其贈之率多綺語 若今執盞言別者 其言亦復云爾 則是非聖上遣公之意 亦豈公之意哉 吾言止此 公其行矣哉

『이락정집(二樂亭集, 申用漑著)』에서

언경으로 떠나는 좌의정 박원종을 보내며
(送左議政朴元宗赴京序)

하늘이 어떤 사람에게 재지(才智)와 영걸(英傑)의 기상(氣像)을 부여하는 것은 그 사람 자신만을 재지(才智)있고 영걸(英傑)하게 하려는 것이 아니라 그것을 세상에 사용하게 하기 위한 것이다.

그러나 만일 때를 만나지 못하게 되면 비록 뛰어난 지략(智略)과 재주가 있어도 그것을 한 두 가지도 펴지 못하고 마니, 보통사람과 다를 바가 없게 된다. 하지만 다행히도 펼칠 수 있는 때를 만나고 현명한 군주(君主)를 만나게 되면 어려움을 해결하고 백성을 구제하여 세상에 없는 공을 세우고 만대의 터전을 마련하게 되어 하늘이 부여한 재지(才智)와 영걸(英傑)한 기상(氣像)을 펼치는 것이니 아, 하늘이 이 사람에게 책임지운 바 역시 크다 할 것이다.

우리 재상 평성부원군(平城府院君) 박공(朴公)은 어려서부터 영걸(英傑)한 자질을 지녀 사람들은 모두 원대한 그릇이 될 것을 알았다. 공은 이러한 자질을 알아주는 성종(成宗)을 만나 조정(朝廷)의 입이라 할 승지(承旨)를 역임하고 이후로 여러 관직을 두루 제수(除授)하여 능력을 시험하였지만 맡는 일마다 업적을 남겼다. 외직(外職)으로 관찰사(觀察使)와 절도사(節度使)를 맡아서는 얽히고 설킨 일들을 넓은 도량으로 여유있게 해결하였고, 내직(內職)으로 한성부 좌우윤(漢城府 左右尹)을 맡아서는 가벼운 차림으로도 든든한 서울로 만들었으니, 하늘이 부여한 재지(才智)와 영걸(英傑)스러움이 이에서 드러났다.

그러나 당시 폐정(弊政)이 없고 백성들은 편안하며 모든 국사(國事)가 잘 다스려져서 전해오는 법(法)만 준수하면 되는, 지닌 지략(智略)을 사용할 곳이 없는 그런 시대였다면 공의 기개(氣槪)는 볼 수가 없었을 것이다.

반면에 국운(國運)이 비색(否塞)함을 만나 군주(君主)는 황음(荒淫)하고 정사(政事)는 잔학(殘虐)하여 인심(人心)이 붕괴되고, 기강이 무너져 종사(宗社)가 의지할 곳이 없어 조석지간(朝夕之間)을 보장할 수 없는 지경에 이르렀는데도 재지(才智)와 영걸(英傑)한 기상(氣像)을 지닌 이가 떨쳐 일어나 기우는 국운(國運)을 부지(扶持)하는 계책(計策)을 사용하여 어두운 군주(君主)를 폐하고 성군(聖君)을 도와 어려운 시대를 구제하지 않는다면 이는 하늘이 부여한 큰 책임을 져버리고, 부여받은 재지(才智)와 영걸(英傑)한 기상을 헛되게 하는 것이 아니겠는가?

이에 상공(相公)께서는 개연(慨然)히 일어나 사직(社稷)과 종묘(宗廟)를 보호하고 생민(生民)을 구제하는 것을 중히 여겨 우상 청천부원군 유공(右相 菁川府院君 柳公), 창산부원군 성공(昌山府院君 成公)과 모의하고 계책을 세워 밝으신 군주를 직접 옹립(擁立)하여 즉위(卽位)케 함으로써 위태로왔던 국운을 바꾸어 반석 위에 올려놓았으며 가혹한 정치를 돌이켜 옛 법을 따르도록 함으로서 우리들을 수화중에서 벗어나 안락하고 태평한 생활을 하도록 하였으니 이에서 우리는 공(公)의 재지(才智)와 영걸(英傑)한 기상(氣像)을 비로소 펼쳐 크게 사용하였음을 보았다.

당세에 뒤따를 자가 없었으니 하늘의 기대를 져버리지 않았고, 나라의 기대를 져버리지 않았으며, 사람들의 기대를 져버리지 않았다 할 것이니, 공의 훈공(勳功)과 덕업(德業)은 한무제(漢武帝) 때의 공신(功臣) 곽광(霍光)도 비할 바가 아니다.

성상(聖上)께서 보위(寶位)에 오르신 뒤에 중국에 책봉(冊封)을 청하여 사신이 두 번이나 왕래하였지만 책봉서(冊封書)를 내려주지 않았다. 이에 창산공(昌山公)2)이 주문사(奏聞使)3)로 가서 청(請)하니 중국 황제(皇帝)는 즉시 책봉서(冊封書)를 내려 중국의 태감(太監) 이진(李珍)과 진호(陳浩)가 조서(詔書)를 받들고 와서 선포(宣布)하였다. 이는 실로 우리 나라의 큰 경사였다.

조정(朝廷)에서는 마침내 공을 정사(正使)로, 한성우윤(漢城右尹) 이점(李坫)4) 공을 부사(副使)로 삼아 중국 황제(皇帝)에게 사은(謝恩)하도록 하였다.

---

2) 창산공(昌山公) : 창산부원군(昌山府院君) 성희안(成希顔)을 말함.
3) 주문사(奏聞使) : 나라에 특별한 일이 있을 때 중국 황제에게 이를 알리기 위해 보내던 사신. 중종 2년(1507) 9월 7일에 좌찬성 성희안을 정사(正使)로 공조판서 신용개를 부사(副使)로 중국에 보내어서 중종의 승습(承襲)을 청하였다
4) 이점(李坫) : 1446(세종 28)~1522(중종17). 자는 숭보(崇甫). 시호는 문호(文胡). 본관은 광주(廣州). 찰방(察訪) 관의(寬義)의 아들. 1477년(성종 8) 문과에 급제. 도승지 · 형조참판 등을 지내고, 1503년(연산군 9) 경상도 관찰사를 거쳐 한성부 좌윤이 되었다. 이듬해 갑자사화(甲子士禍)에 연루, 부안(扶安)에 유배되었다가 1506년 중종반정(中宗反正)으로 풀려나와 1508년(중종 3) 형조판서로 사은부사(謝恩副使)가 되어 사은사(謝恩使) 박원종(朴元宗)을 따라 명나라에 나녀왔고, 한성부 판윤을 거쳐 지중추부사로 사망했다.

옛부터 책봉(册封)에 대한 사은(謝恩)은 으레 의정(議政)을 사은사(謝恩使)로 임명하여 보냈지만 때로는 다른 사람으로 임시 임명하여 보내기도 하였으니 이는, 상공(相公)은 국가의 원훈(元勳)으로서 성상(聖上)이 크게 의지하는 분으로, 조정(朝廷)의 동량(棟樑)이며 백성들이 우러르는 바이므로 하루라도 조정을 떠나지 않게 하고자 하는 것이며, 또 한 번 가면 몇 달의 기간이 걸리기 때문이다.

이번에도 많은 사람들은 공이 가지 않으리라 생각하였으나 공은 의연(毅然)히 자신을 돌보지 않고 원로(遠路)의 괴로움을 꺼리지 않은 채 행장을 꾸려서 왕명을 받들고 멀리 떠나니, 공훈(功勳)이 있다 하여 자존(自尊)하지 않고 부귀(富貴)를 지녔다 하여 스스로 뽐내지 않으며, 국가(國家)를 위하여 가정은 잊고, 공도(公道)를 위하여 사사로움을 잊은 것이다.

어렵고 험하다 하여 지절(志節)을 바꾸지 않고 자신을 위하여 편안함을 도모하지 않음이다. 그의 원대(遠大)한 덕업(德業)의 기초(基礎)가 이러하니 나라와 아름다움을 같이하고 공훈을 영원히 보존하게 됨을 이 행차에서 점칠 수 있다.

압록강(鴨綠江)을 건너 서쪽으로 요양(遼陽)에 이르고 산해관(山海關)을 거쳐 중국 서울에 이르도록 성(城)이며 진(鎭)들의 규모와 백성들의 풍속(風俗)과 산천지리(山川地理)의 형세와 예악문물(禮樂文物) 등 보고 느끼는 것들은 모두 공의 지대(至大)한 기상(氣像)을 증익(增益)시킬 것이며 중국 조정의 인사(人事)들이 공의 모습과 큰 도량을 보면 필시 이마에 손을 얹고 놀란 눈으로 바라보면서 입으로는 칭송하고 마음으로는 감복하여 우리 나라에도 이러한 영걸(英傑)이 있으며 이러한 장상(將相)도 있다는 것을 알고서 찬탄(贊嘆)을 마지 않을 것이니 공의 이번 행차는 조정에서는 비록 안타까운 심정으로 보내지마는 은연중에 국가의 위세(威勢)를 중(重)하게 하는 점이 있으니 위대하지 아니한가?

떠나려 할 적에 임금께서 의정부(議政府)에 잔치를 베풀었는데 술이 거나해지자 공이 주위를 돌아보며 노자로 한 마디씩 해 줄 것을 청(請)하고 이어나(신용개)에게 서문을 써서 빛내 줄 것을 부탁하였다. 나는 이미 창산공(昌山公)의 부사(副使)로 책봉(册封)의 명(命)을 청(請)하고 와서 이제 사은사(謝恩使)[5]로 공을 보내게 되니 실로 시작과 끝맺음하는 의의가 있으므로 역시 말하지 않을 수가 없다. 삼가 서(序)한다.

送左議政朴元宗赴京序

天以才智英豪之氣與之人 非只才智英豪其身而已 蓋將用於世也 如使不遇時 雖有出衆之智 超世之才 將無所展其一二 不得與平人別 幸而乘有爲之時 遭遇明聖 於是濟屯難 拯斯民 建不世勳 爲萬代基業 以展夫天之所與才智英豪之氣 噫 天所以責望於是人也亦大矣

吾左相平城府院君朴公 少有英資 人皆知爲宏遠之器 遇知成廟 已司喉舌 後多敭歷 所莅底績 其觀察節度于外 左右京兆于內 錯節盤根恢恢有遊刃之地 綬帶輕裘屹然爲鎖鑰之固 天所與才智英豪之氣 庶於此見 而時無弊政 民安事理 遵守舊規 策無可施 則此未足以見公之槩也

遭値國運中否 主荒政虐 人心崩角 靡所歸命 宗社無依 罔保朝夕 不於此時有才智英豪者起而運扶傾之策廢昏翊聖弘濟時艱 則不幾於負天責望之大 而虛其付與之重耶 於是 相公慨然以社稷爲 念以祖宗基緖生民性命爲重 乃與右相菁川府院君柳公 昌山府院君成公 決策協謀 扶翊明主親捧日轂上之 天衢轉國步於旣危 措之盤石 反苛政率舊章 使吾人出於水火 同圉於春臺熙皡之中 至是見公之才智英豪之氣始展而大施 盖一世無躋其踵者 可謂無負於天 無負於國 無負於人 而其勳庸德業博陸[6]不足論也 聖上旣卽寶位 請命皇朝 使盖兩返 封章未降 於是以昌山公充奏聞使往奏恩命 卽下太監李珍·陳浩擎詔來宣 實我邦家大慶祥也 遂以相公爲使 漢城右尹李公坫爲副 往謝皇恩 故事封册謝恩 例以議政充遣 而

---

5) 사은사(謝恩使) : 중국 황제에게 어떤 은사(恩賜)를 받았을 때 사례로 보내는 사신.
6) 박육(博陸) : 지명(地名). 한 무제(漢武帝) 때 곽광(霍光)을 박육후(博陸侯)에 봉했다. 또는 곽광을 지칭하기도 한다. 『漢書』 68, 「霍光傳」

亦時有假攝而行者 相公爲國家元勳聖上所倚重 朝廷所棟樑 下民所瞻仰 不欲一日去于朝 萬里行還動經數月 衆心所料不須以公 而公乃毅然不顧其身 不憚跋涉之勞 飭束裝李御命遠赴 其不利功勳自高富貴自侈 國耳忘家 公耳忘私 不以夷險爲易節 不以宴安爲身謀 以基夫遠大之業者如是 而其與國匹休保 功終始亦於此行可卜也

由鴨綠而西也至遼陽 至山海關至皇都 城鎭之規模 民風之同異 山川地理之控帶 禮樂文物之彬郁 接于目而經于心者 皆所以增益公 至大之氣 而中朝人士覩公儀容宇量 必明目額手 口誦而心服 知吾東有英豪如斯將相如斯 而賷嘆之無已則公之此行 雖朝有惜送之情 而隱然有重國家之勢者存焉 不其韙哉 將行 上錫宴于議政府 酒半行公顧左右 索贐以言 仍囑用溉爲序以張之 用溉旣副昌山公請命而來 今送公謝恩之行 實有終始之義 亦不可無言 謹序

회맹·제문 會盟·祭文

구공신 회맹문(九功臣會盟文)

　병인년(중종 즉위, 1506) 10월 19일 갑자(甲子)에 조선국왕 이역(李懌)은 개국(開國) 정사(定社) 좌명(佐命) 정난(靖難) 좌익(佐翼) 적개(敵愾) 익대(翊戴) 좌리(佐理) 정국(靖國) 공신과 자손들을 거느리고 천지(天地) 사직(社稷) 종묘(宗廟) 산천(山川) 백신(百神)의 영전(靈前)에 감이 분명하게 고합니다.
　자고로 왕자(王者)가 천명(天命)을 받을 때에는 반드시 세상에 명망 있는 영웅이 있어 좌우에서 도와 준 연후에야 비로소 완성할 수 있었습니다.
　우리 태조께서 천명을 받으신 이래로 영준(英俊)한 이들이 때때로 태어나 의를 떨쳐(奮義) 왕업을 열게 하기도 하고, 간도(奸徒)들을 제거하여 사직을 안정(定社)시키기도 하고, 내분을 진정시켜 천명을 보좌하기도 하고, 위태로운 지경에서 큰 환란을 평정하기도 하고, 죽을 힘을 다하여 왕을 보좌(佐翼)하기도 하고, 신하의 절조를 다하여 왕의 분한을 풀어주기도 하고(敵愾), 일의 기미에 밝아 왕을 추대 보좌(翊戴)하기도 하고, 보좌를 잘하여 국정을 밝게 다스리기도(佐理) 하였으니, 우뚝하여 높은 그 공들은 역사에 빛나고 있습니다.
　지난날, 위에서 왕자(王者)의 도리를 잃어 형정(刑政)이 문란해지고 민생이 도탄에 빠져 국가의 운명이 몰락하는 지경에 이르렀습니다. 그러나 다행히도 하늘의 보살핌과 종사의 신령하심에 힘입어 여러 현신들이 도와 한결같은 마음으로 나를 추대하여 기울어져 가는 때에 왕위를 잇도록 하였습니다.

그리하여 위난의 지경에 이른 종사를 안정시키고 국운을 영원히 든든하게 하여 나라가 비로소 평온하게 되었습니다.

비할 데 없이 큰 이 공로는 실로 지난 날의 어떤 공보다도 빛나는 것입니다. 공을 세운 이들이 모두 한 몸 한 마음이 되어 산이 닳아 없어지고 강물이 말라 띠처럼 가늘어지도록 더욱 변함이 없을 것입니다.

이에 여러 공신과 그의 자손들을 거느리고 옛 법도를 갖추어 신명께 질정하옵니다. 우리 동맹하는 사람들은 동맹을 한 뒤로 이 좋은 관계를 유지할 것이며, 내 집보다 나라를 생각하고, 나 개인보다 공(公)을 생각할 것입니다. 영원히 이 한마음을 가져 끝까지 저버리지 않을 것입니다.

어렵고 험난하다 하여 지절(志節)을 바꾸지 않을 것이며, 참소하는 자가 이간해도 마음을 동요하지 않아서 자손 만대에 이 날을 잊지 않을 것입니다. 만일 저버리는 자가 있거던 신께서도 그를 버리소서.

조선국왕 신 이 역(李懌)
강정대왕의 아들 완원군 신 수(悰)
강정대왕의 아들 회산군 신 염(恬)
강정대왕의 아들 익양군 신 회(懷)
강정대왕의 아들 이성군 신 관(慣)
강정대왕의 아들 경명군 신 침(忱)
강정대왕의 아들 무산군 신 종(悰)
강정대왕의 아들 영산군 신 전(恮)
강정대왕의 아들 운천군 신 인(寅)
강정대왕의 아들 양원군 신 희(憘)
병충분의익운정국공신 현록대부 운산군 신 계(誡)

병충분의익운정국공신 대광보국숭록대부 의정부영의 정겸 영경연 홍문관 예문관 춘추관 관상감사 문성부원군 신 유순(柳洵)
　병충분의익운정국공신 대광보국숭록대부 영가부원군겸 영경연사 신 김수동(金壽童)
　병충분의결책익운정국공신 대광보국숭록대부 의정부 좌의정겸 영경연사 감춘추관사 평성부원군 신 박원종(朴元宗)
　분의정국공신 통정대부 행서산군수 홍주진관병마동첨제사 신 장한공(張漢公)
　분의정국공신 절충장군 행의홍위부호군 신 박이온(朴而溫)
　분의정국공신 절충장군 전행의홍위부호군 신 김계공(金繼恭)
　분의정국공신 절충장군 행충무위사직겸 내금위장 신 변준(卞雋)
　분의정국공신 절충장군 행충무위사직 신 황탄(黃坦)
　분의정국공신 통훈대부 행광홍창수 신 홍경림(洪景霖)
　분의정국공신 통훈대부 행진도군수 장흥진관병마동첨절제사 신 백수장(白壽長)
　분의정국공신 통훈대부 행신천군수 황주진관동첨절제사 신 고수겸(高守謙)
　분의정국공신 통훈대부 행곤양군수 진주진관병마동첨제사 신 박이검(朴而儉)
　분의정국공신 통훈대부 행공조정랑 신 유홍(柳泓)
　정국공신 장자 선략장군 행충좌위부사정 신 김영진(金永珍)
　정국공신 적장 선략장군 행충좌위부사정 신 박주(朴珠)
　정국공신 장자 선략장군 행충좌위부사맹 신 박운(朴雲)
　좌리공신 적장손 선략장군 행충좌위부사맹 신 구사겸(具思謙)
　좌리공신 적장손 선략장군 행충좌위부사맹 신 구원지(具元之)
　정국공신 적장 돈용교위 행충좌위부사용 신 홍안세(洪安世)
　적개공신 적장손 돈용교위 행충좌위부사용 신 정철견(鄭鐵堅)
　정국공신 적장 돈용교위 행충좌위부사용 신 박운손(朴雲孫)

정국공신 적장 돈용교위 신 강수홍(姜壽弘)
정국공신 적장 진용교위 행충좌위부사정 신 김해(金瀣)
개국정사좌명공신 적장손 진용교위 행충좌위부사맹 신 이계손(李繼孫)
개국정사공신 적장손 병절교위 행충좌위부사맹 신 이종선(李從善)
정국공신 적장 병절교위 행충좌위부사용 신 조언홍(曺彦洪)
정국공신 계적장 병절교위 전행충좌위부사용 신 임계숙(任繼叔)
정국공신 적장 병절교위 행충좌위부사용 신 박기손(朴麒孫)
정국공신 적장 병절교위 행충좌위부사용 신 이장번(李長蕃)
정국공신 자 수의부위 행충좌위부사용 신 박인손(朴麟孫)
정국공신 적장 수의부위 행충좌위부사용 신 백세웅(白世雄)
정국공신 적장 수의부위 행충좌위부사용 신 장국정(張國楨)
정국공신 적장 수의부위 행충좌위부사용 신 이수령(李壽苓)
정국공신 적장 수의부위 행충좌위부사용 신 이학수(李鶴壽) ……하략……

九功臣會盟文

維歲次丙寅十月朔丙午十九日甲子
朝鮮國王臣李懌 率開國 定社 佐命 靖難 佐翼 敵愾 翊戴 佐理 靖國功臣及 子孫等 敢昭告于
天地
社稷
宗廟山川百神之靈 自古王者受命 必有名世英雄之士 相與翊亮左右 然後乃克有成 自我太祖應運以來 英俊間生 或能奮義而開業 或能除奸而定社 或能佐景命於內訌 或能靖大亂於幾危 或能戮力而佐翼 或能盡節而敵愾 或能炳幾而翊戴 或能勵翼而佐理 巍巍厥功 光于竹帛 頃者 上失其道 刑政睢剌 民生方墜於塗炭 國步將底於淪喪 幸賴
上天之佑

宗社之靈 群賢協贊 同辭推戴 俾予纘大命於將頹之時 安
宗祐於幾危之際 鴻圖永固 方內載謐 念玆功之無競 實有光於前烈 攀鱗附翼
旣皆一體而一心 礪山帶河 尤當有始而有終 玆率諸功臣 曁其子孫 聊講舊儀 庶
質明鑑 凡我同盟 旣盟之後 言歸于好 國耳忘家 公耳忘私 永肩一心 終始不渝
不以夷險易其節 不以讒間動其心 子孫萬世 無忘此日 苟有渝者 神其厭之

朝鮮國王李懌
康靖大王子完原君臣㦕
康靖大王子檜山君臣恬
康靖大王子益陽君臣懷
康靖大王子利城君臣慣
康靖大王子景明君臣忱
康靖大王子茂山君臣悰
康靖大王寧山君臣 悇
康靖大王子雲川君臣愼
康靖大王子楊原君臣憘
秉忠奮義翊運靖國功臣顯祿大夫雲山君臣誠
秉忠奮義翊運靖國功臣大匡輔國崇祿大夫議政府領議政兼領經筵弘文館藝文
館春秋館觀象監事文城府院君 臣 柳洵
秉忠奮義翊運靖國功臣大匡輔國崇祿大夫永嘉府院君兼領經筵事 臣 金壽童
秉忠奮義決策翊運靖國功臣大匡輔國崇祿大夫議政府左議政兼領 經筵事監春
秋館事平城府院君 臣 朴元宗
奮義靖國功臣通政大夫行瑞山郡守洪州鎭管兵馬同僉制使 臣 張漢公
奮義靖國功臣折衝將軍行義興衛副護軍 臣 朴而溫
奮義靖國功臣折衝將軍前行義興衛副護軍 臣 金繼恭
奮義靖國功臣折衝將軍行忠武衛司直兼內禁衛將 臣 卞雋
奮義靖國功臣折衝將軍行忠武衛司直 臣 黃坦

奮義靖國功臣通訓大夫行廣興倉守 臣 洪景霖
奮義靖國功臣通訓大夫行珍島郡守長興鎭管兵馬同僉節制使 臣 白壽長
奮義靖國功臣通訓大夫行信川郡守黃州鎭管同僉節制使 臣 高守謙
奮義靖國功臣通訓大夫行昆陽郡守晋州鎭管兵馬同僉制使 臣 朴而儉
奮義靖國功臣通訓大夫行工曹正郞 臣 柳泓
靖國功臣長子宣略將軍行忠佐衛副司正 臣 金永珍
靖國定難功臣嫡長宣略將軍行忠佐衛副司正 臣 朴珠
國定難功臣長子宣略將軍行忠佐衛副司猛 臣 朴雲
靖國定難功臣嫡長孫宣略將軍行忠佐衛副司猛 臣 具思謙
靖國定難功臣嫡長孫宣略將軍行忠佐衛副司猛 臣 具元之
靖國定難功臣嫡長敦勇校尉行忠佐衛副司勇 臣 洪安世
敵愾功臣嫡長孫敦勇校尉行忠佐衛副司勇 臣 鄭鐵堅
靖國功臣嫡長敦勇校尉行忠佐衛副司勇 臣 朴雲孫
靖國功臣嫡長敦勇校尉 臣 姜壽弘
靖國功臣嫡長進勇校尉行忠佐衛副司正 臣 金瀅
開國靖社佐命功臣嫡長孫進勇校尉行忠佐衛副司猛 臣 李繼孫
開國靖社功臣嫡長孫秉節校尉行忠佐衛副司猛 臣 李從善
靖國功臣嫡長秉節校尉行忠佐衛副司勇 臣 曹彦洪
靖國功臣繼嫡長秉節校尉前行忠佐衛副司勇 臣 任繼叔
靖國功臣嫡長秉節校尉行忠佐衛副司勇 臣 朴麒孫
靖國功臣嫡長秉節校尉行忠佐衛副司勇 臣 李長蕃
靖國功臣子修義副尉行忠佐衛副司勇 臣 朴麟孫
靖國功臣嫡長修義副尉行忠佐衛副司勇 臣 白世雄
靖國功臣嫡長修義副尉行忠佐衛副司勇 臣 張國楨
靖國功臣嫡長修義副尉行忠佐衛副司勇 臣 李壽岺
靖國功臣嫡長修義副尉行忠佐衛副司勇 臣 李鶴壽
……下略……

십공신 회맹문(十功臣會盟文)

 정묘년(丁卯年) 2월 25일 조선국왕(朝鮮國王) 신(臣) 이 역(李懌)은 삼가 개국(開國) 정사(靖社) 좌명(佐命) 정난(靖難) 좌익(佐翼) 적개(敵愾) 익대(翊戴) 좌리(佐理) 정국(靖國) 정난(定難) 공신및 자손들을 인솔하고 천지(天地) 사직(社稷) 종묘(宗廟) 산천(山川) 백신(百神)의 영전(靈前)에 고합니다.
 예로부터 왕자(王者)는 하늘의 명(命)을 받아 천하를 다스렸으나 몸은 어려운 왕업(王業)을 이루기에 피로하였고, 화(禍)는 천하(天下)를 평정할 초기에 생겼습니다.
 한(漢) 나라 고조(高祖)는 제왕의 천명을 받을 때 백인(柏人)의 음모[1]가 있었고, 선제(宣帝)는 제왕의 자리에 올랐지만 곽산(霍山)의 변(變)[2]이 일어났습니다. 그러나 흉험한 일을 진정시킨 후 빛나고 큰 공이 우뚝하여 역사에 찬연(燦然)히 빛났습니다.
 삼가 우리 나라 열성(列聖)께서 서로 왕위를 계승하심을 생각건대, 원대한 왕업(王業)을 열고 이으실 제 난(亂)을 평정한 공이 이미 높고 잔적(殘賊)을 물리친 교화(敎化)도 흡족하였습니다. 그러나 때로는 요망한 무리가 교화 가운데서도 생겨났으니, 영웅 호걸의 선비와 충성을 다하는 신하가 좌우에서 도와 그 흉조가 나타나기 전에 변란에 대응하여 장차 싹이 트려는 간모(奸謀)를 꺾지 않았다면 졸졸 흐르던 물이 장차 하늘을 덮을 지경에 이르지 않았겠습니까?

---

1) 백인(柏人)의 음모 : 조(趙) 나라의 재상 관고(貫高)가 한 고조를 살해하려고 고조가 유숙하기로 한 백인현의 숙소 벽에 자객을 숨겨 두었는데, 고조가 백인현에서 유숙하려다가 이상한 예감에 고을 이름이 무어냐고 물은 후 백인(柏人)이라고 하자 백인(柏人)은 사람을 핍박한다는 뜻을 지닌 박인(迫人)과 음이 비슷하다 하고 유숙하지 않고 그냥 지나감으로써 암살의 위험을 모면한 사건. 후일 제왕이 출입을 삼가는 것을 지칭하는 의미로 전용되기도 함. 『史記』卷89, 張耳 陳餘列傳
2) 곽산(霍山)의 변(變) : 곽광에 의해 옹립된 한 선제가 곽광이 죽은 뒤 곽씨일족에 대한 예우가 박한 데 불만을 품고 곽광의 조카 곽운(霍云)과 곽산(霍山)이 역모를 꾸몄다가 발각되어 일족이 멸족된 사건. 『漢書』卷8·68

그러므로 우리 선왕(先王)께서는 깊이 생각하고 원대함을 도모하여 그 공로에 보답하는 법을 분명하게 제시하고 그 자손들에게 극진히 베풀어 오늘에 이르렀습니다.

나는 덕이 부족하고 학식이 없는 사람으로서 국가의 기강이 무너져 혼란한 나머지에 여러 사람의 추대를 받아 외람되게 신민(臣民)의 윗사람이 되었습니다. 그러나 깊은 연못가에 선 듯, 얇은 얼음을 밟은 듯한 두려움을 깊이 간직하고 새벽부터 밤까지 감히 쉬지 못하고 선조(先祖)의 덕을 더럽히지 않으려 노력하였습니다.

그런데 불의에 역신(逆臣) 이과(李顆) 등이 남모르게 임금을 제거하려는 마음을 간직하고 불궤(不軌)한 음모를 꾸미고 있었습니다. 다행히도 천지신명의 도움과 종묘사직의 영험에 힘입어, 밖에서는 올곧고 진실한 신하가 고변(告變)을 해오고, 안에서는 팔 다리와 같은 신하들이 현명하게 처리하여 그 원악(元惡)을 제거하고 국가의 큰 기틀을 도울 수 있게 되어, 그 영험한 뿌리는 다시 튼튼하여 뽑히지 않게 되었고 보배로운 천명은 끝없이 더욱 융성하게 되었습니다.

생각건대 이 공로가 어찌 전인(前人)의 공보다 못하겠습니까? 금궤(金匱)와 석실(石室)의 공보다 빛나 이미 넓고 큰 법에 참여하였으니 태산(泰山)과 황하(黃河)가 띠(帶)가 되고 숫돌(礪)이 되는 맹세3)를 저버릴 수 있겠습니까?

이에 지금 모든 공신과 그 자손들을 인솔하고 옛날의 의전(儀典)을 갖추어 신명께 질정하옵니다.

우리는 이 동맹(同盟)을 마친 후에 제각기 마음을 굳게 갖고 자신의 절의를 다하여 공사(公事)를 받들고, 자신을 잊고 나라에 바칠 것입니다. 험한 길이라 하여 그 마음을 바꾸지 않을 것이며 화(禍)를 당한다 하여 두려워하지 않을

---

3) 금궤와 …… 맹세 : 한 고조가 천하를 평정하고 논공행상을 한 후 맹세하기를 황하가 띠처럼 가늘어 질 때까지, 태산이 숫돌이 될 때까지 영원히 변치 말자고 한 고사. 금궤와 석실은 국가의 중요한 문서를 보관하는 곳으로 공신들의 기록을 보관하는 곳을 의미한다. 『漢書』「司馬遷傳」

것입니다. 그리고 자손 만대까지도 오늘을 잊지 않을 것입니다. 만일 그렇지 않으면 신(神)께서 죽여 주소서.

　　조선국왕 신 이 역(懌)
　　강정대왕 아들 완원군 신 수(㥞)
　　강정대왕의 아들 회산군 신 염(恬)
　　강정대왕의 아들 익양군 신 회(懷)
　　강정대왕의 아들 이성군 신 관(慣)
　　강정대왕의 아들 경명군 신 침(忱)
　　강정대왕의 아들 무산군 신 종(悰)
　　강정대왕의 아들 영산군 신 전(恮)
　　강정대왕의 아들 운천군 신(臣) 인(愼)
　　강정대왕의 아들 양원군 신(臣) 희(憘)
　　병충분의익운정국공신 현록대부 운산군 신 계(誡)
　　병충분의결책익운정국 추성보사우세정난공신 대광보국숭록대부 의정부좌의정겸 영경연사 감춘추관사 평성부원군 신 박원종(朴元宗)
　　분의정국공신 절충장군 행의홍위 부호군 신 박이온(朴而溫)
　　분의정국공신 통훈대부 행곤양군수 진주진관병마동첨절제사 신 박이검(朴而儉)
　　정국정난공신 장자 선략장군 행충좌위부사맹 신 박운(朴雲)
　　정국공신 적장 돈용교위 행충좌위부사용 신 박운손(朴雲孫)
　　정국공신 적장 병절교위 행충좌위부사용 신 박기손(朴麒孫)
　　정국공신 자 수의부위 행충좌위부사용 신 박인손(朴麟孫)

　　十功臣會盟文

維歲次丁卯九月朔辛丑 二十五日乙丑 朝鮮國王 臣李懌 謹率開國定社佐命靖

難佐翼敵愾翊戴佐理靖國定難功臣及 子孫等 敢昭告于天地社稷宗廟山川百神之靈 自古王者 受命上玄 撫寧方夏 身勞於王業艱難之日 而禍起於天下初定之時 漢祖膺運而有柏人之謀 宣帝受圖而有 霍山之變 卒熸凶炬而熙洪業 嵬乎厥功光于竹帛 洪惟我國家列聖相承 創承宏遠 戡亂之功旣隆 勝殘之化亦洽 然時有妖輩之黨 或生於卵育之中 苟非英雄豪傑之士 不貳心之臣 相與翼亮左右 先幾應變 折奸謀於將崩之際 則涓涓之流 將不至於滔天乎 是以我先王 深惟遠圖 報功之典 昭示無極施于子孫 以至今日 予以寡昧 承國步板蕩之餘 因衆心推戴之功 猥居臣民之上 深懷淵冰之懼 夙夜罔敢遑寧 庶幾無忝祖先 不意逆臣李顆等 陰畜無君之心 潛成不軌之計 幸賴天地之佑 宗社之靈 貞良之臣 告變於外 股肱之佐 淑問於中 故能除元惡 光輔丕基 靈根更固於不拔 寶命益隆於無彊 念玆功之無競于前人乎 有光金匱石室 旣參弘遠之規 泰山黃河 寧負帶礪之誓 玆率諸功臣曁其子孫 聯講舊儀 庶質明鑑 凡我同盟之後 各堅乃心 盡節而奉公 忘身而徇國 不以夷險而易其守 不以禍福而孑其心 子孫萬世母忘此日 如或不然神其殛之

朝鮮國王 李懌
康靖大王子完原君臣憘
康靖大王子檜山君臣恬
康靖大王子益陽君臣懷
康靖大王子利城君臣慣
康靖大王子景明君臣忱
康靖大王子茂山君臣悰
康靖大王寧山君臣 恮
康靖大王子雲川君臣愼
康靖大王子楊原君臣憘
秉忠奮義翊運靖國功臣顯祿大夫雲山君臣誠
秉忠奮決策翊運靖國推誠保社佑世定難功臣大匡輔國崇祿大夫議政府左議政

兼領經筵事監春秋館事平城府院君 臣 朴元宗
　奮義靖國功臣折衝將軍行義興衛副護君臣朴而溫
　奮義靖國功臣通訓大夫行昆陽郡守晋州鎭管兵馬同僉制使 臣 朴而儉
　靖國定難功臣長子宣略將軍行忠佐衛副司猛 臣 朴雲
　靖國功臣嫡長敦勇校尉行忠佐衛副司勇 臣 朴雲孫
　靖國功臣嫡長秉節校尉行忠佐衛副司勇 臣 朴麒孫
　靖國功臣子修義尉行忠佐衛副司勇 臣 朴麟孫

영조대왕유제문(英祖大王諭祭文)

영조(英祖) 오십일년 을미(乙未) 시월 십삼일

　국왕(國王)은 근시신(近侍臣) 좌부승지(左副承旨) 김치공(金致恭)을 고 평성부원군(故平城府院君) 박원종(朴元宗)의 영전(靈前)에 보내어 제를 올립니다.
　나는 만년(晩年)에 경회루(慶會樓)에서 기린각(麒麟閣)4)에 제명(題名)된 二十二인5)을 생각했습니다. 조용히 누워 있다가 생각이 떠올라 옛 궁궐을 찾았습니다. 그 옆에서 예와 같이 술을 드니 지난 옛 일이 마치 어제와도 같습니다. 특별히 명하여 제사하게 하였지만 나의 이 감회 어이 진정되리이까?
　충의로운 혼백(魂魄)이 수도 없이 많지만, 80에 이런 치제(致祭) 옛날엔 없던 일로, 오늘 경들의 공적을 천양합니다. 기린각(麒麟閣)의 화상(畫像) 앞에 제문(祭文) 지어 산올리게 하오니, 영령(英靈)이시여 계시거던 나의 이 잔을

---

4) 공신(功臣)의 초상(肖像)을 모시는 전각. 기린각은 전한(前漢)의 무제(武帝)가 기린을 잡았을 때에 지은 누각. 선제(宣帝) 때에 와서 곽광(霍光)·장안세(張安世) 등 11인의 공신을 그려서 누각에 걸음.
5) 二十二人 : 英祖實錄에는 "二十三元勳"이라 되어 있다.

흠향 하소서.

英祖大王諭祭文 英宗五十一年乙未十月十三日

國王遣近侍臣左副承旨金致恭 諭祭于故平城府院君 朴元宗之靈 予於暮年 慶會樓昔 二十二人 題名麟閣 靜臥興惟 尋見舊闕 同酌其傍 惟古若昨 特命賜祭 予懷何抑 忠魂毅魄 或千或億 八旬此擧 豈聞于昔 揚卿等功 寔見今日 代畫麟閣 製文替酌 靈其不昧 感予歆爵

만사輓詞

좌의정 이행(左議政 李荇)

나라가 위급할 때	國在顚危日
大人 나서 세우니	扶持待大人
伊尹의 마음1)이요	心如伊尹可
霍光의 功2)이어라	功豈霍光親
王室을 다시 열어	天室台初坼
그 공 새로운데	雲臺3)畵尙新
다시 볼 수 없으니	典刑無復見
어이하리 生民들	痛哭爲生民

---

1) 伊尹의 마음 : 이윤(伊尹)은 은(殷)나라의 유명한 재상으로 탕(湯)을 도와 폭군인 하(夏)나라의 걸왕(桀王)을 쳐서 멸망시키고 은(殷)나라를 세우고 탕왕(湯王)을 추대하였다. 즉 반정(反正)할 뜻을 품는 것을 말한다.

2) 곽광(霍光)의 공(功) : 곽광(霍光)은 창읍왕(昌邑王)을 폐하고 선제(宣帝)를 옹립한 한나라의 공신. 즉 반정(反正)의 공을 말함.

3) 운대(雲臺) : 본래 운대(雲臺)란 후한(後漢) 명제(明帝)가 전대의 공신을 추념(追念)하기 위해 중흥공신(中興功臣) 등우(鄧禹) 등 28인의 초상을 걸었던 사당을 지칭했던 것이나, 그 후 공신의 초상을 모신 곳. 공신당(功臣堂). 또는 충훈부(忠勳府)의 별호(別號)로 쓰인다.

좌의정 신용개(申用漑)

間世⁴⁾의 英雄이라
어려운 세상 구하고 　　英豪間世濟時屯
王室을 붙들어
聖君⁵⁾을 擁立하니 　　扶整乾坤翼聖神
伊尹⁶⁾이요 霍光⁷⁾이라
社稷을 보존하고 　　伊霍勳庸存社稷
蕭何⁸⁾와 曹參⁹⁾이라
經綸이 드높았네 　　蕭曹相業重經綸
하늘도 탐내어
크신 智略 불러가니 　　還奪景略天何遽
郭子儀¹⁰⁾ 수명보다
어이 그리 짧으오 　　壽獨汾陽命不均
公이 별되어

---

4) 간세(間世) : 여러 대를 통하여 드물게 있음.
5) 성군(聖君) : 덕이 아주 뛰어난 어진 임금. 여기서는 중종(中宗)을 지칭함.
6) 이윤(伊尹) : 하(夏)나라의 폭군 걸왕(桀王)을 타도하고 탕왕(湯王)을 추대하여 은(殷) 나라를 세운 명신(名臣).
7) 곽광(霍光) : 한(漢)나라의 창읍왕(昌邑王)이 정치를 잘못하자 그를 폐하고 선제(宣帝)를 추대한 명신.
8) 소하(蕭何) : 조참(曹參)과 함께 한(漢)나라를 세우고 유방(劉房)을 추대한 개국공신(開國功臣)으로 정승(政丞)을 지냈다.
9) 조참(曹參) : 소하(蕭何)와 함께 한(漢)나라를 세우고 고조 유방(劉房)을 추대한 개국 공신으로 소하의 추천으로 그의 뒤를 이어 정승(政丞)이 되었다.
10) 곽자의(郭子儀) : 중국 당대의 무장. 화주(華州) 정현(鄭縣 : 河南)사람. 안사(安史)의 난에 삭방절도사(朔方節度使)로서 장안(長安)·낙양(洛陽)을 탈환하여 난을 진압한 공으로 분양왕(汾陽王)에 봉해지고, 뒤에 다시 토번(吐蕃)을 크게 깨뜨린 공으로 상보(尙父)라는 호를 받았다. 벼슬이 대위중서령(大尉中書令)에 이르렀고, 또한 원로가 되어 가문은 번영했다.

하늘나라 오르니　　一夕秦民春不相
백성들 슬퍼서
절구질도 못한다오　　閒騎箕尾向高旻

영의정 성희안(成希顏)

神人이 도와
昏主를 廢黜하니　　神人共協廢淫昏
伊尹이요 霍光의 功
萬古에 드높으오　　伊霍勳名萬古尊
朝野에 쌓인 憤恨
말끔히 씻어내고　　已決吾邦朝野憤
黃泉의 怨恨까지
씻어내 주었네　　更伸公閤夜臺冤

평성부원군 부인만사(平城府院君夫人挽詞)

좌의정 신용개(左議政 申用漑)

유순(柔順)으로 따라서
스스로 복을 짓고
잘 섬기고 잘 다스려
규문의 법도였네
부군의 훈업으로
가문에 경사 열려
세상에 드문 광영
가문에 비치었네
중년(中年)이 채 못되어
문득 홀로 되고 나니
마침내 위중한 병
고치기 어려웠네
애닲다 복록 수명
겸비한 이 드물어
집안 일 도리어

서출에 맡겼네

柔順無違自結褵
宜家逮下合閨儀
所天勳業開門慶
傾世光榮照戶楣
未過中年齵守寡
遂成危疾竟難醫
傷心福壽稀兼有
幹蠱還憑側出兒

유사 遺事

『신증동국여지승람(新增東國輿地勝覽)』에서

이사정기사(二思亭記事)

병영(兵營) 안에 있다. 절도사(節度使) 박원종(朴元宗)이 이곳에 정자를 짓고 임금과 어버이를 생각하는 뜻으로 편액의 이름을 부쳤다.

二思亭 在兵營 節度使朴元宗構此 扁名以寓事君親之意『新增東國輿地勝覽』卷之二十二「蔚山郡篇 樓亭條」

월송정기사(越松亭記事)

고을 동쪽 7리에 있다. 푸른 소나무가 만 그루요, 흰 모래는 눈같다. 소나무 사이에는 개미도 다니지 않으며, 새들도 집을 짓지 않는다. 민간에서 전하여 오는 말이,
"신라 때 신선 술랑(述郞) 등이 여기서 놀고 쉬었다"

한다.
(신증) 예전에는 집이 없었는데 관찰사 박원종(朴元宗)이 처음으로 지었다.

越松亭 在郡東七里 蒼松萬株 白沙如雪 松間螻堁不行 禽鳥不棲 諺傳新羅仙人述郞等 遊憩于此
(新增) 古無宇 觀察使朴元宗 始建『新增東國輿地勝覽』卷之四十五「平海郡篇 樓亭條」

도산 박원종 별저지(陶山朴元宗別邸址)

현재 경기도 남양주시(南陽州市) 와부읍(瓦阜邑) 도곡리(陶谷里) 일대로 박원종의 별장(別莊)이 있었다고 하여 일명 '궁(宮)말'이라 불린다. 현재는 도곡리 어룡마을 코뚜레식당 앞 개천변에 박원종의 정자 자리가 남아 있는데 거대한 돌을 쌓아올린 누대(樓臺) 자리로 축대(築臺)가 허물어져 일부만이 남아 있다.

이 식당터는 궁(弓)터로 불려왔으며, 식당 건물을 증축할 때 다수의 청자와 편과 석재들이 나왔다고 한다.

조선 숙종조 때의 학자인 이긍익(李肯翊)의 저서『연려실기술(練藜室記述)』9권,「중종조 고사본말(中宗朝故事本末), 중종조의 상신(相臣), 박원종(朴元宗)」조와 광해조의 학자 허균(許筠)의 저서『성소부부고(惺所覆瓿藁)』6권「도산(陶山) 박씨(朴氏)의 산장기(山莊記)」편에 보인다.

제영 題詠

월 송 정(越 松 亭)

안 축(安 軸)

일은 지나가고 사람은 옛 사람 아닌데,
물만 스스로 동쪽으로 흘러
천년전 남긴 자취 정자 소나무에 있네.
겨우사리(女蘿) 다정한 듯 서로 엉켰으니
아교풀로 붙인 듯 풀기 어렵고,
형제죽(兄弟竹)이 마음으로 친하니
좁쌀 방아 찧을 것이,
어느 선랑(仙郞)이 있어 함께 학을 구하리.
초부(樵夫)의 도끼로 용 잡는 것 배우게 하지 말라.
머리털 절반이나 희어, 예전 놀던 곳 찾으니,
푸르른 옛날 모습 불현듯 부럽구나.

事去人非水自東 丁年遺踵在亭松

女蘿情合膠難解 弟竹心親粟可舂
有低仙郎同煮鶴 莫令樵夫學屠龍
二毛重到會遊地 却羨蒼蒼昔日容

이 곡(李 穀)

가을 바람에 옛 자취 찾아 말머리 동쪽으로 돌리니,
울창한 정자 소나무 좋기도 하구나.
몇 해 동안이나 이 마음은 신선 지경 찾으려 했나,
천리 먼 길에 길 떠나려 양식을 방아 찧었네.
도끼의 액운이 없었으니 한위(漢魏)를 지났고,
제목은 큰 집(廓廟) 지을 수 있으니 기룡(夔龍 : 기용은 순 임금의 어진 신하)에도 비기겠네.
난간을 의지하여 자연 침음(沈吟)하기 오래인데,
졸렬한 붓으로 만분의 일도 형용하기 어렵다.

訪古秋風馬首東 喜看鬱鬱蔭亭松
幾年心爲尋眞切 千年粮因問道龍
倚欄不覺沈吟久 拙筆難形萬一容

민수천(閔壽千)

평사(平沙) 10리나 흰 담요 깔았는데,
장송(長松)이 하늘에 닿아 옥창끝(甁)도 가늘구나.
쳐다보니 밝은 달은 황금 떡과도 같은데,
푸른 하늘 물 같아 넓기도 하구나.
객이 와서 1년마다 퉁소를 부니,
풍류는 모두 신선(神仙) 무리이네.
내가 따라가 요지(瑤池)에 장치하려 하니,

날아오는 푸른 새가 입에 벽도(碧桃)를 물었네.

平沙十里鋪白鬪　長松攙天玉槊細
仰看明月黃金餠　碧空如水浩無際
客來一稔吹洞簫　風流盡是神仙曹
我欲從之譏瑤池　飛來靑鳥啣碧桃

성 현(成 俔)

백사장 주변 길에 푸른 솔 둘렸으니,
신령한 바람소리 10리에 찬 바람이 나네.
용의 수염, 무쇠 가지가 울창하게 가리웠으니,
검은 기운 하늘을 막아 그늘도 넓고 넓으네.
달빛이 그 그늘 뚫어 절반쯤 어둡고 밝은데,
일만 가지 황금이 부서진다.
가다가 신선들 퉁소불면,
안개 옷깃 펄렁펄렁, 옥패소리 들린다네.

白沙周道環蒼官　靈籟十里風生寒
虯髥鐵幹鬱虧蔽　黑入太空空漫漫
月色來穿半明晦　萬枝璀璨黃金碎
時聞羽人吹洞簫　霞帔翩翩鳴玉佩

월 송 정(越 松 亭)

숙종대왕(肅宗大王) 어제시(御製詩)

仙郞古迹將何尋　萬樹長松簇簇森

滿眼風沙如白雪 登臨一望興難禁

화랑들의 옛 자취를 어드메서 찾을고.
많은 나무, 큰 소나무 빽빽히 들어찼네.
흰 눈처럼 날리는 모래는 눈에 가득 차는데,
누에 올라 바라보니 감흥이 절로 일어나네.
열성어제(列聖御製) 중에서

기문 記文

월송정 중건기(越松亭重建記)

 우리 겨레는 산천을 찾고 즐기고 자연을 사랑하는 전통을 끼치었다.
 월송정은 관동팔경 중의 하나로서 신라 때 화랑들도 노닐던 곳이요, 고려시대 이후 많은 시인들이 시를 남기고 간 문화의 유적지다.
 이 월송정은 오래 전해 온 옛터에 연산 때 관찰사 박원종이 창건, 1933년에 고을 선비들이 중건, 해방 후 재일교포 금광회에서 삼창, 다만 건축 양식이 어울리지 아니해 새 설계 아래 도비 8천 만원으로 1979년 12월 19일에 착공 1980년 7월 29일에 준공.
 백사 창송 좋은 경지에 조화되는 고전양식의 정자를 완성한 것이라. 이 고장 산수자연을 찾는 이 마다 즐거운 시간을 누리고 갈 것이다.
 1980년 9월 일. 이은상 짓고 김충현 쓰다.

도산의 박씨산장기(陶山朴氏山庄記)

성소부부고(惺所覆瓿藁, 許筠著)에서

　서울 동문(東門)에서 40리 떨어진 곳에 도산(陶山)이 있는데, 그 산 아래는 모두 비옥한 땅으로, 평성공(平城公) 박상국(朴相國 : 元宗이다)의 현손(玄孫)인 몽필(夢弼)이 살고 있었다.

　기유년(광해1, 1609)에 나는 휴가를 얻어 동쪽으로 성묘갔다가 박씨에게서 묵게 되었는데, 주인은 매우 후하게 대우해 주었다. 주인이,

　"우리 선조들은 평양공(平陽公 : 仲善이다) 이하 모두 이 곳에 묻히셨는데, 7~8대가 이 마을에서 사시어 두루 10리 밖은 모두 조상의 세업(世業)입니다. 태평 시절에는 인가 수백 가구가 다 노비였으나 전쟁을 겪은 뒤 대부분이 달아나서 개간 못한 밭이 열에 아홉이지요. 저는 제사를 받들기 위해 겨우 십수 동을 수리하고, 나머지 종 서넛을 모아 여기에 거주한 지가 무릇 10여 년이 됩니다."

했다.

　이어 나를 이끌고 그 집 뒤 언덕을 올랐는데, 옛날의 연못과 누대는 무너지고 흩어졌으며, 가시덤불이 우거지고 무너진 담과 깨어진 주춧돌이 아직도 쓸쓸한 안개와 야생 덩굴 사이에 남아 있었다. 그는 손으로 가리켜 보이면서,

　"저 터가 사당이고 안방이요, 저 곳은 한가히 쉬던 집이요, 저 땅이 활터이고, 곡식을 저장하던 창고요, 저 집터가 손님을 맞아 잔치하던 정자이고, 풍악을 벌이던 집이요, 저 폐허가 격구(擊毬)하고 말 타던 장소요, 저곳은 곧 하료(下僚) 서리들이 방문하여 문안하던 대청입니다."

하였다. 나는 굽어보고 올려다 보며 주목하여 그 호화로운 옛 자취를 다 보았다.

　아, 인간의 일이란 변치 않기 어려워 성쇠가 교체하는 것이니, 이는 자고로

꼭 같은 것이며 비록 성지(聖智)로도 면할 수 없는 것이다. 평성공(平城公 : 박원종)의 성시(盛時)에 당해서는 손으로 해 바퀴를 부축하여 황도(黃道)에 올려놓아 우리 나라 수천리의 발뒤축으로 걷고 부리로 숨쉬는 무리들이 도탄에서 벗어날 수 있게 되었다. 그 풍부하고 위대한 공업이 종묘 사직과 백성에게 미쳤으며 부귀 영화는 그런 노력의 보답이었던 것이다. 또한 그 욕망을 마음껏 펴서 누대·별관과 가옥이 몸을 편케 하고 가악(歌樂)과 비단옷·화초와 대나무가 눈과 귀를 즐겁게 하며, 손님과 친구, 문하생과 옛 부하들이 대문과 담장 안을 가득 메우고, 사방 열군(列郡)에서 예물을 보내온 것이 한(漢)나라 곽광(霍光)과 장안세(張安世)¹⁾에 비해도 우열을 가릴 수 없을 정도였다. 바야흐로 그 조(趙)나라 여자를 끼고 오(吳)나라 음악을 들으며 우상(羽觴)으로 술 마시고 춤 구경하며 굽은 깃대를 세울 때에는 백년 후면 전답과 가택이 황폐해지고 정자와 누각이 불타 없어지며, 외로운 자손들이 쇠퇴하여 서민이 되고 한 이랑의 집도 능히 보전하지 못할 줄 어찌 알겠는가. 부귀는 항상 누릴 수 없는 것이요, 영요(榮耀)란 믿지 못할 것이 이와 같다. 오늘날의 군자들은 어찌 이를 경계로 삼지 않고 권세를 사랑하며 은총과 이록(利祿)을 연연하여, 몸소 평성공과 같은 공적은 쌓지 않으면서도 평성공과 같은 향락을 바라며 이를 오래도록 보존할 수 있다고 생각하니, 이 또한 얼마나 어리석은가.

  주인이 이 말로써 문장을 만들어서 썩지 않게 해 달라기에 부질없이 기록하여 돌려보내는 바이다.²⁾

陶山朴氏山庄記

國東門四十里 有陶山 山底皆沃土 平城朴元宗相國之玄孫夢弼 居之 歲己酉

---

1) 장안세(張安世) : 곽광(霍光)과 함께 선제(宣帝)를 추대한 기린각(麒麟閣)의 공신(功臣).
2) 이 기문(記文)은 희균이 지은 『싱소부부고(惺所覆瓿藁)』(민족문화주진회 간행 국역총서 227)에서 발췌 수록한 것이다.

기문 記文   159

余乞際 省墓于東 宿于朴氏 主人舘待甚厚 主人曰 吾先祖自平陽以下 皆葬于此 七八代治其上梓 環十里外 皆祖業 在昇平日 烟火數百家 悉臧獲也 自經兵火 流亡畧盡 而田不墾者十之九 吾爲奉祭 僅茸十數椽 鳩集餘奚三四 居于此凡一周 呈矣 因拉余 陟其家後岡 則奮日之池臺 漫而圯 荊杞茦生 頹垣破礎 尙存於荒烟野蔓之間矣 指曰 某基祭宇也 內寢也 某所燕居之室也 某地射圃也 度粟之庫也 某址宴賓之樹也 閱樂之軒也 某墟擊毬戱馬之場也 某處郞僚吏候問之聽也 余俛仰寓目 悉得其豪華故迹也 嗟夫 人事難常 盛衰代謝 此自古所同然 而雖聖智不得免者 當平城公之盛時 手扶日轂 以躋黃道 俾東土數千里跂行啄息 得出塗炭之中 其豐功偉烈 固在於宗社生民 而富貴榮耀 所以酬其勞者 亦極其欲 其臺館棟宇之佚其身 歌鍾綺羅花竹之娛其耳目 與夫賓友門生故吏之填隘乎門屛 四方列嶽之以禮饋送者 比諸漢霍光張安世 無軒輊焉 方其擁趙女 聽吳歈 酌羽觴 而看舞曲旈之時 豈知百年之後 田廬荒廢 臺閣焚夷 孑然裔孫 衰替爲編戶 不能保一畝宮也 富貴之不可恒 而榮耀之不可恃也如此 今之君子 奈何不以爲戒 愛權位而戀寵利 身無平城之公 以欲享平城之樂 自以爲可保久長者 不亦愚哉 主人請以斯語 文之不朽 漫錄而歸之云

유허지 답사기(遺墟趾踏査記)

後孫 鍾建

甲山 主嶺이 쭉 뻗어 내려 吐한 精氣를 받아 펼쳐진 벌을 도도한 漢江이 감싸고 굽어 휘돌아간 名堂은 京畿道 南楊州郡 瓦阜邑 陶谷里, 이곳에 忠烈公 諱 元宗의 遺墟址가 있다. 이 마을을 가리켜 궁말(宮村)이라 지금까지 傳하여 부르고 있다.

지금은 촌락과 전답으로 변하였으나 동학(洞壑)을 굽이 돌아와 떨어지는 줄기찬 瀑布의 언덕 위에 있었든 樓閣의 축대는 자연석으로 짜임새 있게 쌓아 돌린 옛 자취가 완연하였다.

忠烈公은 宗室과 國戚이 연면한 累代의 名門世族인 順天朴氏 昭襄公 諱 仲善의 一男七女로 世祖十三年(1467)에 태어나시어 成宗十七年(1486)에 武科에 及第하시고 宣傳官·內乘으로 오랫동안 임금을 扈從하셨다. 여러번 遷職되어 平安道兵馬節度使로 나가 老母의 病으로 사직하여 돌아와 燕山朝말기 벼슬이 知中樞府事에 이르렀다.

부군께서는, 燕山君이 在位 十二年에 포악한 성질로 戊午·甲子의 士禍를 조성하여 많은 文物을 毁損하고 遊戲와 安樂으로 國政을 도외시하고 生母인 廢妃尹氏가 賜死된 事實을 알고부터는 더욱 난폭하여 백성들의 원성이 높아지고 國事가 어찌 할 수 없이 되어감을 보고 분연히 擧義할 뜻을 품고 成希顔 柳順汀과 密約하여 一五○六年 九月 二日 先峰에 서서 무모한 殺傷없이 燕山君을 廢位하고 晋城大君 懌을 옹립하니 바로 中宗이다.

擧事가 成功하자 나라 사람들이 모두 말하기를, "議論을 주장한 이는 반드시 朴令公일 것이다."
하였으며, 三公이 이어 政事를 보살피니 世上에서 三大臣이라 일컬었다. 中宗이 王位에 오르고 令公에게 靖國功臣 一等의 勳號를 내리고 議政府右議政을 除授하니 三公의 重任을 한갓 武夫가 맡을 바 아니라고 數三번 사양하고 不拜하니 不允하고 이어서 左議政 領議政을 除授할 때마다 글로써 간곡히 辭避하여도 中宗은,

"卿이 首相이 된 것은 國論이 돌아간 바인데 公이 반드시 사퇴하고자 하는 까닭을 寡人이 알지 못하겠소"
하니 令公께서 배명하셨다.

中宗은 令公을 常例와는 달리 禮遇하였으니 朝參에서 물러갈 때에는 門을 나선 후 모습이 보이지 아니하여야 자리에 돌아오고 或 病으로 朝衙에 不參하면 朝會를 폐하고 令公을 기다렸다. 令公은 이곳 陶谷里에 장차 隱居할 것을 決心하고 處所를 마련하니 고을 사람들이 宮이라 愛稱한 것이 지금까지도 그렇게 전하고 있다.

무릇 사람이 自己의 所以를 合理化하고 强辯하여 한번 얻은 勢利는 수단과 方法을 가리지 않고 立地를 고수하려는 것이 보통이거늘 슈公은 勳業을 다만
"국중의 논의에 따라 大義를 쫓았을 뿐이다."
하고 謙讓하며 항상 두려운 마음으로 국정에 임하고 공정무사 하셨으니, 權勢와 榮華를 사양한 英雄豪傑이 東西古今을 통하여 어디에 그 예가 있었으리 오.

슈公은 훤칠한 키에 風彩가 俊爽하여 그 威風儀度를 두려워하고 尊敬하며 性品이 溫和하여 바라보면 有德君子됨을 알 수 있었다. 齋家도 嚴重히 하여 婢妾이 허물이 있거나 人事請託이 있으면 비록 사랑하나 너의 취할 바가 아니라 책망하고 매를 때려 훈계하였고 사람을 천거하여 등용함에 있어서는 公正하였다고 史草에 기록되어 있다.

中宗二年(1507) 여름에 柳子光은 燕山朝에서도 대소 정사에 관여하여 戊午・甲子의 兩禍에 개입하여 횡포를 자행하더니 그의 타고난 기지로 反正 때 時流를 타고 靖國功臣의 반열에 올라서도 功臣됨을 기화로 專橫하므로 朝野가 子光을 論斥하니 子光이,
"나와 公은 모두 武人으로서 높은 벼슬에 올랐으므로 文士들이 좋아하지 않는 자가 많다. 입술이 없으면 이가 시린 법이니 내가 쫓겨나면 다음에는 슈公에게 화가 미칠 것이다."
하였다.

슈公은 웃으며 대답하기를,
"조야가 이를 간 지가 오래니 그대가 일찍 물러가지 않는 것이 한스럽다." 하니, 子光은 간담이 서늘하여 돌아갔다. 脚腫이 깊어 病이 무거워지자 中宗이 承旨를 보내어 하고 싶은 말이 있는가 물으니 일어나 앉아 謝禮하며 말하기를,
"主上께서 즉위한 지 五年에 크고 작은 政事에 정려하시니 무슨 할말이 있겠습니까 다만 人材를 아끼시기를 원할 뿐입니다."
하고 잠시 후 中宗五年(1510) 四月十七日 밤 四鼓에 卒하시니 壽는 四十四歲

다.

  令公께서 돌아가신 지 四百八十二年 영고성쇠는 가고 오며 輪廻하는 것에 불과한 世俗인가 당세의 영화의 상징이던 궁말(宮村)의 잡초소삼한 빈터에 서니 令公의 인자하신 성음을 대한 듯 만감이 교차한다. 돌이켜 보건대 한때의 권세가 禍를 自招한 根源이 되기도 하였으나 오늘날 後末의 繁衍함이 令公의 蔭德이니 머리 숙여 공의 명복을 빌며, 또한 久遠蒼蒼 後裔의 복경을 빌면서 무거운 발길을 돌린다.

                              一九九二年 十月 三日「開天節」
                                 順天朴氏中央宗親會會長

수먹먹요(首墨墨謠)

每伊斁可 每伊斁可
首墨墨
— 龍天談寂記 —

해석 : 매이역가[1] 매이역가
수먹먹[2]

---

1) 역(斁)자는 중종의 휘(諱)가 역(懌)이므로 동음(同音)인 데서 매이역가는 中宗이 다음 왕으로 可하다는 뜻이다.
2) 이때 反正勢力의 核心格인 朴元宗·成希顔·辛允武·朴永文 등이 모두 南山 아래 墨寺洞에 산다는 뜻이다.

평성부원군 박원종의 그림병풍을 소재로 한 八絕詩
(題平城朴元宗畵屛八絕)

거문고 끼고서 꽃길을 가니
족히 알괘라 홍에 겨운 곳
그 뉘 집에서 봄 구경가나
버드나무, 꽃 어우러진 곳에

芳逕步携琴
剩知乘興處
誰家別詩春
背柳穿花去

무아지경일레라 바둑두는 재미
세속의 정에는 초연하다오
승패엔 관심 없으니
알괘라 상산(商山)의 그 즐거움을

坐隱如坐忘
天遊空六鑿
輸籌已絶機
知有商山樂

구름 걷힌 하늘엔 은하수 비끼고
차가운 달빛은 이슬에 씻기운 듯
술잔 들어 저 달과 수작하려니
긴긴 가을 밤이 괜찮을레라

雲開河漢斜
露洗寒蟾影
擧酒欲酬渠
不妨秋夜永

매화 가지 꺾어서 손에 들고서
눈 쌓인 산골짜기 걸어가누나
패수교 위에서 시짓는 맛을
누워지낸 원안(袁安)이 어이 알리오

折得梅花枝
山磧踏雪過
尋詩霸水橋
何似袁安臥

살찌고 기운넘치는 물소 한 마리
초원의 즐거움 겨워하누나

물성이란 원래 자유가 좋아
그 소 그대로 두게나 그려

鳥犍肥欲驕
更得平坡樂
物性要自由
勞渠且勿角

어미 소는 송아지 핥아주고
어린 목동 부시시 잠에서 깨네
가을이라 맑은데 한가로운 목동
석양 볕 받으며 피리 부누나

老牸舐犢兒
草童睡初起
秋淸野牧閑
弄笛斜陽裏

할아버지 소등 타고 아이는 끌고
집채같이 쌓인 눈 뒤로하고 가네.
길 막혀 소마저 나가지 못해
차가운 날씨 털은 고슴도치

翁騎兒自牽
翁背雪如屋
路澁牛不前
天寒毛蝟縮

한가로이 노니는 저기 저 소를
행여 채찍 쳐서 일으키지 말게나
등위에 타고 노는 어린 아이 놀라
무아지경 즐거움 잃을까 싶네.『이락정집(二樂亭集)』

牛臥政閑閑
莫敎鞭打起
恐驚背上兒
夢失華胥氏

대제학(大提學) 이락정(二樂亭) 고령(高靈) 신용개 (申用漑) 작(作)
民族文化推進會 專門委員 文學博士 金圻彬 謹譯

題平城 朴 元 宗 畵屛八絶

芳逕步携琴剩知乘興處誰家別詩春背柳穿花去
坐隱如坐忘天遊空六鑿輪轟已絶機知有商山樂
雲開河漢斜露洗寒蟾影擧酒欲酬渠不妨秋夜永
折得梅花枝山磧踏雪過尋詩需水橋何似袁安臥
鳥犍肥欲驕更得平坡樂物性要自由勞渠且勿角
老牸舐犢兒草童睡初起秋淸野牧閑弄笛斜陽裏
翁騎兒自牽翁背雪如屋路澁牛不前天寒毛蝟縮
牛臥政閑閑莫敎鞭打起恐驚背上兒夢失華胥氏

조선왕조실록 충렬공관계기사(朝鮮王朝實錄 忠烈公關係記事)

성종실록(成宗實錄)

17년 11월 2일(계묘)

전교하기를,
"신종호(申從濩)·박원종(朴元宗)·윤탕로(尹湯老) 등의 경연(慶宴)에 모두 악(樂) 3등을 내려주고, 또 신종호에게는 술을 내려 주라."
하였다.

21년 8월 27일(정미)

영돈녕(領敦寧) 이상(以上)과 정부(政府)·병조 당상(兵曹堂上), 변방 일을 아는 무신 재상(武臣宰相) 등이 빈청(賓廳)에 나아가 장래(將來)의 장수(將帥) 27인을 뽑아서 아뢰니, 병조(兵曹)에 전지(傳旨)하기를,
"이제 장래(將來)의 장수(將帥)로 간택(揀擇)한 훈련원 부정(訓鍊院副正) 이영희(李永禧), 전(前) 부사(府使) 김수정(金守貞), 사직서 령(社稷署令) 권중신(權仲愼), …… 충훈부 경력(忠勳府經歷) 윤탕로(尹湯老), 훈련원 첨정(訓鍊院

斂正) 박원종(朴元宗), 선전관(宣傳官) 홍지(洪祉), …… 선전관(宣傳官) 정홍손(鄭洪孫)·장정(張珽), 전(前) 평사(評事) 유순정(柳舜汀), 정언(正言) 유빈(柳濱) 등은 혹 변방(邊方)의 수령(守令)을 제수하고, 혹 변장(邊將)의 막료(幕僚)로 차견하며, 혹 대신(大臣)이 순변(巡邊)할 때에 대행사(帶行使)로 하여서 변사(邊事)를 갖추어 알고 그 재능을 성취하게 하라."
하였다.

22년 3월 25일(신축)

임금이 모화관(慕華館)에 나아가 무신(武臣)의 재주를 시험하게 하였는데, 기사(騎射)·격구(擊毬)·삼갑사(三甲射)를 하도록 하였다. 우등을 차지한 이세준(李世俊)·박원종(朴元宗)에게 활과 화살을 내려 주었다.

23년 8월 7일(을사)

박원종(朴元宗)을 통정 대부 동부승지(同副承旨)로 삼았다. 【사신(史臣)이 논평하기를, "박원종(朴元宗)은 월산 대군(月山大君) 부인의 동생인데, 월산이 아들이 없어 박원종을 친동생처럼 사랑하였다. 임금이 월산 대군이 일찍 돌아간 것을 슬퍼하여 박원종을 탁용(擢用)하여 승지로 삼으니, 대간은 박원종이 연소한 소년(少年)으로 후설(喉舌)의 직임에 합당하지 않다고 합문(閤門)을 지키면서 논청(論請)하였다. 좌부승지 신수근(愼守勤)이 동렬(同列)에게 농담으로 말하기를, '대간이 비록 고생스럽게 간쟁하더라도 승평 부부인(昇平府夫人 : 월산대군부인)이 내전(內殿)에 건재한다.' 하였다. 뒤에 대간이 조정에 널리 의논하기를 청하였는데, 육조와 한성부(漢城府)에서는 모두 대간이 논계한 것과 같이 의논하였으나, 영의정 윤필상(尹弼商)과 좌의정 노사신(盧思愼)은 친척이라고 하여 사양하고 의논에 참여하지 않았고, 처음 정부에서 논박하던 날도 자신은 친척의 혐의가 있다 하여 참여하지 않았으므로, 우의정 허종(許

琮) 혼자서만 그 의논을 주장하였다. 윤필상은 박원종의 처부(妻父)인 윤인(尹遴)의 먼 친족이고, 노사신은 박중선(朴仲善)의 표형(表兄 : 외사촌형)으로 모두 복(服)이 없어 피혐하지 않아도 되는 친척이었다." 하였다.】

23년 8월 8일(병오)

의정부(議政府)에서 아뢰기를,
"동부승지(同副承旨) 박원종(朴元宗)은 재주는 쓸 만하나 일에 익숙하지 못한 사람입니다. 승지(承旨)는 시험삼아 할 수 있는 직임이 아니니, 치사(治事)를 두루 시험해 본 뒤에 맡기더라도 늦지 않습니다."
하니, 전교하기를,
"박원종은 일찍이 내승(內乘)이었고 응대(應對)를 잘하며, 또 장수의 재질이 있어 조정의 전장(典章)을 연습시키려고 쓴 것일 뿐이다."
하였다.

23년 8월 8일(병오)

사헌부 장령(司憲府掌令) 양희지(楊熙止)가 와서 아뢰기를,
"후설(喉舌)의 직임은 관계되는 바가 지극히 중요하니, 박원종(朴元宗)과 같이 연소(年少)하고 경험이 없는 사람을 하루아침에 갑자기 중임에 제배(除拜)하는 것은 다른 사람들의 이목(耳目)을 놀라게 합니다. 청컨대 체직(遞職)시키소서."
하였으나, 들어주지 않았다.

23년 8월 9일(정미)

사간원 정언(司諫院正言) 최세걸(崔世傑)이 와서 아뢰기를,

"박원종(朴元宗)은 배우지를 않아 아는 것이 없는 데다가 비록 무과 출신(武科出身)으로 위계(位階)가 3품에 이르렀다고는 하나 한 번도 일을 다스리는 직임을 거치지 않았는데 갑자기 승지(承旨)에 제수하시니, 후설(喉舌)의 직임을 시험하는 자리로 만들어도 되는 것입니까? 청컨대 체직(遞職)시키소서."
하였으나, 들어주지 않았다. 사헌부 장령(司憲府掌令) 양희지(楊熙止) 또한 아뢰니, 임금이 이르기를,

"내가 박원종으로 하여금 조정의 전장(典章)을 익히게 하려고 이 직임을 제수하였으니, 어진가 어질지 못한가를 보아 어질면 맡기고 그렇지 못하면 체직시키겠다."
하였다.

23년 8월 10일(무신)

사간원 대사간(司諫院大司諫) 안호(安瑚) 등이 차자(箚子)를 올리기를,
"정원(政院)은 바로 옛날의 납언(納言)으로서 안으로는 육조(六曹)로부터 밖으로는 여러 도에 이르기까지 모든 기무(機務)를 관장하지 않는 것이 없으니, 그 임무가 지극히 중요합니다. 그런데 박원종(朴元宗)은 문자도 해득하지 못하는 어리고 무식한 사람으로 사류(士類)에 끼이지도 못하며, 그가 주로 하는 일도 말달리고 격구(擊毬)하는 것 등에 불과합니다. 그가 역임한 바로는 선전관(宣傳官)이나 훈련원(訓鍊院)뿐이었는데, 이번에 갑자기 후설(喉舌)의 직임에 올려 어진 이들이 진출할 길을 방해하니 명이 내려지던 날 조정의 의논이 분분하고 시정(市井)의 의논도 비등했습니다. 성상께서는 박원종을 장수로 선발하기 위하여 정원에 두고 조정의 전장(典章)을 익히게 하려 한다고 하십니다만, 그렇다면 전하께서는 정원을 사람을 시험하는 자리로 생각하십니까? 전일 정원에 발탁되어 들어온 사람 중에는 혹 외척[戚里]도 있었고, 초방(椒房)도 있었고, 혹 무인(武人)도 있었는데, 그 선발이 이때부터 가볍게 되었습니다. 그러나 공론에 불합하기가 박원종과 같은 자는 없었습니다. 청컨대 속

히 성명(成命)을 거두시어 여정(輿情)을 쾌하게 하소서."
하니, 어서(御書)로 이르기를,
"문무(文武)를 아울러 등용하는 것은 장구한 치도(治道)이다. 인물의 어질고 어질지 못함은 내 안목에 있으니, 그대들이 미리 논할 일[預論]이 아니다."
하였다.

23년 8월 10일(무신)

사헌부 대사헌(司憲府大司憲) 김제신(金悌臣)이 차자(箚子)를 올리기를,
"옛날 자로(子路)가 자고(子羔)를 비(費) 땅의 재(宰)로 삼으려 하자, 공자께서 '남의 자식을 버리겠구나' 하였는데, 해석하는 사람들이 '자고가 바탕은 훌륭하나 학문을 하지 않았기 때문에 급급하게 그로 하여금 백성을 다스리게 하는 것은 바로 그를 해치는 것이라'고 하였습니다. 비(費)는 작은 고을이고 재(宰)는 하찮은 관직인데도 공자의 말씀은 그러했거늘, 하물며 임금의 측근에 있는 지위로 기밀을 처리하는 자리인 후설(喉舌)을 담당할 자이겠습니까? 박원종(朴元宗)은 나이가 적고 성품이 교만하며, 그가 역임한 관직은 모두 일을 다스리는 관직이 아니었으며, 또 학문의 공력(功力)도 없는 단지 일개의 무부(武夫)일 뿐이니, 비록 훌륭한 자질을 타고났다 하더라도 어떻게 능히 사체(事體)의 마땅함을 알아서 출납의 직임을 감당하겠습니까? 만일 대강이나마 말을 할 수 있으니 충분히 일을 맡길 수 있다고 한다면, 옛날부터 지금까지 언어로 사람을 뽑았다는 말은 듣지 못했습니다. 장수의 재능이 있으니 가르쳐서 등용할 수 있다면, 또 하필 후설의 직임을 맡겨서 가르칠 것입니까?"
하였으나, 들어주지 않았다.

23년 8년 11일(기유)

사간원 대사간(司諫院大司諫) 안호(安瑚) 등이 와서 아뢰기를,

"신(臣) 등이 박원종(朴元宗)은 승지(承旨)에 적합하지 않다고 차계(箚啓)하니, 어서(御書)로 이르시기를, '인물의 어질고 어질지 못함은 내 안목에 있으니, 그대들이 미리 논할 일[預論]이 아니다'고 하셨는데, 어찌 신 등을 용렬하게 여기셔서 그러한 하교(下敎)가 계신 것이 아니겠습니까? 그런데도 뻔뻔스럽게 재직(在職)하기는 마음이 실로 미안하니, 청컨대 사직(辭職)하게 하소서."

하니, 임금이 승정원(承政院)에 묻기를,

"임금이 한 말[一言]을 하게 되면 신하(臣下)가 문득 노여워하여 사직하고자 하는데, 그러면 한 마디도 할 수 없단 말인가?"

하므로, 대답하기를,

"어서(御書)의 뜻은 사간원을 용렬하다고 한 것이 아닌데, 급급하게 사직하는 것은 아마도 옳지 못한 듯합니다."

하였다. 안호(安瑚) 등에게 전교하기를,

"내가 '예론(預論)한다'고 말한 것은 '참예(參預)한다'고 할 때의 '예(預)'란 뜻이 아니고, '미리 먼저 한다[預先]'라고 할 때의 '예(預)'란 뜻이다. 박원종(朴元宗)은 본래 허물이 없는데, 그 사람을 시험해보지도 않고 어질고 어질지 못한 점부터 거론하는 것은 곤란한 것이다. 그래서 말한 것인데, 경(卿) 등은 한 마디 말이라도 맞지 않으면 문득 사직(辭職)하고자 하는데, 이는 말세(末世)의 풍속이다. 경들은 말세의 임금으로 나를 대하는가? 모두 직임에 나아가도록 하라."

하였다.

23년 8월 11일(기유)

동부승지(同副承旨) 박원종(朴元宗)이 아뢰기를,

"신(臣)은 본래 능력이 없는 데다가 또 이력(履歷)까지 없으니, 어떻게 마땅히 외람되게 중임(重任)을 맡은 자리에 있을 수 있겠습니까? 청컨대 사직(辭

職)하게 하소서."
하였으나, 윤허(允許)하지 아니하였다.

23년 8월 11일(기유)

사헌부 대사헌(司憲府大司憲) 김제신(金悌臣) 등과 사간원 대사간(司諫院大司諫) 안호(安瑚) 등이 상소(上疏)하기를,

"맹자(孟子)가 말하기를, '좌우(左右)에서 모두 어질다고 하여도 만족할 수 없으며, 여러 대부(大夫)가 모두 어질다고 하여도 만족할 수 없으며, 온 나라 사람이 모두 어질다고 하여도 만족할 수가 없으며, 직접 살펴보고 참으로 어진 것을 본 다음에 써야 한다'고 하였는데, 대체로 임금이 어진 이를 등용(登用)하되 마치 부득이한 것처럼 한다는 것은 그 문제를 어렵게 여긴다는 뜻입니다. 지금의 승정원(承政院)은 곧 옛날의 납언(納言)입니다. 기형(機衡)을 담당하여 후설(喉舌)이 되니 일국(一國)의 정령(政令)과 만민(萬民)의 이해(利害)가 매인 곳이므로, 그 임무가 중하고 그 책임이 큽니다. 그러므로 박원종(朴元宗) 같은 자로 하여금 그 자리에 있도록 할 수는 없습니다. 박원종(朴元宗)은 일개 무부(武夫)일 뿐인데, 어떻게 신의(信義)있게 임금의 의견을 출납(出納)하며 현명하게 일을 아뢸 수가 있겠습니까? 이것은 다 박원종이 할 수 없는 것이고, 말할 수 있는 것은 다만 무재(武才)가 있다는 것뿐입니다. 무재가 있는 점을 취하였다면 변진(邊鎭)에 두는 것도 좋고 병관(兵官)에 두는 것도 좋습니다. 그런데, 하루아침에 후설(喉舌)의 자리에 두어, 기세가 교만해지고 뜻이 가득 차게 한다면 본래 있던 능력마저 없어지게 될 것이니, 그 일을 낭패시키지 않은 것만도 다행일 것입니다. 전하(殿下)께서는 '인물이 어질고 어질지 못함은 내 안목에 있다.'고 하셨습니다만, 전하(殿下)께서는 박원종을 어질고 그 직임(職任)을 감당할 수 있다고 여기십니까? 위로 공경 대부(公卿大夫)로부터 아래로 대간(臺諫)과 복례(僕隷)에 이르기까지 모두 어질지 못하다고 하는데, 전하께서만 어질다고 하시는 것은 무엇 때문입니까? 무릇 작상(爵賞)

이란 임금의 권병(權柄)이며 명위(名位)는 천하(天下)의 공기(公器)인데, 어떻게 함부로 주어서 나라 일을 그르치게 하여 후세(後世)에 웃음거리가 되게 할 수 있겠습니까? 전하의 총명(聰明)하심과 예지(睿智)로움은 백왕(百王)보다 뛰어나므로, 인물의 어질고 어질지 못함과 일의 옳고 그름에 대해서 통찰하지 않음이 없을 것인데, 대의(大義)로 단정을 내리지 않으시니, 신(臣) 등은 전하를 위해 애석하게 여깁니다. 삼가 바라건대, 속히 박원종의 직위를 바꾸어 조정(朝廷)의 기대에 답(答)해 주소서."
하였으나, 들어주지 아니하였다.

23년 8월 11일(기유)

김제신(金悌臣)과 안호(安瑚) 등이 합사(合司)하여 와서 아뢰기를,

"박원종(朴元宗)이 승지(承旨)에 적합하지 않음을 의정부와 대간(臺諫)이 모두 논계(論啓)하였으니, 공론(公論)이 됨을 알 수가 있습니다. 만약 다른 곳에 채용하여 할 수 있는가를 시험해 보는 것은 좋겠습니다만, 승정원(承政院)은 시험할 곳이 못됩니다. 박원종(朴元宗)은 현재 바야흐로 논박(論駁)을 당하고 있는데도 부끄러워할 줄을 알지 못하고 자리에 나가고 있으니, 이는 사체(事體)를 알지 못하는 자입니다."
하니, 전교하기를,

"온 나라 사람이 모두 옳지 않다고 하더라도 그 옳지 않음을 본 다음에 버리는 것이니, 나는 장차 박원종의 옳지 않은 점을 본 다음에 버리겠다."
하였다.

23년 8월 12일(경술)

사헌부 대사헌(司憲府大司憲) 김제신(金悌臣)과 사간원 대사간(司諫院大司諫) 안호(安瑚) 등이 상소(上疏)하여, 박원종(朴元宗)은 나이가 적고 무식하여

승지(承旨)가 될 수 없다고 극언(極言)하였으나, 들어주지 아니하였다. 대간(臺諫)이 아뢰기를,

"박원종은 한 가지의 경력도 없는데, 갑자기 당상(堂上)에 승진(陞進)되었으니, 이미 외람된 것입니다. 더구나 기밀(機密)한 곳을 박원종을 시험하는 장소로 삼는 것이 옳겠습니까? 모든 사람들이 한결같이 박원종은 옳지 않다고 말하는데, 전하(殿下)께서만 괜찮다고 하십니다. 신(臣) 등은 알 수가 없습니다만, 전하의 이번 일은 공적(公的)인 데서 나온 것입니까, 사적(私的)인 데서 나온 것입니까? 이는 사책(史冊)에 기록하여 후세(後世)에 비난을 남길 수가 없는 것입니다."

하니, 전교하기를,

"경(卿) 등이 박원종을 등용한 것을 가지고 사심(私心)에서 나온 것이라고 하는 것은 반드시 박원종이 월산 대군(月山大君)의 부인(夫人)의 동생이라고 하여 그렇게 말했을 것이다. 그러나 이보다 앞서서도 무인(武人)으로서 승지(承旨)가 된 자가 많았는데, 어찌 다 친속(親屬)이었겠는가?"

하였다. 대간이 또 아뢰기를,

"전하께서 사람을 임용하시는 것이 어찌 사은(私恩)에서 나왔겠습니까? 그러나 외인(外人)은 모두 박원종을 발탁하여 쓴 것을 가지고 월산 대군 부인 때문이라고 합니다."

하니, 전교하기를,

"전에 무인으로 승지를 삼은 적이 많았었는데도 논박(論駁)하는 자가 없었는데, 이번에 박원종에 대해서만 불가(不可)하다고 하는 것은 무엇 때문인가?"

하므로, 대간이 아뢰기를,

"무인으로 승지를 삼은 것은 조종의 고사(故事)가 아닙니다. 그 당시 신(臣) 등은 대간에 있지 아니하였으므로, 논박했는지에 대해서는 알 수가 없습니다만, 조종 때에는 그 임무(任務)를 중하게 여겼으므로 임용한 사람은 모두 적임자였습니다. 그런데 무인을 쓴 이후로 많은 사람이 그 직책에 어울리지 아니

하여 그 직임(職任)이 비로소 가볍게 되었습니다."
하니, 전교하기를,

"경(卿) 등은 내가 월산대군 부인 때문에 박원종을 등용한 것이라고 하고, 또 무신으로 승지를 삼은 것은 조종조(祖宗朝)의 고사(故事)가 아니라고 하나, 나의 생각으로는, 이번에 박원종을 시험하여 어질면 쓰고 어질지 못하면 마땅히 버릴 것이다. 영돈녕(領敦寧) 이상과 의정부(議政府)·육조(六曹)·한성부(漢城府)를 불러 의논토록 하라."
하였다. 이극배(李克培)·신승선(愼承善)·정숭조(鄭崇祖)·이봉(李封)·권건(權健)·신종호(申從濩)·김극유(金克忸)·김수손(金首孫)은 의논하기를,

"무릇 사람을 씀에 있어서 비록 쓸 만한 재능이 있다고 하더라도 반드시 중외(中外)에 고루 시험하여 재능과 기량(器量)을 성취시켜서 인망(人望)에 흡족하게 된 다음에 들어서 쓰게 되면, 거의 사람의 귀를 놀라게 하지 않을 것입니다. 지금 박원종은 환경이 좋은 집안에서 생장(生長)하였고 또 나이가 적어서 조정(朝廷)의 전장(典章)에 익숙하지 못합니다. 비록 활쏘고 말타는 재주가 있다고 하더라도 전공(戰功)을 세운 공로(功勞)도 없는데, 하루아침에 후설(喉舌)의 자리에 두었으므로, 의정부와 대간이 모두 불가(不可)하다고 하였으니, 그 물망(物望)에 흡족하지 못함을 알 수가 있습니다. 우선 다른 직위(職位)에 시험하여 그 기량을 성취시키고 인망을 얻은 다음에 임용하여도 늦지 않을 것입니다."
하고, 송영(宋瑛)·김여석(金礪石)·이집(李諿)은 의논하기를,

"신(臣) 등은 박원종과 나이도 비슷하지 않고 또 함께 일도 해 보지 아니하였으므로, 그 사람됨은 알지 못합니다. 다만 그의 나이가 아직 젊고 또 경력도 없으니, 다른 직임에 고루 시험한 다음에 임용하여도 늦지 않을 것입니다."
하고, 윤효손(尹孝孫)은 의논하기를,

"신(臣)은 외방(外方)에 오래 있었으므로, 박원종의 사람됨을 알지 못합니다. 그러나 지금 의정부(議政府)와 대간(臺諫)이 모두 불가(不可)하다고 하니, 이는 자연 공론(公論)이 있는 것입니다. 또 들으니, 박원종은 나이가 적다고

하니, 우선 고루 시험한 다음에 승진시켜 쓰더라도 늦지 않을 것입니다."
하고, 이숙감(李淑瑊)·김무(金碔)·권경우(權景祐)는 의논하기를,

"박원종에게 장수(將帥)의 재능이 있다면 진실로 마땅히 초천(招遷)시켜야 할 것입니다. 그러나 승정원(承政院)은 조정(朝廷)에서 신중하게 선발(選拔)하는 곳이지, 할 수 있는가를 시험하는 곳은 아닙니다. 우선 다른 관직(官職)에 고루 시험한 다음에 임용하는 것이 좋겠습니다."

하였는데, 전교하기를,

"여러 의논이 다른 관직에 고루 시험한 다음에 임용하자고 하는데, 다른 관직이란 과연 어떠한 관직을 말하는지 알지 못하겠다. 이보다 앞서서 나이가 적은 자가 승지(承旨)에 제수된 적이 있으니, 물어보도록 하라."

하였다. 이극배(李克培) 등이 아뢰기를,

"박원종이 나이가 적기 때문에 쓸 수 없다는 것이 아니라, 그가 경력(經歷)한 것이 오직 훈련원(訓鍊院)·내승(內乘)·선전관(宣傳官)인데, 훈련원은 활쏘고 말타는 것뿐이고, 내승은 말을 기르는 것뿐이며, 선전관은 명(命)을 전할 뿐이니, 모두 일을 다스리는 곳이 아니기 때문입니다. 또 이보다 앞서서도 나이 젊은 승지(承旨)가 비록 있기는 하였습니다만, 그러나 반드시 그 재능과 기량(器量)이 어떠한가를 보고서 임명한 것이니, 일률적으로 논(論)할 수는 없는 것입니다. 오늘 모여서 의논한 재상이 한 사람이 아니고 대간도 한 사람뿐이 아닌데, 모두가 불가(不可)하다고 하니, 그 공론(公論)을 알 수가 있습니다. 더구나 승정원은 시험하는 곳이 아니니, 만약 그것이 예(例)가 된다면 아마도 승정원(承政院)의 비중이 그로 해서 가볍게 될 것입니다. 청컨대 신 등의 말을 가납(嘉納)해 주소서."

하니, 전교하기를,

"경(卿) 등이, 재능과 기량에 따라서 쓴다고 하였는데, 박원종이 승지에 적합하지 못한 것은 어떤 일인가?"

하므로, 모두가 대답하기를,

"신 등은 박원종을 끝내 쓸 수 없다는 것이 아니라, 박원종의 나이는 금년

에 26세이고 아직 일에 익숙하지 못합니다. 승지(承旨)가 비록 각각 한 방(房)을 담당하고 있다 하나 기무(機務)가 매우 많으니, 결코 시험해 보는 장소가 아닙니다. 청컨대 다른 직임(職任)에 시험하여 5, 6년 동안 기한하여 성취(成就)하게 한 다음에 임용하여도 늦지 않을 것입니다. 지금 여러 의논이 모두 불가(不可)하다고 하니, 이는 반드시 그만한 뜻이 있는 것입니다."
하였으나, 들어주지 아니하였다. 이어 승정원(承政院)에 나이 젊은 자로서 승지에 제수된 사실을 물으니, 승정원에서 서계(書啓)하기를,
"임사홍(任士洪)은 27세였고, 권건(權健)은 25세였습니다."
하니, 또다시 권건의 이력(履歷)을 기록하여 아뢰라고 하였다.

23년 8월 13일(신해)

동부승지(同副承旨) 박원종(朴元宗)이 사직(辭職)하였으나, 허락하지 아니하였다.

23년 8월 13일(신해)

대간(臺諫)이 합사(合司)하여 와서 박원종을 승지(承旨)에서 개차(改差)시킬 것을 아뢰었으나, 들어주지 아니하였다.

23년 8월 14일(임자)

의정부(議政府)에서 아뢰기를,
"전일(前日)에 재상(宰相)이 모두, '박원종은 마땅히 다른 관사(官司)에 기용(起用)하였다가 일에 익숙해진 다음에 승지에 제수해야 한다'고 말하였으나 전하(殿下)께서는 들어주지 아니하였습니다. 신(臣) 등이 물러나와서 생각해 보니, 승정원은 시험하는 장소가 아닙니다. 청컨대 다른 관사에 임용(任用)하

였다가 어질면 승지로 삼는 것이 좋을 것 같습니다. 박원종 한 사람을 쓰는 것은 해가 없을 듯도 합니다만, 말류(末流)의 폐단은 아마도 감당하기 어려울 듯합니다."
하니, 전교하기를,

"사람을 쓰는 도리는 비록 친척이라고 하더라도 피혐(避嫌)을 않는 것인데, 더구나 박원종은 친척도 아니지 않는가? 무릇 사람은 관직(官職)에 임명된 다음이라야 그 일을 배울 수가 있는 것인데, 지금의 승지가 처음부터 어떻게 사리(事理)를 다 알았겠는가? 이보다 앞서서도 무신(武臣)으로서 승지가 된 예가 있었는데, 이번에는 이렇게 야단들이니, 임금이 어떻게 사람을 쓸 수 있겠는가? 내가 정승(政丞)의 말에 대해서 어떤 일을 들어주지 아니하였던가? 다만 사람을 쓰는 문제에 있어서는 그럴 수가 없다는 것이다."
하였다.

23년 8월 14일(임자)

대간(臺諫)이 와서 아뢰기를,

"박원종의 일은 온 조정(朝廷)에서 모두 불가(不可)하다고 하는데, 전하(殿下)께서 여러 의논을 배격(排擊)하시고 사정(私情)을 따르시어 스스로 현명하게 여기시고 스스로 임용(任用)하시니, 나라의 위망(危亡)은 반드시 여기에서 말미암게 될 것입니다. 그리고 신(臣) 등이 고집(固執)하기를 마지 않는 것은 바로 그 때문입니다. 또 박원종은 대간들이 논박(論駁)하고 있는 때에도 뻔뻔스럽게 나와 앉아서 조금도 꺼리는 태도가 없으니, 만약 그 마음에 조금이라도 지식이 있다면 진퇴(進退)에 있어서 그렇게 심하도록 어두울 리가 있겠습니까? 전하(殿下)께서 박원종 한 사람을 임용하면서 이미 사람을 쓰는 도리를 잃었고, 또 간언(諫言)을 거절하는 이름을 얻게 되었으니, 임금의 실수가 이보다 더 큰 것이 어디에 있겠습니까?"
하니, 전교하기를,

"박원종의 출사(出仕)는 내가 명한 것이다. 그리고 사정(私情)을 따랐다는 말은 무슨 말인가?"
하므로, 대간이 아뢰기를,

"박원종은 척리(戚里)의 소신(小臣)인데, 전하께서 여러 의논을 배격하고 반드시 그를 쓰고자 하시니, 그것이 사정이 아니겠습니까? 그리고 당초 의정부(議政府)에서 논계(論啓)할 적에 영의정(領議政) 윤필상(尹弼商)은 박원종의 먼 족척(族戚)이므로, 법으로 피혐(避嫌)하지 아니하여도 되는데 피혐하였으니, 박원종은 임용할 수가 없다고 생각하였으나, 아마도 성상(聖上)께서 박원종을 임용하겠다는 뜻에 어긋날까 염려하는 한편, 중론(衆論)에 위배될까 하여 발언(發言)하기가 곤란하므로 인혐(引嫌)하여 의도적으로 피한 것이니, 대신(大臣)의 도리가 진실로 그러한 것입니까? 좌의정(左議政) 노사신(盧思愼)은 박원종과 이성(異姓)의 오촌(五寸)이므로 법으로 피혐할 필요가 없는데 피혐하였으니, 청컨대 아울러 국문하게 하소서."
하니, 임금이 말하기를,

"그것은 이른바 성문(城門)에 불이 나자 그 앙화(殃禍)가 연못의 고기에 미치게 되었다는 것이다. 나 때문에 두 정승(政丞)을 추국(推鞫)해서야 되겠는가?"
하므로, 대간이 아뢰기를,

"박원종이 승지에 적합하지 않음은 온 조정에서 다른 이론(異論)이 없는데, 전하께서 들어주지 않으시니, 비단 나라 일을 그르칠 뿐만이 아니라 반드시 후세(後世)에 비난을 남기게 될 것입니다. 모르긴 하겠습니다만, 전하께서는 박원종에게 어떤 점을 취하여 그러시는 것입니까? 만일 장수의 선발에 뽑혔기 때문이라면 장수의 선발에 해당되는 사람은 모두 다 승지가 될 수 있단 말입니까? 더구나 승정원(承政院)은 장수를 기르는 곳이 아니지 않습니까?"
하니, 전교하기를,

"사람을 옳게 알아보는 것은 명철(明哲)한 것이므로, 요제(堯帝)같은 이도 어렵게 여겼었다. 옛날 요(堯) 임금이 곤(鯀)을 등용하여 능력을 시험하였는데 업적이 이루어지지 않자 그제서야 벌을 내렸다. 내가 박원종을 등용함에 있어서도 잘하지 못함이 있으면 반드시 버릴 것이다."

하므로, 대간이 아뢰기를,

"신(臣) 등이 박원종을 논박(論駁)한 것이 하루가 아니었는데, 윤허(允許)를 받지 못하였습니다. 이는 신 등이 충실하지 못하여 성상(聖上)의 마음을 돌이키지 못한 것이니, 어찌 뻔뻔스럽게 그대로 재직(在職)할 수 있겠습니까? 사직(辭職)하기를 청합니다."

하니, 전교하기를,

"경(卿) 등의 말도 진실로 옳으며, 내가 박원종을 쓰다가 잘하지 못하면 마땅히 버려야 하는 것도 옳은 것이다. 임금과 신하는 제각기 그 뜻을 행하는 것이 좋은 것이니, 사직하지 말라."

하였다. 대간이 아뢰기를,

"옛말에, '「내가 임금이 된 것을 좋아함이 아니다. 오직 말을 함에 있어 나의 뜻을 거역하지 말라」고 하였으니, 한 말로 나라를 망치는 데 이르지 않겠는가?' 하였는데, 옛부터 나라를 망치는 것은 사실상 간언(諫言)을 거부하는 데 있었습니다. 지금 신 등은 박원종과 양립(兩立)할 입장이 못되니, 만약 박원종을 체임시키지 않는다면, 청컨대 신 등을 체임시켜 주소서."

하니, 전교하기를,

"내가 이 말을 들으니, 마음속으로 경악(驚愕)함을 금하지 못하겠다. 박원종이 만약 소인(小人)의 행위를 하였다면 경 등이 양립할 형세가 못된다고 할 수 있겠지만, 박원종은 아직 조금도 일을 경험한 적이 없는데, 그런 말을 하는 것은 마땅치가 않다."

하였는데, 대간은 사직장(辭職狀)을 올리고 물러갔다.

23년 8월 15일(계축)

명하여 대간(臺諫)을 불러서 직임(職任)에 나아가게 하였다. 대간이 아뢰기를,

"지금 성상(聖上)의 하명(下命)을 받았으니 감히 직무에 나아가지 않겠습니까? 다만 신(臣) 등이 아뢴 것을 우악(優渥)하게 받아들여 주소서."
하니, 전교하기를,
"박원종은 쓸 만한 사람이므로 들어주지 않는 것이다."
하였다.

23년 8월 15일(계축)

사헌부 대사헌(司憲府大司憲) 김제신(金悌臣) 등과 사간원 대사간(司諫院大司諫) 안호(安瑚) 등이 상소(上疏)하기를,
"옛날 제왕(帝王)으로 간언(諫言)을 들어 흥(興)하지 않은 이가 없었고, 간언을 물리치고 망하지 않은 이가 없었습니다. 그러므로 성탕(成湯)은 간언을 따르기를 주저하지 아니하였으며, 허물 고치기를 인색하게 하지 아니하였으므로, 상(商)나라 6백 년의 기업(基業)을 열어놓았던 것입니다. 그러나 후세(後世)의 사왕(嗣王)은 간언을 물리치고 그릇된 것을 옳다고 우기며 오만스럽게 스스로 성군(聖君)인 체하다가 마침내 망하게 되었으니, 그 사실들이 간책(簡策)에 갖추어져 있어서 충분히 감계(監戒)가 될 만합니다.
전하(殿下)께서는 타고난 자질(資質)이 고명(高明)하고 학문(學問)이 정박(精博)하므로 치란(治亂)과 흥망(興亡)의 기미(機微)에 대하여 환하지 않음이 없으시니, 어찌 신(臣) 등의 어리석은 말이 필요하겠습니까? 그러나 이번에 박원종(朴元宗)을 갑자기 발탁함에 있어서는 의정부(議政府)나 대간(臺諫)이 모두 불가(不可)하다고 하였으니, 공론(公論)이 이미 정해진 것으로, 마땅히 믿을만한 것인데도 전하께서는 들어주지 않으셨습니다. 또다시 육조(六曹)·한성부(漢城府)·영돈녕(領敦寧) 이상에게 물어보았으나, 모두 옳지 않다고 하였으니, 더욱 믿을 수가 있는 것인데도 전하께서는 독견(獨見)으로 단정을 내리시고 굳이 공의(公議)를 막으시니, 공자(孔子)가 말한 바, '「오직 말을 함에 있어 나의 뜻을 거역하지 말라」는 한 마디 말이 나라를 망하게 한다'고 한

데에 가깝지 않겠습니까? 대체로 사람의 기국(器局)은 둥글고 모나고 크고 작은 차이가 있고, 관사(官司)의 직임(職任)은 어렵고 쉬움과 한가하고 급한 차이가 있는 것입니다. 그러므로 그 재주와 능력을 헤아려서 각각 그 용도에 알맞게 하는 것이 임금의 도리입니다. 박원종은 배우지 아니하여 무식한 자인데, 승정원(承政院)에 있어서 인품과 기량이 과연 서로 어울리겠습니까? 전하께서 사위(嗣位)하신 이후로 간언(諫言)을 따르시기를 마치 미처 못 따라가는 것처럼 하셨고, 선(善)함을 받아들이시기를 마치 둥근 것을 굴리는 것처럼 하셔서 애써 좋은 의견을 받아들이신 것이 20여 년이 되었는데, 뜻밖에도 오늘날에 와서 온 조정에서 모두 불가(不可)하다고 아뢰었으나 전하께서 굳이 거부하시기를 이렇게 심하게 하십니까? 옛날에 당(唐)나라 태종(太宗)이 시신(侍臣)에게 묻기를, '어떤 것이 명군(明君)이며, 어떤 것이 암군(暗君)인가?' 하니, 위징(魏徵)이 대답하기를, '임금이 현명(賢明)하게 되는 것은 여러 사람의 의견을 겸하여 들어주기 때문이고, 암군(暗君)이 되는 것은 치우치게 사심(私心)을 따르기 때문입니다.' 하였습니다. 전하께서 어찌하여 박원종 한 사람을 아껴서 치우치게 사심을 따르는 잘못을 취하여 여러 사람의 의견을 겸해서 들어주는 덕(德)에 누를 끼치십니까? 신들은 삼가 성상의 현명함을 위하여 애석하게 여깁니다."
하니, 전교하기를,
"무릇 사람은 써 본 다음이라야 그 어질고 어질지 않음을 알 수 있는 것이다. 나는 승정원은 근밀(近密)한 곳으로서 나의 좌우(左右)에 출입(出入)하고 있으니, 그 어진 점을 알아볼 수가 있으므로 등용한 것이다."
하였다.

23년 8월 15일(계축)

박원종(朴元宗)이 아뢰기를,
"신(臣)이 성상(聖上)의 하교(下敎)를 받고 부득이하여 직임에 나아가고 있습니다만, 지금 대간(臺諫)의 논박(論駁)이 이와 같으니, 신은 실로 미안합니다."
하니, 전교하기를,
"직임에 나아가지 않으면 안 된다. 만약 직임에 나아가지 않는다면 나는 마땅히 명을 따르지 않는 것으로 죄줄 것이다."
하였다.

23년 8월 16일(갑인)

대간(臺諫)이 와서 아뢰기를,
"박원종(朴元宗)이 승지(承旨)가 되는 것을 대간과 의정부(議政府)에서 모두 불가하다고 하였으니, 이는 여항(閭巷)의 소민(小民)이라고 하더라도 오히려 놀랄 일인데, 전하께서만 쓸 수 있다고 하시니, 간언(諫言)을 거부하심이 너무 심합니다."
하였으나, 들어주지 아니하였다. 대간이 글을 올려 사직(辭職)하기를,
"맹자(孟子)가 말하기를, '말할 직책(職責)에 있는 자가 말하는 직무를 수행할 수 없으면 떠난다.'고 하였습니다. 신(臣) 등이 박원종은 승지가 될 수 없음을 극론(極論)하면서 글을 올리고 대궐을 지킨 것이 이미 6일이나 되었습니다만, 전하께서 굳이 거부하시고 받아들이지 않으시니, 이는 진실로 신 등이 용렬하여 성상의 마음을 바로잡을 수가 없기 때문입니다. 인원수(人員數)나 채우고 외람되게 있는 것은 마음이 매우 미안합니다."
하였으나, 들어주지 아니하였다.

23년 8월 17일(을묘)

홍문관 부제학(弘文館副提學) 안침(安琛) 등이 차자(箚子)를 올리기를,
"삼가 듣건대, 현명(賢明)한 임금은 관직(官職)을 위해서 사람을 선택한다고

하였지, 사람을 위해 관직을 선택한다는 말은 듣지 못하였습니다. 더구나 승지(承旨)는 후설(喉舌)을 담당하는 직분이니, 그 선발은 더욱 중한 것입니다. 이번에 박원종(朴元宗)을 승지(承旨)로 삼은 데 대해서 의정부(議政府)와 대간(臺諫)이 모두 불가(不可)하다고 하였고, 또 널리 대신(大臣)과 육조(六曹)에 물어보았으나 옳다고 말하는 자가 없었는데, 전하께서는 여러 사람의 의견을 어기시고 독단(獨斷)하셨습니다. 대간이 그로 인하여 두세 차례 사직(辭職)하였으나 돌보지 않으시니, 신(臣) 등은 전하께서 박원종 한 사람에게 사심을 두어 이렇게까지 간언(諫言)을 거부할 줄 미처 생각하지 못하였습니다. 무릇 의정부와 육조는 전하의 팔과 다리와 같은 것이고, 대간은 전하의 귀와 눈과 같은 것이며, 공의(公議)는 나라의 원기(元氣)와 같은 것입니다. 어떻게 팔과 다리를 버려두고 귀와 눈을 막으며 원기를 끊어버리고서 원수(元首)가 홀로 편할 리가 있겠습니까? 신(臣) 등은 삼가 전하를 위해 한심하게 여깁니다."
하였으나, 들어주지 아니하였다.

23년 8월 17일(을묘)

대간(臺諫) 등이 서계(書啓)하기를,
"사람을 알아보는 것은 요(堯)나 순(舜)과 같은 이도 어렵게 여겼습니다. 그 구관(九官)을 임명(任命)함에 있어서는 비록 백우(伯禹)와 같이 지혜롭고, 수(垂)·익(益)·기(夔)·용(龍)처럼 현명한 자들도 오히려 감히 자기의 의견으로 단정할 수가 없어서, 사악(四岳)에게 자문(諮問)하기도 하고 사람의 사양으로 인하기도 하여 반드시 여러 사람의 천거를 기다린 것은 현명한 지혜가 부족한 것이 아니고 여러 의견을 겸하여 들어주고 자기의 뜻대로 쓰지 않기 위해서였습니다. 어진 점을 보고서 임명하더라도 오히려 혹 치우치게 될까 하여 염려하는데, 더구나 그 어짊을 알지 못하고서 중임(重任)부터 먼저 맡기는 것이 좋겠습니까? 전하(殿下)께서는 비록 박원종(朴元宗)이 별다른 흠이 없다고 하셨으나 어질다고 할 수도 없으니, 전하께서 취하신 것은 활쏘기와 말달리기의 재주일 뿐입니다. 신 등은 박원종이 소인(小人)이라고 하여 쓸 수 없다는 것이 아니고, 다만 무식하고 나이가 적어 중임(重任)에 적합하지 아니하기 때문에 아뢴 것일 뿐입니다. 소인을 쓰지 말라는 것은 일을 그르칠까봐 그러는 것이고, 재능이 없는 자에게 임명하지 않는 것은 일을 감당하지 못할까봐 그러는 것인데, 그 직임을 감당하지 못하여 나라 일이 잘못되게 되면 다같이 혼란에 이르게 되는 것입니다.

옛날 순(舜) 임금이 용(龍)에게 명하기를, '너에게 납언(納言)을 임명하노니, 밤낮으로 나의 명(命)을 출납(出納)하되 합당하게 하라.'하였는데, 그것을 해석하는 자가 말하기를, '정교(政敎)를 명령함은 반드시 살펴서 하게 해야 하는 것인데, 이미 합당한 다음에 나가게 하면 참소하는 말이 나올 수가 없고, 거짓이 의탁할 곳이 없을 것이며, 의견을 아뢰거나 복명을 함에 있어서는 반드시 살펴서 하게 해야 하는 것인데, 이미 합당한 다음에 들어오게 하면 간사함이 나올 수가 없으며 공로를 참고할 수 있을 것이다.'라고 하였습니다. 박원종은 과연 자세히 살폈으며 또 합당하여 그 직임을 감당할 만합니까? 요즈음 무신(武臣)들의 활쏘기와 말달리기 기술도 조금씩 차등이 있는데, 반드시 그 직임에 임명하게 되면 그것이 그대로 관례가 되어서, 박원종 같은 자가 또 다시 그 명기(名器)를 더럽히게 될 것이니, 이는 사실 전하의 과실입니다. 그러므로 감히 극언(極言)하지 않을 수가 없어서 고치기를 희망하는 것입니다. 그리고 신 등은 말하는 직무를 수행하지 못하였으니, 의리상 마땅히 떠나야 하는 것입니다. 바라건대, 신 등의 직위를 파직(罷職)시켜 진퇴(進退)의 예절(禮節)을 보전하게 해주소서."

하였으나, 윤허(允許)하지 아니하였다.

23년 8년 17일(을묘)

안침(安琛) 등이 차자(箚子)를 올리기를,

"옛 글에 이르기를, '사람을 조정에 벼슬시킬 때는 여러 사람과 함께 한다.'

고 하였습니다. 대체로 작위(爵位)를 임명하는 것은 비록 임금이 하는 것입니다만, 그것은 곧 조정의 공기(公器)이므로 임금도 마땅히 공론(公論)을 따라야 할 것이지 진실로 사사로이 할 수는 없는 것입니다. 지금 온 조정에서 모두가 박원종은 불가(不可)하다고 하는데, 반드시 능력을 시험하겠다고 하시니, 이는 여러 사람과 함께 하는 뜻이 아닙니다. 더구나 임금의 명(命)을 출납(出納)함에 있어 합당하게 하는 직임(職任)이 어떻게 시험하는 장소가 될 수 있겠습니까? 만약 그 어질고 어질지 못함을 시험하려면 그만한 곳이 따로 있는데, 하필이면 승정원의 중임(重任)이라야 하겠습니까? 의정부에서 말하였는데도 들어주지 않으시고 육경(六卿)이 의논하여도 들어주지 않으시고 대간이 간쟁(諫爭)을 하여도 들어주지 않으시니, 의정부·육조·대간을 설치하고서 장차 무엇에 쓰시렵니까? 전하께서는 조정(朝廷)의 공기(公器)를 가지고 사물(私物)로 여기셔서 공론(公論)을 배격하고 스스로의 의견대로 쓰시니, '그 말을 함에 있어 나의 뜻을 거역하지 말라.'는 데에 가깝지 않겠습니까? 신 등은 아마도 국사(國事)가 날로 그르게 되어가서 구제할 수 없게 될까 염려스럽습니다. 삼가 원하건대, 전하께서는 자신의 의견은 버리고 남의 의견을 따르시며 공사(公事)로써 사정(私情)을 없애셔서 국체(國體)를 보전하게 하소서."
하였으나, 들어주지 아니하였다.

23년 8월 18일(병진)

대간(臺諫)이 합사(合司)하여 와서 아뢰기를,
"신(臣) 등이 직임(職任)을 수행하지 못하였으니, 뻔뻔스런 얼굴로 외람되게 자리에 있을 수가 없으므로 오늘 습의(習儀)에 어떻게 가서 참여할 수 있겠습니까? 청컨대 속히 개차(改差)시켜 주소서."
하니, 전교하기를,
"경(卿) 등의 고집이 여기까지 이르렀는가? 대간은 백관(百官)을 규찰(規察)하는 것이니, 오늘의 습의에는 가고 싶지 않으면 가지 않더라도 사직(辭職)을 하는 것은 들어줄 수가 없다."

하므로, 대간이 말하기를,

"조정(朝廷)에 있는 대신(大臣)과 대간, 시종(侍從)이 모두 박원종(朴元宗)은 승지(承旨)가 될 수 없다고 하였지만 전하께서는 그래도 들어주지 않으시니, 임금의 과실이 이보다 더 심한 것이 없습니다. 대간은 보통의 관원(官員)이 아니므로 말하는 임무를 수행할 수가 없으면 재직(在職)할 수가 없는 것입니다. 지금 신 등이 만약 습의에 가서 참여한다면 이는 직무에 나아가는 것이니, 조정에서 신 등을 가리켜 무어라고 하겠습니까?"

하니, 전교하기를,

"내가 경 등에게 죄가 있다고 하였다면 경 등이 사직해도 좋을 것이다. 경 등에게 죄가 있다고도 하지 아니하였는데, 어떻게 사직할 수 있겠는가? 경 등은 나의 명을 들어주지 않으니, 오늘 습의에 참여하고 참여하지 않는 것은 경 등의 뜻에 맡기겠다."

하였다. 대간이 아뢰기를,

"대간은 공의(公議)를 맡고 있으므로 임금과 시비(是非)를 다투는 것입니다. 만약 대간이 시비를 다투는 것을 가지고 명을 따르지 않는 것이라고 한다면 이는 대간으로 하여금 '예예' 하면서 순종만 하게 하려는 것이니, 그것이 어찌 국가(國家)의 복(福)이 될 수 있겠습니까? 신 등이 감히 말하면서 그만두지 않는 것은 그 직분을 다하고자 하는 것입니다. 그렇지 않다면 누가 그 자신의 몸을 아끼지 않으며 천둥같은 임금의 위엄을 범하려고 하겠습니까?"

하고, 또 글을 올려 사직하기를,

"대간은 말하는 책임이 있는 자인데, 말을 써주지 않고 간(諫)함을 들어주지 아니하면 마땅히 떠나야 하는 것입니다. 이번에 박원종의 일에 대해서 신 등이 여러 날 대궐을 지켰으나 끝내 전하의 마음을 돌리지 못하여 전하께서 20여 년 동안 간언(諫言)을 받아들였던 미덕(美德)을 하루아침에 무너지게 하였으니, 이는 진실로 신 등의 자격이 없는 데에 말미암은 것입니다. 신 등은 이미 전각의 섬돌에다가 머리를 받고서 조그마한 성의도 바치지 못하였으니,

또다시 아부하는 태도로써 뻔뻔스럽게 직무에 나아간다면 전하께서는 장차 그러한 신 등을 어디에 쓰시겠습니까?"
하였으나, 들어주지 아니하였다.

23년 8월 18일(병진)

홍문관 부제학(弘文館副提學) 안침(安琛) 등이 상소(上疏)하기를,
"신(臣) 등은 삼가 생각하건대, 사람을 알아보는 것은 요(堯) 임금 같은 이도 어렵게 여겼다 합니다. […] 대저 승정원(承政院)이란 기무(機務)를 맡은 곳이며 후설(喉舌)을 맡은 사(司)로서 만기(萬機)를 보필하고 왕명(王命)을 선양하는 곳이니, 진실로 적합한 사람이 아니라면 호령(號令)을 내고 시행함에 있어서 한 번만 차질이 생기게 하여도 족히 국가(國家)의 큰 정사(政事)를 해치게 될 것이니, 진실로 능력을 시험하는 장소가 아닙니다.
지금 박원종(朴元宗)은 부유한 집안에서 생장(生長)하여 본래 학식(學識)이 없는 나이 어린 호협(豪俠)한 무리에 지나지 않는 자로서, 말이나 달리고 칼이나 시험하던 사람일 뿐입니다. 그러니 조정(朝廷)의 대체(大體)와 정사(政事)의 조치(措置)를 그가 어떻게 감히 알 수 있겠습니까? 지금 갑자기 그로 하여금 기무(機務)가 중한 요직(要職)에 참여하여 임금의 말을 받들면서 아침저녁으로 임금의 일을 보좌하고 임금의 말을 선양하는 자리에 있게 하였으니, 이는 초(楚)나라 사람을 데려다가 제(齊)나라 말을 하게 하는 것과 무엇이 다르겠습니까? 맡을 수 없는 직임(職任)을 주고 알 수 없는 일을 맡기는 것은 제왕(帝王)이 사람을 쓰는 도리가 아닙니다. 젖비린내 나는 무부(武夫)를 갑자기 높은 지위(地位)에 올려서 교만하고 방자함을 기르게 한다면 결국 박원종을 보전하는 것도 되지 못합니다. 가령 그의 훈벌(勳閥)을 생각하고 재력(才力)을 장(壯)하게 여겨서 쓸 수 있는 사람이라고 한다면, 마땅히 그 경력 쌓기를 기다리고 앞이 막힌 견해를 열어 주어 서무(庶務)에 달통하고 익숙하게 된 다음에 승진(陞進)시켜 등용하더라도 늦지 않을 것입니다. 그런데 지금 후설(喉舌)

의 직임(職任)으로 박원종 한 사람을 영광되게 하니, 국가에 어떠한 이익이 있어서 급급하게 여러 의논을 물리치고 등용하기를 마치 하는 수 없이 하는 것처럼 하십니까?

『서경(書經)』에 이르기를, '관직(官職)을 임명하는 것은 가까운 사람에게 사정(私情)을 두어서는 안되며 오직 그 적임자라야 한다.'고 하였고,『예기(禮記)』에 말하기를, '사람에게 조정의 관작(官爵)을 줄 때는 반드시 여러 사람과 같이 한다.'고 하였습니다. 대체로 임금은 하늘에서 명(命)을 받았고 조종(祖宗)에게 나라를 받았으니, 작상(爵賞)을 내리는 권한을 전하(殿下)께서 사사로이 할 수가 없는 것입니다. 작상에 대해 사심을 두게 되면 조정에 요행으로 등용된 직위가 많게 되고 요행으로 등용된 직위가 많게 되면 명기(名器)가 천(賤)하게 되고 명기가 천하게 되면 조정의 위신이 낮게 떨어지는 것이니, 전하께서 비록 박원종 한 사람에게 사정을 두고자 하시나 조정을 욕되게 하는 데 대해서는 어찌 하시겠습니까? 간언(諫言)을 거부하고 스스로의 생각대로 하는 것은 현명한 임금이 수치로 여기는 것인데, 전하께서 그러시리라고는 미처 생각이나 하였겠습니까? 삼가 원하건대, 전하께서는 공의(公議)를 굽어 따르시어 속히 성명(成命)을 거두소서."

하였으나, 윤허(允許)하지 아니하였다. 이어 전교(傳敎)하기를,

"내가 박원종 한 사람 때문에 논박(論駁)을 많이 당했다. 상소(上疏) 안에 나를 허물한 말이 많은데, 사람의 심정이 허물 있는 곳에 처하기를 좋아하는 자가 누가 있겠는가? 나의 처음 생각에는 사람의 어질고 어질지 못함은 반드시 써본 후에야 알 수 있는 것이라고 여겼는데, 경(卿) 등은 박원종(朴元宗)은 인연(因緣)이 있다는 이유로 사정(私情)을 둔다고 하나, 나는 나의 마음을 드러낼 수가 없다. 박원종의 직위를 바꾸는 것이야 진실로 어려울 것이 없으나, 다만 지금 이미 제수(除授)하고서 곧바로 바꾸게 되면 그 폐단은 임금이 손발을 놀릴 수가 없게 되는 데 이를 것이니, 이것이 내가 들어주지 않는 이유이다. 내가 목석(木石)이 아닌데 어찌 생각이 없이 그렇게 하였겠는가? 그래서 단연코 들어줄 수 없다는 것이다."

하였는데, 좌부승지(左副承旨) 신수근(愼守勤)이 이를 대간(臺諫)에게 잘못 전하였다. 그래서 대간이 서계(書啓)하기를,

"삼가 전교(傳敎)를 들으니, 두려움을 금할 수가 없습니다. 대우(大禹)가 순(舜) 임금에게 경계하기를, '단주(丹朱)처럼 오만하지 마소서. 그는 오만하게 노는 것을 좋아하고 난폭한 행위를 하였으며, 붕당(朋黨)을 만들어 자기 집에서 난잡한 행위를 하여 그 대[世]가 끊기게 하였습니다' 하였는데, 정자(程子)가 해석하기를, '순임금보다 더 나은 성인(聖人)이 없는데, 우(禹)임금이 순임금을 경계한 것이 「단주처럼 오만하지 마십시오. 그는 오만스럽게 놀았고 난폭한 행위를 하였습니다」고 한 데 이르렀으니, 순 임금이 오만스럽게 놀거나 난폭한 행위를 하지 아니하였다는 것은 아무리 어리석은 자라도 당연히 알 수 있는 것인데, 어찌 우 임금 같은 이가 알지 못하였겠는가? 그것은 대체로 높은 지위에 있게 되면 경계하는 것이 마땅히 그렇게 하는 것이다' 하였고, 진서산(眞西山)은 말하기를, '순 임금은 대성(大聖)의 자질(資質)을 갖고 있는 분인데, 무슨 경계해야 할 일이 있어서 익(益)은 게으르거나 황당해서는 안된다고 경계하였고, 고요(皐陶)는 안일(安逸)하려고 하거나 탐욕을 부려서는 안된다고 경계하였으며, 우 임금은 또 오만하거나 난폭함이 있어서는 안된다고 경계하였는가? 그것은 그러함이 있을까 염려하여 예방(預防)한 것인가? 아니면 그러함이 없는 것을 알고서 고의로 그렇게 말한 것인가? 인욕(人欲)의 마음은 위태로운 것이므로, 옛부터 두려워한 바여서 비록 성왕(聖王)이라고 하더라도 감히 마음을 올바르게 가지는 공부를 잊어서는 안되는 것이며, 대신(大臣)은 성왕을 섬김에 있어 감히 경계하여 유익함이 되는 것을 폐지할 수 없는 것이다. 그러므로 후세(後世)의 군신(君臣)은 마땅히 법으로 삼아야 할 것이다'고 하였습니다. [……]

신 등은 이미 몸을 나라에 바쳤으니, 한 몸의 진퇴(進退)를 어떻게 감히 자유(自由)롭게 할 수 있겠습니까? 그것이 신 등으로서는 하늘 같은 위엄을 무릅쓰고서도 두 번 세 번까지 긴하며 그만두지 못하는 까닭입니다. 삼가 바라건대, 성상(聖上)께서는 신 등의 직위(職位)를 파직(罷職)시키는 것을 윤허(允

許)하여 주소서."

하니, 전교하기를,

"지금 내가 경 등의 말을 들어주지 않는 것은 참으로 간언(諫言)을 거부하는 것이라고 할 수 있으며, 나는 간언을 거부하는 것으로 달갑게 자처(自處)한다. 그러나 다만 나의 처음 생각은, 경 등이 박원종을 가리켜 소인(小人)이라고 한 것이 아니고 오직 조금도 일을 경험한 것이 없다고 말을 하였으므로, 들어주지 아니한 것이다. 경 등은 걸(桀)·주(紂)와 환제(桓帝)·영제(靈帝)에다 나를 비유하였으나, 나는 그것을 개의(介意)치 않는다. 그것은 후세(後世)에 옳고 그른 것에 대하여 자연(自然) 공론(公論)이 있을 것이다. 경 등이 말하기를, '한 몸의 진퇴(進退)를 어떻게 감히 자유(自由)롭게 할 수 있겠습니까?' 하였는데, 만약 말한 대로라면 경 등이 어떻게 사직(辭職)을 하고 떠나갈 수 있겠는가?"

하였다.

23년 8월 20일(무오)

사헌부 대사헌(司憲府大司憲) 김제신(金悌臣) 등과 사간원 대사간(司諫院大司諫) 안호(安瑚) 등이 상소(上疏)하였는데, 그 대략에 이르기를,

"승정원(承政院)은 중임(重任)이므로, 명망(名望)이 있는 자가 아니면 거기에 있게 할 수가 없습니다. 조종조(祖宗朝) 이후부터 반드시 적임자를 신중하게 가려서 임명(任命)하였으므로, 비록 세조 대왕(世祖大王)과 같은 영명(英明)한 지략(智略)으로서 사람을 맞이함이 전도(顚倒)되고 전고(典故)에 구애하지 아니하였으나 무부(武夫)에게 맡긴 적은 없었습니다. 문관(文官)과 무관(武官)을 등용함에 있어서 비록 한 쪽을 치우치게 폐지할 수는 없다고 하나, 기밀(機密)한 곳은 결코 무부가 담당할 바가 아닙니다. 가령 활쏘는 솜씨가 1백 보(步) 밖에 있는 버들잎을 꿰뚫고 다섯 겹의 갑옷을 뚫는다고 하더라도, 그것이 어떻게 일을 아뢰고 왕명(王命)을 출납(出納)하는 데 도움이 되겠습니까?

박원종(朴元宗)은 본래 활쏘기와 말달리기를 업(業)으로 삼아 배우지 아니하여 무식한 데다가 환경이 좋은 집안에 하나의 건달에 지나지 않는 자입니다. 그러므로 전하(殿下)께서는 반드시 다른 관사(官司)에 고루 시험하여 처음에는 쉬운 것에서 나중에는 어려운 것을 시켜 많은 일을 경험하기를 기다려서 진용(進用)해야 하는 것인데, 어떻게 동자(童子)의 손을 끌어다가 갑자기 중임(重任)을 맡겨주는 것입니까? 의정부(議政府)·육조(六曹)·시종(侍從)·대간(臺諫)이 모두 불가(不可)하다고 하는데, 전하께서 스스로의 뜻대로 하시고 돌아보지 않으심은 어째서입니까? 박원종 하나 때문에 전하께서는 간언(諫言)을 거부하는 이름을 얻게 되고 신(臣) 등은 직무를 수행하지 않았다는 비난을 듣게 되었습니다. 그리고 박원종이 외람되게 그 자리에 있는 것이 마침내는 일을 실패시키지 않으며, 전하의 현명함을 무너뜨리지 않는다는 것을 어떻게 알 수 있겠습니까?"

하니, 어서(御書)하기를,

"내가 간언(諫言)을 받아들이지 아니하므로 경(卿) 등은 반드시 나를 가리켜 고집스럽다고 하는데, 내가 어떻게 허물을 부끄러워하여 잘못을 이루려고 함이겠는가? 사실은 총행(寵幸)의 일을 열어 주어 경멸함을 받으려는 것도 아니다. 만약 박원종(朴元宗)이 본래 흉덕(凶德)이 있어서 사류(士類)에 끼일 수가 없는데 하루아침에 발탁하여 왕명(王命)을 출납(出納)함에 있어 합당하게 해야 하는 곳에 두었다면, 경(卿) 등이 임금을 사랑하고 나라를 근심하는 마음으로 종사(宗社)가 위태롭게 될 것을 두려워하고 정사(政事)가 순수하지 못하게 될까 슬퍼하여 정치하는 요점을 말해주고 간언을 따르는 아량을 넓히는 것이 마땅하지 않겠는가? 그러나 지금 진언(進言)하는 것은 다만 나의 적은 것으로만 허물을 삼았고 악덕(惡德)에는 미친 것이 아니니, 내가 들어주지 아니하는 것은 진실로 스스로의 뜻대로 하는 것이 아니다. 경 등은 다시 깊이 생각해보라."

하였다.

23년 8월 22일(경신)

홍문관 부제학(弘文館副提學) 안침(安琛) 등이 상소(上疏)하기를,
"신(臣) 등이 전번에 박원종(朴元宗)의 일을 상하여 논간(論諫)하였는데, 다만 불윤(不允)이라는 것만 들었고 전교(傳敎)가 있었음은 알지 못하였습니다. 그런데 그 뒤에 성상(聖上)의 하교(下敎)를 자세히 듣고서 놀라움을 금할 수가 없어서 감히 어리석은 말씀을 드리고자 합니다. 성상께서 하교하시기를, '박원종을 등용(登用)한 이후로 허물을 얻은 것이 많았다. 사람이 누가 허물이 있는 곳에 자처(自處)하고 싶겠는가?' 하셨습니다. [……]

현재 우리 나라의 백사(百司)의 서무(庶務)는 의정부(議政府)에 매여 있지 않고 바로 승정원(承政院)에서 나오고 있으므로, 승지(承旨)의 책임은 가장 중한 것입니다. 그런데 이번에 전하께서 학식이 없는 무부(武夫)에게 후설(喉舌)의 중권(重權)을 맡겨 놓고서, '어진지 아닌지를 시험하는 것이다.' 하셨으니, 그것은 박원종만이 공론(公論)에서 용납되지 않을 뿐만 아니라, 비록 전하라고 하더라도 잘하신 것인지 알 수가 없습니다. 그러한 중임(重任)을 가지고 박원종을 위해 시험하는 장소로 삼고 있으니, 그 좋은 비단이 많은 것이 어찌 다만 자피(子皮)의 사읍(私邑)에 비할 정도뿐이겠습니까? 그리고 자피는 사읍의 재(宰)를 쓰면서도 자산의 의견을 따랐는데, 전하께서는 조정의 중임을 쓰면서도 공의(公議)를 따르지 않고 마음대로 하시니, 전하께서 나라를 꾀하심이 도리어 춘추(春秋) 때에 작은 나라 대부(大夫)의 집을 꾀하는 것만도 못하다고 여겼겠습니까?

성상께서 하교하시기를, '박원종을 개차(改差)하는 것이야 무엇이 어렵겠는가? 다만 그렇게 하게 되면 임금은 손발을 놀릴 수가 없게 될 것이니, 그 폐단이 적지 않다'고 하셨는데, 무릇 공의는 나라의 원기(元氣)입니다. 나라를 잘 다스리는 자는 반드시 공론(公論)이 밝게 펴져서 막힘이 없게 하는 것입니다. 공론이 움츠러져 펴지지 않는다면 나라의 원기가 통하지 아니하여 손발과 어깨와 팔이 나의 말을 듣지 않을 것입니다. 그러므로 임금이 뜻을 굽히고 공론

을 따르는 것은 원기를 보호하고 국체(國體)를 보전하기 위한 것입니다. 옛부터 공론이 앞서면 다스려졌고 공론이 움츠러들면 혼란이 왔습니다. [……]
　지금 대간(臺諫)들이 합문(閤門)에서 부르짖으며 굳게 버티면서 일을 폐지하고 다스리지 않은 것이 이미 10일이 넘었으니, 이는 작은 문제가 아닙니다. 삼가 원하건대, 전하께서는 성지(聖志)를 굽히시고 여론을 따르도록 하소서."
하니, 전교하기를,
　"익숙하다고 하는 자도 착오하는 수가 있는 것인데, 어떻게 앞질러 생각해서 그 사람은 반드시 일을 그르치게 될 것이라고 할 수 있겠는가? 상소(上疏)에서 여러 사람의 의논을 배격하고 허물이 있는 곳에 자처(自處)한다고 하였는데, 시험해 보고서 어질면 쓰고 어질지 않으면 버리는 것이 바로 사람을 쓰는 도리인데도, 모두 나를 가리켜 여러 의논을 배격한다고 한다. 그러나 후세의 사람이 이 문제를 보게 되면 반드시 나를 가리켜 옳다고 할 것이다. 임금이 손발을 놀릴 수가 없다고 한 것도 이러함을 말한 것이니, 그 입장이 반드시 그렇게 될 것이라고 일렀을 뿐이다."
하였다

23년 8월 22일(경신)

대간(臺諫)이 와서 아뢰기를,
　"신(臣) 등이 박원종(朴元宗)을 체임(遞任)시키기를 계청(啓請)하였으나 윤허(允許)를 받지 못하였고, 사직(辭職)을 하였으나 또 윤허하지 아니하였습니다. 청컨대 면대(面對)하게 해주소서."
하였으나, 들어주지 아니하였다.

23년 8월 23일(신유)

동부승지(同副承旨) 박원종(朴元宗)이 글을 올려 사직(辭職)하였다. 어서(御

書)하기를,

"그대가 나아오고 물러감은 나에게 달린 것이다."

하였다.

23년 8월 26일(갑자)

경연(經筵)에 나아갔다. 강(講)하기를 마치자, 대사헌(大司憲) 김제신(金悌臣)이 아뢰기를,

"신(臣) 등이 여러 번 면대(面對)하기를 청하였다가 이제야 다행히 입시(入侍)하게 되었는데, 반드시 성상(聖上)의 마음을 돌이킨 뒤에야 그만두려 합니다. 전하(殿下)께서 박원종(朴元宗) 한 사람에게 사정(私情)을 두시고 조정(朝廷)의 공론(公論)을 따르지 않으심은 어째서입니까?"

하니, 임금이 말하기를,

"조정의 공론은 들어주지 않을 수가 없다. 경(卿) 등이 다만 박원종은 나이 젊고 일을 경험한 것이 없으므로 다른 관사(官司)에 시험하고자 하는데, 다른 관사는 직사(職事)가 아닌가? 내가 사정을 둔 것이 아니다. 다만 박원종은 장수의 선발에 뽑혔으므로 내가 관리(官吏)의 일을 익히게 하고자 한 것이지 활쏘기와 말달리기의 기술만을 취한 것이 아니다. 경 등이 비록 백 가지로 말하더라도 고칠 수가 없다."

하였다. 영사(領事) 허종(許琮)이 아뢰기를,

"나라에서 사람을 쓰는 것은 마땅히 공의(公議)를 따라야 하는 것이고 승정원(承政院)에는 마땅히 물망에 오른 사람을 써야 하는 것인데, 박원종은 사실 인망(人望)에 부합하지 않습니다."

하고, 김제신은 말하기를,

"전하(殿下)께서 정치를 도모하는 대상은 의정부(議政府)와 육조(六曹)인데, 그 말을 따르지 않으심은 어째서입니까?"

하고, 시강관(侍講官) 이의무(李宜茂)는 아뢰기를,

"전하께서 대간의 말을 들어주지 않으시면 아마도 간언(諫言)을 따르시는 미덕(美德)이 지금부터 무너지게 될 것입니다."
하였는데, 임금이 말하기를,
"경 등은 박원종이 나이가 적고 일을 경험한 것이 없다고 하는데, 일을 경험한 것이 없다고 하여 죄없는 사람을 버리는 것이 옳겠는가? 대간이 요즈음 사직(辭職)을 하다가 문득 물러갔는데, 그것은 나와는 시비(是非)를 다툴 수가 없다는 것인가?"
하였다.

23년 8월 28일(병인)

동부승지(同副承旨) 박원종(朴元宗)에게 전교(傳敎)하기를,
"그대는 젊고 맡은 바 공방(工房)의 일도 긴급한 것은 아니니, 문관(文官) 승지(承旨)에게 글을 배우라."
하고, 또 여러 승지에게 명하여 가르치게 하였다.

23년 9월 10일(무인)

박원종(朴元宗)을 통정 대부(通政大夫) 공조 참의(工曹參議)로 삼았다.【사신(史臣)은 논한다. 임금이 문무 일체(文武一體)를 주의로 삼아 무신(武臣)을 참용(參用)하여 승지(承旨)로 삼았는데, 변수(邊脩)·이계동(李季仝)·이공(李拱)·양찬(梁瓚)·김세적(金世勣)·오순(吳純)·이조양(李朝陽)·조극치(曺克治)·변처녕(邊處寧) 같은 이가 그랬던 것이다. 그런데 박원종이 승지가 됨에 미쳐서 조정 의논이 적합하지 못하다고 논박하자 바꾸어서 참의(參議)로 삼았는데, 이로부터는 다시 무신(武臣)을 써서 승지로 삼지 아니하였다.】

23년 11월 17일(갑신)

공조 참의(工曹參議) 박원종(朴元宗)이 와서 아뢰기를,
"대간(臺諫)이 신을 논박(論駁)하기를 그치지 아니하니 감히 뻔뻔스럽게 벼슬에 있을 수 없으므로, 사직(辭職)하기를 청합니다."
하니, 전교하기를,
"사직하지 말고 그 직무에 삼가고 충실하라."
하였다.

24년 2월 23일(무오)

박원종(朴元宗)을 통정 대부 병조 참지(兵曹參知)로 삼았다.

24년 10월 30일(신묘)

경연(經筵)에 나왔다. 허종이 아뢰기를,
"영안도(永安道)는 땅이 크고 일이 긴요(緊要)하여 조정의 기강(紀綱)이 미치지 못하는 바가 있으니, 마땅히 거기에 적당한 사람을 얻어서 임명해야 할 것입니다. 신이 듣건대, 박원종(朴元宗)은 쓸 만한 사람이라고 하니, 청컨대 본도(本道)의 우후(虞候)로 삼으소서. 전임(田霖)은 사나운 듯하나 사체(事體)를 알고 황형(黃衡)도 쓸 만한 사람입니다. 북정(北征) 때에 신이 그 행군(行軍)하는 것을 보니 자못 남과 다름이 있었습니다. 유사(儒士) 가운데 양희지(楊熙止)·유순정(柳順汀)은 모두 장재(將才)인데, 만약 자격(資格)에 따라 기용한다면 이 두 사람은 마침내 늙을 것이니 어디에 쓰겠습니까? 청컨대 차례를 밟지 말고 기용하도록 하소서."
하였다.

24년 12월 9일(기사)

명하여 무신(武臣)으로서 활을 능숙하게 쏘는 자를 가리게 하고, 다섯 편으로 나누어 후원(後苑)에서 사후(射侯)¹⁾하게 하였다. 또 영돈녕(領敦寧) 이상과 의정부(議政府), 육조(六曹)의 참판(參判) 이상, 한성부 판윤(漢城府判尹), 입직(入直)한 도총관(都摠管), 병조(兵曹)의 여러 장수(將帥), 승정원(承政院)·홍문관(弘文館)에 명하여 활쏘는 장소에 나아가게 하였으며, 술과 음악을 내려 먹이게 하였다. 사후(射侯)하여 1등을 차지한 유담년(柳聃年)에게 숙마(熟馬) 1필, 2등을 차지한 박원종(朴元宗)에게 아다개(阿多介)²⁾ 1좌(座), 3등을 차지한 이권(李菤)에게 활 1장(張)을 내려 주었다.

연산군일기(燕山君日記)

1년 5월 15일(정유)

병조 판서 성준(成俊)·참판 허침(許琛)·참의 박원종(朴元宗)이 아뢰기를, "시위하는 무사가 거마목 안에서 말을 타는 것은 그 유래가 이미 오래였습니다. 만일 이 때문에 국문하자면 어찌 최세걸뿐이겠습니까. 그날 시위한 무사들도 국문해야 할 것입니다. 세걸은 무비사로서 군사들의 호령을 맡았고, 송천희는 승여사로서 의장(儀仗) 등물을 맡았으니, 모두 긴한 직입니다. 이제 명나라 사신이 나올 때를 당하여 오래도록 맡은 일을 버려둘 수가 없으므로 출사를 계청하였을 뿐인데, 헌부에서 신들이 두둔했다 하오니, 사피(辭避)를

---

1) 사후(射侯) : 솔(侯)에 활을 쏘아 시합하는 것. 솔은 사포(射布)에 짐승의 머리를 그린 것인데, 어사(御射)에 쏘는 웅후(熊侯) 종친(宗親)과 문무관(文武官)이 쓰는 미후(麋侯), 무과 교습(武科教習)에 쓰는 시후(豕侯) 등이 있었음.
2) 아다개(阿多介) : 호피(虎皮), 장피(獐皮) 등의 털로 만든 요나 방석 등의 깔개를 속칭(俗稱)하는 말.

청합니다."

하니, 전교하기를,

"헌부에서 두둔했다고 죄를 청하지만 실정이 없는 일이니, 내가 어찌 모를까. 이미 국문하지 말게 하였으니, 사피하지 말라."

하였다.

4년 7월 28일(임술)

박원종을 이조참의로 삼았다.

4년 8월 3일(병인)

장령(掌令) 이세인(李世仁)이 아뢰기를,

"이조(吏曹)는 관리를 전선(銓選)하는 곳이온데 박원종(朴元宗)이 무신(武臣)으로 참의(參議)가 되었으며, 신귀산(申貴山)은 시정배(市井輩)로 울진포 만호(蔚珍浦萬戶)에 제수되었으니, 청컨대 모두 개정하소서."

하니, 전교하기를,

"옛사람이 이르되 '얼룩소 새끼라도 색이 붉고 또 뿔이 바르다면, 산천의 귀신이 버리겠느냐.' 하였으니, 귀산이 비록 시정배의 자식이라 할지라도 써서 무엇이 해롭겠느냐."

하매, 세인(世仁)이 다시 아뢰니, 또 전교하기를,

"대간(臺諫)이 일을 말하며 꼭 공의(公議)라 하는데, 그러나 어찌 다 공의겠느냐. 요사이 대간이 망령되게 공론이라 이르고 대사를 틀리게 의논드렸던 것은 경들이 함께 본 바이다. 또 선비들이 결탁하여 붕당(朋黨)을 지어 악한 짓을 하였는데, 대간이 용렬하여 능히 들어 탄핵하지 못하므로 근일의 일을 이루게 된 것이니, 다시 말하지 말라."

하였다.

4년 8월 4일(정묘)

장령 이세인이 박원종의 일을 논계하였는데, 들어주지 않았다.

4년 8월 6일(기사)

박원종(朴元宗)을 병조참의(兵曹參議)로 삼았다.

4년 11월 9일(신축)

박원종(朴元宗)을 동부승지(同副承旨)로 삼았다.

4년 윤11월 8일(기사)

최한원(崔漢源)을 좌부승지(左副承旨)로 박원종(朴元宗)을 우부승지(右副承旨)로 삼았다.

5년 4월 12일(신축)

승지 박원종(朴元宗)이 아뢰기를,
"호초(胡椒) 20석을 들이라고 명하시므로 지금 의영고(義盈庫)에 있는 것을 조사하니, 겨우 8석 뿐입니다. 이 물품은 다만 왜국(倭國)에서 생산될 뿐인데, 만일 왜인들과 혼난이 생기면 국용(國用)이 반드시 동나게 될 터이니, 어떻게 하오리까?"
하니, 전교하기를,
"우선 5석을 들이라."
하였다.

5년 7월 6일(갑자)

 승지 이세영·권주·박원종(朴元宗)을 명하여 홍문관 독서당에 먼저 가도록 하고 이어서 내관 안중경(安仲敬)에게 술과 고기를 가지고 가서 공궤(供饋)하도록 하였다.

5년 10월 4일(경인)

 전교하기를,
 "호초(胡椒) 5석을 대궐 안으로 들이라."
 하매, 승지 박원종(朴元宗)이 아뢰기를,
 "현재 있는 호초가 5석 10두이온데 1년 중 양전(兩殿)께 공상(供上)하는 것이 27근이요, 각 사에서 술 다리는데 쓰는 것이 20근이며, 또 불시의 수요가 있사온데, 만일 5석을 들이게 된다면 남아있는 것이 10두입니다. 이것이 우리나라 토산품이 아니라 갑자기 얻기 어렵습니다."
 하니, 전교하기를,
 "두 섬만을 들이라." 하였다.

5년 12월 20일(갑진)

 승지 최한원(崔漢源)·박원종(朴元宗)에게 명하여 나희(儺戱)를 점고하고 시험하게 하였다.

6년 1월 21일(병자)

 "함경도 절도사(節度使)를 전일에 전임(田霖)·이양(李良)·박원종(朴元宗) 등으로 의망(擬望)하였는데, 모두 큰일을 맡길 만한 사람들입니다. 취하고 버리시는 것은 성상의 재량에 있습니다."
하였는데, 상소는 궁중에 두고 내려보내지 않았다.

6년 2월13일(정유)

승지 박원종(朴元宗)이 아뢰기를,
"홍화(紅花) 3백 42근 8냥을 무역하라 하셨기 때문에 지난 겨울부터 무역하기 시작하였는데, 지금 얻은 것은 30근 뿐입니다. 이 물건을 널리 시중(市中)에서 구해 보았지만 저장된 것이 드물어서, 만일 <수량대로> 다 무역하려 하면 폐단이 반드시 많겠기에 감히 품의합니다."
하였다.

6년 2월 18일(임인)

박원종(朴元宗)을 평안도 병마절도사로 삼았다.

6년 2월 20일(갑진)

평안도 절도사 박원종이 어버이가 연로하여 사직하니 체대하게 하였다.

6년 2월 22일(병오)

장령 정인인(鄭麟仁)이 아뢰기를,
"무신은 그 근력이 강장할 때에 써야 합니다. 지금 박원종은 특별히 가계(加階)하여 평안도 절도사를 삼았는데, 어버이가 늙은 관계로 체임(遞任)시켰습니다. 신이 들으니 원종의 어머니가 그렇게 늙지 않았다고 하는데, 지금 만일 체임(遞任)시킨다면 후일에는 어머니가 더욱 늙고 그 몸 역시 늙을 것이니 장차 어느 때에 쓰겠습니까? 청하옵건대 체임시키지 마옵소서."
하니, 전교하기를,
 "원종의 나이는 젊으나, 어머니 병으로 하여 체임시킨 것이다. 예전에 이르기를,

　　　인군의 은혜 다 갚고, 집으로 돌아가니
　　　나의 한은 푸른 산을 볼 수 없음일세.
　　　君恩報了方歸去　吾恨無由見碧山

하였으며, 또 이르기를, '인군을 섬기는 날은 길고, 어버이를 섬기는 날은 짧다.'하였으니, 어찌 들어주지 않을 수 있으랴?"
하였다.
 다시 아뢰었는데, 따르지 않았다.

6년 2월 24일(무신)

 지평 최해(崔瀣)가 박원종(朴元宗)의 일을 논계하였으나, 따르지 않았다.

6년 2월 25일(기유)

 지평 최해, 정언 유희철(柳希轍)이, 박원종·송여해의 일에 대하여 논계하였는데, 따르지 않았다.

6년 2월 27일(신해)

 박원종(朴元宗)을 동지중추부사(同知中樞副事)로 삼았다.

6년 5월 10일(계해)

박원종(朴元宗)을 겸부총관(兼副摠管)으로 임명하였다.

6년 6월 11일(계사)

박원종(朴元宗)을 한성부 우윤(漢城府右尹)으로 삼았다.

8년 1월 12일(을유)

한성부 우윤(漢城府右尹) 박원종(朴元宗)이 아뢰기를,
"신이 우윤(右尹)이 된 지 지금 3년이나 되었습니다. 동시(同時)의 판윤(判尹), 좌윤(左尹) 과 낭청(郞廳)들이 모두 체직되었는데, 신만 홀로 체직되지 않았습니다. 본부(本府)는 직책이 송사를 청단(聽斷)하는 일을 맡았으므로 아무리 신중히 판결을 하더라도 사람들이 혹시 원통함을 품고서 신원하려고 하는 자가 있을 것입니다. 그러나 잘못 판결을 받은 자라도 반드시 관리가 바뀐 후에야 호소하는 것을 허락하므로 원통함을 풀고자 하는 사람이 신으로 해서 호소하지 못하고 있습니다. 또 신은 지난 여름부터 현기증(眩氣症)이 있는데 부서(簿書)가 책상에 많이 쌓여 있으므로 시력이 더욱 피곤하옵니다. 의원(醫員)이 말하기를 '문적(文籍)을 보지 말라.'고 하니, 신의 관직을 해면해 주소서."
하니, 전교하기를,
"다른 관사(官司)에 바꾸어 임명하라."
하였다.

8년 2월 9일(임자)

박원종(朴元宗)을 평성군(平城君)으로 삼았다.

8년 6월 16일(병진)

박원종(朴元宗)을 강원도 관찰사로 삼았는데, 특지로 제수한 것이다.

8년 6월 21일(신유)

전교하기를,
"어제 대간(臺諫)이 아뢴 박원종의 일은 인품(人品)이 적당하니 어찌 천거가 있고 없는 데 구애하겠는가? 지금 비록 감사가 되었지마는, 뒷날 위급한 경우에 어찌 변방으로 전임시킬 수 없겠는가? 정승에게 물어보라."
하였다. 윤필상이 의논드리기를,
"박원종은 무재(武才)가 뛰어나고 또 학식과 역량이 얕거나 좁지 않으니 그가 감사의 임무에 충분합니다. 다만 천망(薦望)이 없으니 어찌하리까?"
하고, 한치형(韓致亨)은 의논드리기를,
"대간(臺諫)의 논한 것이 당연한 듯 합니다. 그러나 원종이 일찍이 승지(承旨)와 병조, 공조의 참의(參議), 한성부 우윤(漢城府右尹)과 경상도 절도사를 지내어 경력이 이미 오래 되었는데도 한가지 결함된 일이 없었으며, 우윤(右尹)때에는 송사를 결단함이 공평하므로 송사한 사람들이 칭찬하였습니다. 무재(武才)가 지금 그보다 나은 사람이 없고 또 문필도 우수하며 부지런하고 조심스럽게 직무에 종사하고 있으니, 신의 생각으로는 감사의 임무를 감당할 만한데, 하물며 강원도 같은 송사가 간단한 지역이겠습니까? 무신(武臣)으로 이덕량(李德良)·여자신(呂自新)·신주(辛鑄)·하숙부(河叔溥) 같은 사람이 모두 감사가 되었으며, 또 승지(承旨)로 감사에 제수된 사람은 천거가 없었으니, 만약 그가 쓸모 있는 사람이면 천망(薦望)에 구애할 필요가 없습니다."
하고, 성준(成俊)은 의논드리기를,
"신이 박원종과 전에 같은 관직에 있었는데, 처사가 부지런하고 조심스러우며 문필이 넉넉했으니, 그가 감사의 임무에 무슨 부족이 있겠습니까? 사람된 품이 이와 같으니, 어찌 천망(薦望)에 구애할 필요가 있겠습니까?"
하고, 이극균(李克均)은 의논드리기를,
　"대간의 아뢴 말이 모두 옳습니다. 그러나 박원종은 무재(武才)가 뛰어날 뿐만 아니라 문필도 넉넉합니다. 전에 한성부 우윤일 때 송사하는 사람들이 그의 공평함을 칭찬하였는데, 강원도는 송사가 지극히 간단하니, 어찌 감당하지 못하겠습니까? 여자신(呂自新)과 신주(辛鑄)도 모두 본도(本道) 감사를 지냈으나 천거가 있었는지 없었는지 모르겠습니다. 임금이 인재(人才)를 쓸 때 구차하게 예를 따를 것이 없고 현명한 인재라면 모두 소용에 맞추어야 하므로, 임금이 밝게 알아서 할 뿐인 것입니다."
하였다.

8년 6월 27일(정묘)

　강원도 감사 박원종(朴元宗)이 아뢰기를,
　"신은 본래 무인(武人)이므로 자신이 용렬하고 천박함을 알고 있는데, 대간(臺諫)의 논핵(論劾)이 실로 신의 병통에 맞으니, 사직하기를 청합니다."
하니, 전교하기를,
　"도내(道內)가 오래 동안 비었으니 내일 부임하라."
하였다.

8년 6월 29일(기사)

　강원도 관찰사 박원종(朴元宗)이 배사(拜辭)하였다.

8년 7월 10일(기묘)

　전라도 관찰사 최한원(崔漢源)과 강원도 관찰사 박원종(朴元宗)에게 어서를

내리기를,

"흠이 없고 품질이 좋은 백수정(白水晶)과 자수정(紫水晶)을 캐어서 진상하라"

하였다.

8년 9월 1일(경오)

강원도 관찰사 박원종(朴元宗)이 휴가를 고하고 역로(驛路)의 쇠잔하고 피폐한 이유에 대하여 다음과 같이 와서 아뢰었다.

"1. 각 역(驛)에 물자(物資)를 운반하는 노비(奴婢)를 진즉 주었는데, 죽은 사람은 곧 수효를 채우지 않기 때문에 이 일로 인하여 쇠잔하고 피폐함이 날로 심합니다. 죽은 사람의 자손 가운데 그 집을 이을 사람을 뽑아 정하고, 만약 자손이 없으면 다른 노비를 뽑아서 <수효를> 채워서 역로를 충실하게 하소서.

1. 은계(銀溪)의 각 역은 함경도의 큰 길에 연결됩니다. 본도(本道)에서 범죄로 응당 각 포구(浦口)에 충군(充軍 : 군대에 편입함)해야 될 사람을 역로가 회복될 때까지 은계도(銀溪道)에 정역(定役 : 죄수에게 가하는 노역)케 하소서.

1. 역리(驛吏)의 딸이 공천(公賤)에게 시집가서 낳은 자식들은 각각 그 본역(本驛)에서 역사(役事)를 시키소서."

이에 전교하기를,

"해조(該曹)로 하여금 마련하게 하라."

하였다.

8년 9월 15일(갑신)

월산대군(月山大君) 부인 박씨(朴氏)에게 면포, 정포, 각각 2백 50필과 쌀 1백석, 후추 3석을 내려주었다.

8년 9월 21일(경인)

승평부부인(昇平府夫人) 집에 잔치를 베풀어주고 각 사(司)로 하여금 공급(供給)하게 하였다. 세자가 일찍이 그 집에 우거(寓居)한 일이 있었는데 이미 책봉을 받았기 때문에 이 명을 내린 것이다.

8년 9월 30일(기해)

강원도 관찰사 박원종(朴元宗)이 하직하고 본도(本道)로 돌아가서 이내 서계하기를,
"각 고을의 전세(田稅)를 차례로 함경도에 운반하는 것은, 금년에 심한 흉년이 들었고 각 고을의 거리가 3백~4백 리나 떨어져 있으니, 다만 양식을 싸가지고 내왕하는 어려움 뿐만 아니라, 장정(壯丁)이 없는 사람은 사람을 고용하여 운반해야 하므로 백성들이 심히 괴로워합니다. 금년만은 본 고을에 바치게 하소서. 또 흉년이 이와 같은데 <대여(貸與)한> 관청 곡식을 상환하라고 알려 본읍(本邑)에 독촉하여 납부케 하므로 백성들이 또한 고통스럽습니다. 금년에는 비축되어 있는 곡식으로 대신 납부케 하소서."
하니, 전교하기를,
"금년의 조세(租稅)는 잠시 본 고을에 바치게 하는 일과, 다른 곡식으로 대신 바치게 하는 것이 온당한가 온당하지 않은가를 해조(該曹)에 물으라"
하였다.

8년 10월 23일(임술)

경상도 감사 안윤덕(安潤德) 함경도 감사 민효증(閔孝曾), 강원도 감사 박원종(朴元宗)에게 하서(下書)하기를,
"반쯤 마른 대구어(大口魚)를 별례방(別例房 : 호조의 한 분장)으로 봉진(封

進)하라"
하였다.

9년 2월 6일(계묘)

강원도 감사 박원종(朴元宗)이 아뢰기를,
"본도에는 근년에 큰 눈이 내려 짐승들이 얼어 죽어 거의 없어졌으니, 중국 사신을 대접할 노루와 사슴은 강무장(講武場)을 논할 것 없이, 사냥해 잡도록 허가하시기를 청합니다."
하니, 전교하기를,
"금지하는 일을 비록 엄중하게 하더라도 사사로이 사냥하는 사람이 간혹 있는데, 하물며 금지하는 일을 완화하여 마음대로 사냥하게 할 수 있겠는가? 일의 실마리를 열어 놓을 수 없으니, 다른 지방에 명하여 폐단이 없이 잡게 하라."
하였다.

11년 3월 28일(계축)

또 어서(御書)를 내려,
"윤탕로(尹湯老)에게 특별히 가선(嘉善)을 제수하고, 박원종(朴元宗)에게는 탈상(脫喪)한 뒤에 특별히 자헌(資憲)을 주라."
하였다.

11년 10월 7일(무오)

밤중에 박원종(朴元宗)과 황형(黃衡)을 불러, 주엽산(注葉山) 사냥하는 곳에 가서 좌, 우상(左右廂)의 일을 감독하게 하였다.

11년 10월 10일(신유)

영의정 유순(柳洵) 좌의정 박숭질(朴崇質) 지중추부사 박원종(朴元宗) 등이 명을 받들고 연서(延曙)의 신정(新亭)에 가서 놀았는데, 음악과 술을 내리고 각각 시(詩)를 지어 바치게 하였다.

11년 10월 27일(무인)

왕이 장차 28일에 주엽산(注葉山)에서 사냥하려 하니, 대장 박원종(朴元宗) 등이 아뢰기를,
"군사가 아직 강을 미처 건너지 못하였으니 1~2일 늦추도록 하소서."
하자, 왕이 노하여 이르기를,
"나의 행지(行止 : 행동거지)를 경 등이 마음대로 정하는 것이 옳은가? 그를 국문하라."
하였다.

11년 11월 18일(기해)

전교하기를,
"오는 22일 대자산(大慈山)의 사냥에는, 좌, 우상(左右廂)의 대장으로 박원종(朴元宗)과 황형(黃衡)을 삼게 하라."
하였다.

12년 2월 9일(기미)

경기 관찰사 박원종(朴元宗)이 아뢰기를,
"김포(金浦), 통진현(通津縣) 등의 강가를 따라 사는 백성들은, 수로(水路)를

잘 알고 있으므로 배로 물건을 운반할 때에 침몰할 염려가 없었는데, 지금 다시 금표를 물리고 민가를 몰아내면 도둑이 생길 뿐만 아니라 배로 실어 나를 때에 인도(引導)할 사람이 없어 복선(覆船)할 염려가 있습니다. 그리고 백운산(白雲山)도 금표 안에 들이라고 전교가 이미 계셨으나, 만일 그 근방의 땅을 모두 금표 안에 들인다면 함경도 쪽의 큰 길이 막힙니다. 또 조종(朝宗), 가평(加平) 등지도 역로(驛路)가 쇠잔하여 물선(物膳)의 운반과 사명 또는 야인(野人)이 왕래시에 지판(支辦)이 매우 곤란할 것입니다. 더욱이 지금의 광주 관사(廣州館舍)가 또한 표 안에 들었으니 가평(加平)과 과천(果川)은 거리가 매우 먼데, 그 사이에 또한 응판(應辦)할 곳이 없어 감히 아룁니다."
하니 전교하기를,

"김포(金浦), 통진 강 가에 사는 민가와 옛 광주 관사는 표 안에 넣지 말고 백운산은 산 밑에 표를 세우라."
하였다. 원종(元宗)이 다시 아뢰기를,

"김포(金浦) 등 고을(官)은 수령이 없어 백성을 관할할 자가 없으니, 공부(貢賦)나 부역을 어디에 공납하리까?"
하니, 전교하기를,

"그전과 같이 수령을 두게 하라."
하였다.

12년 2월 14일(갑자)

자순왕대비(慈順王大妃)에게 노비(奴婢) 1백 구(口)를 드리고, 왕비에게 노비 80구, 월산대군(月山大君)의 처 박씨에게 노비 50구를 내렸다.

12년 2월 15일(을축)

경기 관찰사 박원종(朴元宗)이 아뢰기를,

"동서(東西)의 금표(禁標)를 이와 같이 한계를 물려서 정하게 되면, 영서역(迎曙驛)을 옮겨야 됩니다. 중국 사신의 행차가 또한 가까와오니, 역관(驛館)을 속히 설치해야 하는데, 만약 부평(富平)을 경유하여 온다면 마땅히 부평으로 옮겨서 설치해야 할 것입니다. 그리고 도랑을 파서 강물을 끌어 올리라는 일은, 이미 분부를 받들었으나, 중국 사신이 돌아간 후에 수리도감(修理都監)과 더불어 힘을 합하여 파게 하기를 청합니다."

하니, 전교하기를,

"영서역은 고부평(古富平)으로 옮기고, 강물을 끌어 올리는 일은 늦출 수 없으니, 수리도감에 영하여 군정을 뽑아 급속히 파게 하라."

하였다.

12년 2월 19일(기사)

전교하기를,

"오는 26일 광릉산(光陵山)에서 사냥할 때에는 조준방(調隼坊)의 군사 1만과 병조에서 뽑아 정한 군사 3만을 박원종(朴元宗)·황형(黃衡)으로 장수를 삼아 길을 나눠 몰고 사냥할 것이니, 승지와 승정원 낭청 중에서 활을 잘 쏘는 자를 가려 수가(隨駕 : 임금을 따라 가는 것)하게 하라. 그리고 사장(射場) 주가처(駐駕處 : 임금이 머물러 있는 곳)의 가루(假樓 : 임시로 지은 집)는 김지(金祉)·이담손(李聃孫)을 시켜 내관의 말을 들어 광활하게 감독하여 짓도록 하라."

하였다.

12년 2월 26일(병자)

경기 관찰사 박원종(朴元宗)이 아뢰기를,

"사냥하는 몰잇군(驅軍)을 경기 개성부(開城府)에 명하여 뽑아 왔고, 각 역의 말도 많이 왔습니다. 지금 듣건대, 중국 사신의 오는 것이 박두하였다 하니, 어떻게 처리하오리까?"
하니, 왕이 노하여 이르기를,
"중국 사신 오는 것이 비록 박두하였더라도 사냥은 또한 병행(並行)해야 한다. 중국사신이 옴으로써 그만둔다면, 이보다 더 급한 일이 있을 경우에도 그만둘 것인가?"
하고, 정원에 전교하기를,
"이보다 앞서 송질(宋軼)이 감사로 있을 때에는 금표의 편리 여부를 한 마디도 와서 아뢰는 일이 없었는데, 요사이 원종은, 표 세운 것이 들어갔다느니 나갔다느니 새 길을 내자느니 하는 등사로 와서 아뢰더니, 지금 또 이와 같으니, 매우 옳지 못하다."
하였다.

12년 4월 8일(정사)

선전관(宣傳官)에게 명하여 타위 대장(打圍大將 : 사냥대장). 박원종(朴元宗)에게 어서(御書)를 싸 보냈다.

12년 6월 13일(신유)

전교하기를,
"박원종(朴元宗)이 이제 중책을 맡았으니, 특히 한 품계를 올리라."
하였다.

12년 7월 1일(무신)

월산대군 정(月山大君 婷)의 아내 박씨에게 면포·정포 각 5백 필을 하사하였다.

12년 7월 3일(경진)

전교하기를,
"승평부대부인(昇平府大夫人)의 병세가 매우 위중하니, 북도 절도사(北道節度使) 박원종(朴元宗)은 머물러 간호하라."
하였다.

12년 7월 13일(경인)

전교하기를,
"절도사(節度使) 박원종(朴元宗)을 경직(京職)에 차임하라."
하였다.

12년 7월 20일(신유)

월산대군(月山大君) 정(婷)의 아내 승평부부인(昇平府夫人) 박씨가 졸하였다.

12년 9월 2일(기묘)

평성군(平城君) 박원종(朴元宗)과 전 참판 성희안(成希顏)이 한 마을에 살았는데, 서로 만나 시사를 논할 적마다 '이제 정령(政令)이 혼암 가혹하여 백성이 도탄에 빠졌으니 종묘 사직이 장차 전복될 것인데, 나라를 담당한 대신들이 한갓 교령(敎令)을 승순(承順)하기에 겨를이 없을 뿐, 한 사람도 안정시킬 계책을 도모하는 자가 없다. 우리들은 함께 성종의 두터운 은혜를 입었는데, 어찌 차마 앉아서 보고만 있겠는가. 천명과 인심을 보건대 이미 촉망된 바 있거늘, 어찌 추대하여 사직을 바로잡지 않을 수 있으랴' 하고, 드디어 큰 계책을 정했는데 모사에 참여할 자가 있지 않았다.

부정(副正) 신윤무(申允武)는 왕의 총애와 신임을 받는 이로서 평소에 늘 근심하고 두려워하기를 '일조에 변이 있게 되면 화가 장차 몸에 미치리라' 생각하고, 원종 등에게 가서 말하기를 '지금 중외가 원망하여 배반하고 왕의 좌우에 친신(親信)하는 사람들도 모두 마음이 떠났으니, 환란이 조석간에 반드시 일어날 것이오. 또 이장곤은 무용과 계략을 가진 사람인데, 이제 망명하였으니 결코 헛되이 죽지는 않으리다. 만약 귀양간 사람들을 불러 모으고, 군읍(郡邑)에 격문을 보내어 군사를 일으켜 대궐로 쳐들어 온다면, 비단 우리들이 가루가 될 뿐 아니라, 사직이 장차 다른 사람의 손에 넘어갈 것이니, 일이 그렇게 된다면 비록 하고자 한들 미칠 수 없게 될 것이오' 하니 원종 등이 뜻을 결정하였다.

……중략……

여명(黎明)에 궁문이 열리자 원종 등이 경복궁에 나아가 대비에게 아뢰기를 '주상이 크게 군도(君道)를 잃어 종묘를 맡을 수 없고 천명과 인심이 이미 진성대군 이 역(李懌)에게 돌아갔으므로, 모든 신하들이 의지(懿旨)를 받들어 진성대군을 맞아 대통(大統)을 잇고자 하오니, 청컨대 성명(成命)을 내리소서' 하니, 대비는 전교하기를 '나라의 사세가 이에 이르렀으니 사직을 위한 계책이 부득이 하다. 경 등이 아뢴 대로 따르리라' 하였다.

……하략……

중종실록(中宗實錄)

중종 원년 9월 2일(무인)

지중추부사(知中樞府事) 박원종(朴元宗)·부사용(副司勇) 성희안(成希顔)【일찍이 이조 참판(吏曹參判)으로 있다가 갑자기 강등되었다.】 이조 판서 유순정(柳順汀) 등이 주동이 되어 건의(建議)하고서, 군자 부정(軍資副正) 신윤무(辛允武)·군기시 첨정(軍器寺僉正) 박영문(朴永文)·수원 부사(水原府使) 장정(張珽)·사복시 첨정(司僕寺僉正) 홍경주(洪景舟)와 거사하기를 밀약(密約)하였다.

거사하기 하루 전날 저녁에 희안(希顔)이 김감(金勘)·김수동(金壽童)의 집에 가서 모의한 것을 갖추 고하고, 이어 박원종·유순정과 더불어 훈련원(訓練院)에서 회합하였다. 무사와 건장한 장수들이 호응하여 운집하였고, 유자광(柳子光)·구수영(具壽永)·운산군 이계(雲山君李誡)·운수군 이효성(雲水君李孝誠)·덕진군 이예(德津君李濊)도 또한 와서 회합하였다.

여러 장수들에게 부대를 나누어 각기 군사를 거느리고 뜻밖의 일에 대비하게 하였다가, 밤 3경에 원종 등이 곧바로 창덕궁(昌德宮)으로 향하여 가다가 하마비동(下馬碑洞) 어귀에 진을 쳤다. 이에 문무백관(文武百官)과 군민(軍民) 등이 소문을 듣고 분주히 나와 거리와 길을 메웠다.

······하략······

원년 9월 2일(무인)

삼공·육경·승정원·병조 당상(兵曹堂上)들 및 박원종(朴元宗)·유순정(柳順汀)·성희안(成希顔)에게 명하여, 항상 빈청(賓廳)에 출근하되, 날마다 돌아가며 당직하면서 여러 일을 다스리게 하였다. 또 운수군 이효성(雲水君李孝誠)·이계남(李季男)·유자광(柳子光)·김수경(金壽卿) 등에게 명하여, 계속 창덕궁에 머물러 숙직(宿直)하게 하였다.

원년 9월 3일(기묘)

박원종 등이 모두 의논하여 아뢰기를,
"폐주를 강봉(降封)하여 군(君)으로 삼는 것을 노산군(魯山君)의 예와 같이 하고, 폐주의 후궁으로 봉작(封爵)된 자는 따로 둘 것이며, 여러 원(院)의 가흥청(假興淸)·운평(運平) 등은 아울러 석방하소서. 오직 취홍원(聚紅院)의 홍청만은 뇌영원(蕾英院)으로 옮겨 내었다가, 총애를 받은 자를 분별한 뒤 석방하되, 내탕(內帑)의 보물로서 일찍이 홍청에게 주었던 것을 추심하여 반납하게 한 뒤에 내치소서. 양궐(兩闕)의 궁성 문을 열고, 혜화문(惠化門)·창의문(彰義門)은 그대로 닫을 것이며, 제로(諸路)의 나루와 다리는 옛날대로 통행하게 하소서.

폐주조(廢主朝)에 쫓겨난 재상으로 쓸 만한 사람 및 죄없이 직첩을 빼앗기고 파직당한 사람은 마련(磨鍊)하여 아뢰게 할 것이며, 여러 관직 중에서 이미 혁파한 것은 옛날대로 다시 설치하고 신설된 것은 아울러 모두 혁제(革除)하소서. 응방(鷹坊)의 여러 일은 일체 혁파하고, 여러 마구간의 말은 좋은 것을 가려 옛날대로 내외 사복시(司僕寺)가 맡아 기르게 하되, 그 나머지는 처분하소서. 제읍(諸邑)의 수령을 급속히 차출하여 보내고, 성균관은 급속히 수리하여 위판을 도로 봉안할 것이며, 여러 학당은 아울러 수리하여 복구하게 하소서. 여러 내역소(內役所)는 아울러 모두 혁파하고, 쓰던 잡물(雜物)은 모두 해사(該司)에 돌려줄 것이며, 전관(箭串)의 목장은 옛날대로 다시 설치하소서.

나인 가운데 전전비(田田非)·장녹수(張綠水)와 같은 무리 및 취홍원·청환각·회사각의 나인으로서 총애를 받던 자는 내관으로 하여금 분별하여 서계(書啓)하게 하고, 사패(賜牌)가 있는 공사천(公私賤)은 아울러 본역(本役)에 쇄환(刷還)할 것이며, 또 억매(抑買)하였거나 빼앗아 사는 집과 전민(田民)은 조사하여 주인에게 돌려주소서. 연은전(延恩殿)을 회복하고, 혜안전(惠安殿)을 파하여 그 신주는 묘소에 묻어 능호(陵號)를 부르지 말게 하소서. 수리·축성 등 도감을 파하되, 그 목석 철물을 아울러 해사(該司)로 옮기게 하고, 공사천으로 나인의 족친이라 일컬어 내수사(內需司)에 소속하였던 자는 각각 그 역으로 돌아가게 하소서. 갑자 이후 죄를 입는 사람으로 가산을 적몰(籍沒)당한 자는 모두 주인에게 돌려주게 하고, 죽은 사람으로 고신(告身)을 거두었던 자는 아울러 도로 주소서."

하니, 좋다고 전교하였다.

원년 9월 3일(기묘)

박원종 등이 의논하여, 전왕을 봉하여 연산군으로 삼았다.

원년 9월 3일(기묘)

박원종·유순정·성희안 등이 아뢰기를,
"이번 이 거사는 신 등이 수창(首倡)하여 계책을 결정하고, 유자광도 와서 모의에 참여했습니다. 신수근·신수겸(愼守謙)·신수영·임사홍 등은 반드시 없애버려야 큰 공을 이룰 수 있었으므로 이미 제거했습니다. 그 자제들을 아울러 부처(付處)하여 후환을 방지하소서."
하였다.

원년 9월 3일(기묘)

박원종이 아뢰기를,
"전일 거사할 때에, 성희안을 시켜 신계종(申繼宗)을 가서 보고 귀뜸하는 말로 타일렀으나 좇으려 하지 않았고, 거사하던 날에는 또 요긴한 곳을 지키게 하였는데 가지 않다가 이튿날 일의 기틀이 이미 정해진 뒤에야 이르렀으며, 부마 민자방(閔子芳)은 진(陣) 앞에 나서서 빈번히 왔다갔다 한 것으로 보아 딴 마음을 먹은 것이 틀림없었으므로 아울러 가두게 하였는데, 어떻게 처리하겠습니까?"
하니, 전교하기를,
"죄가 만약 이미 뚜렷하였다면 그 때 반드시 제거했을 것이다. 아마 그럴 사정이 없었기 때문에 가두었을 듯하다."
하니, 원종 등이 아뢰기를,
"이 때문에 품달하여 위의 재결을 기다리는 것입니다."

하니, 전교하기를,

"아울러 석방하고 추국(推鞫)하지 말라."

하였다.

원년 9월 3년(기묘)

박원종 · 성희안 등이 다시 아뢰기를,

"신씨 집안은 폐주의 여러 아들과는 인척간이니, 만약 일찍 도모하지 않으면 뒤에 반드시 우익(羽翼)이 될 염려가 있기 때문에, 그 제자들을 아울러 부처하기를 청하였습니다. 임사홍 같은 자는 본디 간신으로 일찍이 대간(臺諫)의 논박을 입어 조정에 용납되지 못한 지 오래였는데, 갑자(甲子) 이후로 부자가 모두 뜻을 얻어 폐주의 뜻에 영합하고 아첨하였으니, 진실로 중하게 논해야 합니다. 그러나 죄는 일신에만 국한시키고 연좌(緣坐)할 필요는 없다고 생각하는데 어찌 처리하겠습니까? 감히 품달합니다."

하니, 전교하기를,

"정승에게 물으라."

하자, 정승 등이 회계(回啓)하기를,

"아뢴 바가 매우 마땅합니다."

하였다.

원년 9월 3일(기묘)

영의정 유순(柳洵) · 우의정 김수동(金壽童) 등이 아뢰기를,

"근자에 임금의 도리를 크게 잃어, 천명(天命)과 인심이 이미 전하께 돌아온 지 오래이니, 이번의 이 거사는 진실로 신하들의 힘에 의한 것이 아닙니다. 그러나 이같은 큰 일은 수창하기가 어려운데, 박원종 · 성희안 · 유순정 등은 분연히 몸을 돌보지 않고 의리를 부르짖어 무리를 일깨워 한 사람도 형벌하

지 않고 큰 공을 이루었으니, 마땅히 포상(褒賞)하여야 합니다."
하니, 전교하기를,
"나도 생각하였다. 전례를 상고하여 아뢰라."
하였다.

원년 9월 3일(기묘)

박원종 등이 아뢰기를,
"신수근·신수겸·신수영·윤구(尹遘)의 아들과 사위 및 신승복(愼承福)은 모두 원방(遠方)에 부처하소서."
하니, 좋다고 전교하였다.

원년 9월 4일(경진)

박원종에게 숭록(崇祿)을 가자(加資)하여 의정부 좌참찬(議政府左參贊)을 제수하였다.

원년 9월 5일(신사)

……영의정 유순·우의정 김수동 등이 또 아뢰기를, "평성군(平城君) 박원종(朴元宗)이 일찍이 중국에 갈 사신(赴京使)으로 차하(差下)되었는데, 개차(改差)하는 것이 어떠합니까?
하니, '가하다.' 전교하였다.

원년 9월 6일(임오)

박원종을 좌참찬(左參贊)으로 삼았다.

원년 9월 7일(계미)

박원종·유순정 등이 아뢰기를,
"근래 변경이 수비를 잘못하고, 적을 회유하고 방어하는 방법도 마땅하지 못하여, 도둑이 일어날 환란을 염려하지 않을 수 없습니다. 사신을 보내어 추장(酋長)을 선유(宣諭)하고 또 품질이 높은 명장을 택하여 진무(鎭撫)해서 변경에 대한 근심이 없도록 하소서."
하니, '그리하라.' 전교하였다.

원년 9월 8일(갑신)

박원종·성희안·유순정 등이 의로운 일을 일으킨 공을 의논하여 3등으로 나누었는데, 유자광(柳子光)·신윤무(辛允武)·박영문(朴永文)·장정(張珽)·홍경주(洪景舟)를 1등으로, 운수군 이효성(雲水君李孝誠)·심순경(沈順徑)·변수(邊脩)·최한홍(崔漢洪)·윤형로(尹衡老)·조계상(曹繼商)·유순(柳洵)·김수동(金壽童)·김감(金勘)·운산군 이계(雲事君李誡)·이계남(李季男)·구수영(具壽永)·덕진군 이예(德津君李濊)를 2등으로, 고수겸(高守謙)·심형(沈亨)·황탄(黃坦)·유세웅(柳世雄)·유계종(柳繼宗)·윤사정(尹士貞)·이심(李瀋)·이식(李軾)·민회발(閔懷發)·민회창(閔懷昌)·허상(許磉)·장온(張溫)·구현휘(具賢暉)·백수장(白壽長)·이극정(李克正)·이석번(李碩蕃)·김우증(金友曾)·이손(李蓀)·신준(申浚)·정미수(鄭眉壽)·박건(朴楗)·송일(宋軼)·강혼(姜渾)·한순(韓恂)·유경(柳涇)·김수경(金壽卿)·정윤겸(鄭允謙)·김경의(金敬義)·이함(李菡)·심정(沈貞)·변준(卞儁)·변사겸(邊士謙)·한숙창(韓叔昌)·박이검(朴而儉)·유영(柳濚)·성희옹(成希雍)·윤형(尹衡)·신윤문(辛允文)·홍경림(洪景霖)·강지(姜漬)·윤금손(尹金孫)·유응룡(柳應龍)·윤탄(尹坦)·신수린(申壽麟)·조세훈(趙世勳)·한세창(韓世昌)·이맹우(李孟友)·윤여필(尹汝弼)·손동(孫仝)·유승건(柳承乾)·안현수 성동(安賢守盛同)·이종의(李宗義)·허광(許礦)·이한원(李翰元)·유홍(柳泓)·이기(李夔)·성율(成瑮)·조원륜(趙元倫)·김선(金瑄)·민효증(閔孝曾)·윤장(尹璋)·조계형(曺繼衡)·이우(李堣)·김극성(金克成)·황맹헌(黃孟獻)·성몽정(成夢井)·이세응(李世應)·장한공(張漢公)·한사문(韓斯文)·김임(金任)·박영창(朴永昌)·박영분(朴永蕡)·조계은(曺繼殷)·수안군 이당(遂安君李당)·박이온(朴而溫)·이희옹(李希雍)·이성언(李誠彦)·신은윤(辛殷尹)·윤희평(尹熙平)·강윤희(康允禧)·이창(李敞)·최유정(崔有井)·채수(蔡壽)를 3등으로 하여 아뢰었다.

영의정 유순·우의정 김수동이 아뢰기를,

"박원종 등은 감히 스스로 자기의 공을 의논할 수 없으므로, 아뢴 바가 아와 같습니다. 박원종·성희안·유순정은 제일 먼저 큰 계책을 결단하여 큰 공을 이루었으니, 그 서차가 마땅히 자광의 위에 있어야 합니다."

하니, '알았다.'고 전교하였다.

원년 9월 8일(갑신)

박원종·성희안·유순정 등이 아뢰기를,

"공로의 다소에 따라 3등으로 나누었으나, 다만 지금 국가가 피폐하므로 상사(賞賜)를 외람되이 많게 할 수는 없습니다. 3등 안에서 심정(沈貞) 이상 30인을 3등으로 삼고, 변준(卞儁) 이하는 4등으로 삼아 상사를 차별하소서."

하였다.

원년 9월 8일(갑신)

박원종이 아뢰기를,

"권균(權鈞)·김준손(金俊孫)은 거사할 때에 마침 문 밖에 있다가, 즉위할 때 권균은 도총관(都摠官)으로서 시위(侍衛)하였고, 김준손은 승지로서 입시(入侍)하였으며, 반우형(潘佑亨)·김무(金碔)도 또한 시위하였고, 이곤(李坤)은 대의(大議)에 함께 참여하였으나, 마침 폐주를 모시고 교동에 갔었기 때문에 녹공하는 데 미치지 못하였습니다. 어떻게 하는 것이 좋을지 감히 품달하옵니다."
하니, 아울러 기록하라고 전교하였다. 또 아뢰기를,
"우정(禹鼎)은 공로가 있었는데 마침 그 때 망각하여 서계(書啓)하지 못하였고, 내관 문치(文致)·서경생(徐敬生)·김계공(金繼恭)·김숙손(金叔孫)·김은(金銀)·임원산(任元山)도 공로가 있으니, 아울러 기록하소서."
하니, '아뢴 대로 하라.'고 전교하였다.

원년 9월 8일(갑신)

영의정 유순·우의정 김수동이 아뢰기를,
"박원종 등은 감히 스스로 자기의 공을 의논할 수 없으므로, 아뢴 바가 이와 같습니다. 박원종·성희안·유순정은 제일 먼저 큰 계책을 결단하여 큰 공을 정하였으니, 그 서차가 마땅히 자광의 위에 있어야 합니다."
하니, '알았다.'고 전교하였다.

원년 9월 9일(을유)

유순·김수동·유자광·박원종·유순정·성희안·김감·이손·권균·한사문·송일·박건·신준·정미수 및 육조 참판 등이 같은 말로 아뢰기를,
"거사할 때 먼저 신수근을 제거한 것은 큰 일을 성취하고자 해서였습니다. 지금 수근의 친딸이 대내(大內)에 있습니다. 만약 궁곤(宮壼)으로 삼는다면 인심이 불안해지고 인심이 불안해지면 종사에 관계됨이 있으니, 은정(恩情)을 끊어 밖으로 내치소서."
하니, 전교하기를,
"아뢰는 바가 심히 마땅하지만, 그러나 조강지처(糟糠之妻)인데 어찌하랴?"

하였다. 모두 아뢰기를,

"신 등도 이미 요량하였지만, 종사의 대계(大計)로 볼 때 어쩌겠습니까? 머뭇거리지 마시고 쾌히 결단하소서."

하니, 전교하기를,

"종사가 지극히 중하니 어찌 사사로운 정을 생각하겠는가. 마땅히 여러 사람 의논을 좇아 밖으로 내치겠다."

하였다. 얼마 뒤에 전교하기를,

"속히 하성위(河城尉) 정현조(鄭顯祖)의 집을 수리하고 소제하라. 오늘 저녁에 옮겨 나가게 하리라."

하였다.

원년 9월 9일(을유)

박원종·유자광 등이 아뢰기를,

"공신의 상사(賞賜)를 고례(古例)에서 상고하니, 알맞기로는 익대 공신(翊戴功臣)만한 것이 없습니다. 이번 공신의 상사는 고례에 의하여 시행하되, 4등은 3등보다 약간 감하게 하소서."

하니, '그리하라.'고 전교하였다.

원년 9월 9일(을유)

박원종 등이 아뢰기를,

"신수근의 동성(同姓) 사오촌과 이성(異姓) 삼사촌은 찾아내어 원방에 부처하소서."

하였다. 또 아뢰기를,

"최해(崔瀣)는 폐주에게 영합하여 대뜸 숭품(崇品)에 올랐고, 이제 또 신승복(愼承福)의 첩의 딸을 첩으로 삼았습니다, 청하건대 아울러 원방에 부처하소서."

하니, '아뢴 대로 하라.'고 전교하였다.

원년 9월 10일(병술)

박원종·성희안·유순정이 공신의 상격(賞格)을 의정(議定)하여 아뢰었는데, 다음과 같다.

1등은 3자급을 초수(超授)하고, 그 부모와 처자에게도 관작(官爵)을 주어 3자급을 초수하되, 아들이 없는 이는 생질이나 사위에게 2계(階)를 초수하며, 반당(伴倘) 10인, 노비(奴婢) 13구(口), 구사(丘史) 7명, 전지[田] 1백 50결(結), 은(銀) 50냥(兩), 표리(表裏) 1단(段), 내구마(內廐馬) 1필(匹)을 내리고,

2등은 2계를 초수하고, 그 부모와 처자에게 관작을 주어 2계를 초수하되, 아들이 없는 이는 생질이나 사위에게 1자급을 더하며, 반당 8인, 노비 10구, 구사 5명, 전지 1백 결, 은 30냥, 표리 1단, 내구마 1필을 내리고,

3등은 1계를 더하고, 그 부모와 처자에게 관작을 주어 1계를 더하되, 아들이 없는 이는 생질이나 사위에게 품계를 더하며, 반당 6인, 노비 8구, 구사 3명, 전지 80결, 은 20냥, 표리 1단, 내구마 1필을 내리고,

4등은 1계를 더하고, 그 부모와 처자에게 관작을 주어 1계를 더하되, 아들이 없는 이는 생질이나 사위에게 품계를 더하며, 반당 4인, 노비 6구, 구사 2명, 전지 60결, 은 10냥, 표리 1단, 내구마 1필을 내리기로 하였다.

원년 9월 13일(기축)

박원종을 우의정 평성 부원군(右議政平城府院君)으로 삼았다.

원년 9월 13일(기축)

우의정 박원종이 아뢰기를,

"천명과 인심이 이미 돌아왔기 때문에 큰 공업이 이미 정하여졌습니다. 신이 무슨 공이 있어서 이 삼공의 소임을 얻겠습니까? 임무가 크고 책임이 무거워 신이 감히 당해내지 못하겠으니, 사양하기를 청합니다."
하니, 공이 크니 고칠 수 없다고 전교하였다.

원년 9월 15일(신묘)

유순·유자광·박원종·유순정·성희안이 각을 세워 초상을 그릴 일[立閣圖形], 비를 세워 공을 기록할 일[樹碑紀功], 회맹(會盟)하는 일과 교서(敎書)·녹권(錄券)을 올려 아뢰기를,
"이것이 공신을 봉하는 절목(節目)입니다."
하니, 알았다고 전교하였다.

원년 9월 23일(기해)

우의정 박원종이 아뢰기를,
"원종 공신 1등의 상가(賞加)는 모두 친히 받게 하소서. 신의 뜻도 유순정·성희안의 의논과 같습니다."
하니, 전교하기를,
"모두 친히 받는 것이 좋겠다."
하였다.

원년 9월 24일(경자)

우의정 박원종이 아뢰기를,
"우림위(羽林衛)의 설치는 성종조로부터 시작되어, 모두 서얼(庶孼) 가운데 무예에 능한 자를 골라 차출하니 병사로서 지극히 정예로운 것이었습니다.

폐왕 때에 이를 혁파하였으니, 이제 모름지기 다시 세우소서. 또 근일 서쪽 동쪽 모두가 금표(禁標)에 들어가 무사들이 무예를 익힐 장소가 없으며, 또 활과 화살도 얻기가 쉽지 않습니다. 활과 화살은 폐왕조에서 만든 것이 자못 많으니, 무사들로 하여금 활쏘기를 시험하며 익히게 해서 그 등제(等第)를 논하여 활과 화살로 상을 주소서. 우리 국가의 서북 변방은 미리 걱정하지 않으면 안 되니, 모름지기 무사를 격려하여 뜻밖의 일에 대비하소서."

하니, 전교하기를,

"우의정의 말을 유순에게 물으라."

하였다. 유순이 아뢰기를,

"우림위를 다시 설치하는 계책은 지극히 합당합니다. 우리 나라의 무비(武備)는 소홀히 해서는 안 되니, 무사로 하여금 무예를 익히게 하여 폐왕 때 만든 활과 화살로써 상을 논해 격려하소서."

하니, '좋다'고 전교하였다.

원년 9월 28일(갑진)

우의정 박원종이 아뢰기를,

"당금의 큰 일은 수령을 택하는 일보다 더 중한 것이 없습니다. 옛말에 이르기를 '어진 2천 석이여!' 하였으니, 이는 수령을 중하게 여겨서입니다. 현재의 수령들이 어찌 모두 공·황(龔)과 같을 수 있겠습니까? 신은 생각하건대 그 어진 이를 택하여 임명하고 어질지 못한 이는 버리는 것이 좋다고 봅니다. 또 우리 나라의 남쪽과 북쪽은 왜로(倭虜)와 이웃하여 수어(守禦)하는 준비를 허술하게 하여서는 안되고, 변방의 장수도 역시 잘 선택해야 합니다. 또 근년에 왜로가 왕래할 때 어찌 우리의 허실을 엿보지 않았겠습니까? 신해년 이후로부터 노인(虜人)이 분을 품는 마음이 없지 않을 것이니, 혹 조두(爪斗)의 경계가 있으면, 우리 나라가 반드시 그 근심을 받을 것입니다. 함경북도 절도사(咸鏡北道節度使) 황형(黃衡)·경상우도 절도사(慶尙右道節度使) 심순경(沈順

徑) 및 제포 첨사(薺浦僉使) 등은 개차(改差)하는 것이 좋습니다."
하니, '아뢴 대로 하라.'고 전교하였다.

원년 9월 28일(갑진)

전교하기를,
"간관의 말이, '외방 백성들의 고통이 막심하니 부세를 감해 줄 것을 청한다.' 하였다. 의논하여 아뢰라."
하니 박원종은 아뢰기를,
"백성의 고통이 이와 같음은 신 등이 이미 아뢰어 유시를 내렸고, 또 외방의 묵은 땅 및 포흠(逋欠) 등의 일도 이미 호조로 하여금 조사하게 했습니다. 그러나 이제 거듭 유시를 내려 백성들로 하여금 상의 보살피는 뜻을 알아 실제 은혜를 입을 수 있게 하는 것이 마땅합니다. 또 다시 호조로 하여금 조사하여 부세를 견감(蠲減)해 주도록 하는 것이 어떠합니까?"
하고, 또 아뢰기를,
"수령의 어질고 어질지 않음이 같지 않아서 빌붙어 작폐하는 자가 자못 많습니다. 상의 뜻은 비록 부지런하오나 게으름을 피우고 거행하지 않아 유시한 바 글은 한갓 문구(文具)가 될 뿐이요, 실제 은혜는 입지 못하고 있습니다. 이도 또한 폐왕조에 어질고 어질지 않음을 가리지 않은 소치이니, 열군(列郡)의 수령을 모두 고칠 수는 없지만, 그 가운데 더욱 심한 자는 이조로 하여금 다시 의논하여 가려 차임케 하는 것이 어떠합니까?"
하고, 또 아뢰기를,
"폐왕조에 피물(皮物) 무역하는 일로 북도의 백성이 폐해를 입음이 너무 심하여, 가졌던 소와 말을 모두 성 아래 야인(野人)에게 팔아버렸으며, 야인은 또 북로(北虜)와 혼인을 맺고 있습니다. 그리하여 야인은 강성해지고 우리 나라 사람은 날로 더욱 피폐하여졌으니, 북도의 절도사를 가려 차임하는 것이 마땅합니다."

하였다. 그리고 또 아뢰기를,

"남쪽 3포(浦)의 왜노(倭奴)가 번성하여 그 변고를 예측하기가 어렵습니다. 근래 변방 장수를 가리지 않았기 때문에 왜놈들에게 더러 모욕을 받은 자가 있습니다. 제포 또한 가려 차임하는 것이 마땅합니다."
하였다. 전교하기를,

"아뢴 바 몇 가지 일은 모두 좋은 말이다. 항상 듣고자 하니 경 등은 각각 말을 다하라. 견감하는 일은 호조만이 도맡아 할 일이 아니니 정부가 함께 의논하며 마련하도록 하고, 수령에 대한 것도 또한 정부가 이조와 함께 의논하여 나쁜 사람들을 도태시키도록 하라."
하였다.

원년 10월 5일(경술)

조참을 받고, 조강에 납시었다. 영사 박원종이 아뢰기를,

"폐조에서 담비 가죽을 징렴(徵斂)하기를 한없이 하므로, 한 장의 가죽 값이 한 마리의 큰 소값에 이르렀습니다. 이 때문에, 민생이 날로 곤란하여지고 소와 말은 호인(胡人)에게 모조리 팔아버린 결과 온성(穩城)의 소와 말이 현재 있는 것이 겨우 40여 마리입니다. 신의 뜻으로는, 성종조 신해년의 예에 의하여 백성의 생활이 나아갈 때까지 세금을 덜어주는 것이 어떠할까 합니다."
하니, 상이 좋다고 하였다.

원년 10월 11일(병진)

전교하기를,

"의를 세운 대신으로 정승을 삼고자 하는데 어떠한가?"
하니, 박원종이 아뢰기를,

"상의 분부가 진실로 마땅합니다."

하였다. 명하여 유순정을 우의정으로 삼았다.

원년 10월 11일(병진)

박원종을 의정부 좌의정(議政府左議政)으로 삼았다.

원년 10월 17일(임술)

유자광이 아뢰기를,
"신은 옛날 남이(南怡)의 집을 받고 그 재산도 아울러 받았었습니다. 지금 박원종은 휘신 공주(徽愼公主)의 집을 받았으니, 그 재산도 아울러 주는 것이 어떻겠습니까? 이는 신이 일찍이 한 일이므로 아뢰는 것입니다."
하니, 전교하기를,
"경은 남이의 변을 홀로 고발하였기 때문에 경이 홀로 받았지만, 지금 세 대장은 공로와 지위가 같으니, 진실로 상사(賞賜)가 있으면 편벽되게 두터이 하여서는 부당하다. 세 대장이 받을 가산은 포백(布帛)을 제외하고는 모두 주라."
하였다.

원년 10월 19일(갑자)

대간이 또 아뢰기를,
공신에게 상사(賞賜)함은 조종조의 예와 같이 하면 족하거늘, 지금 휘신 공주 및 임사홍·녹수·풍원위(豊原尉) 등의 집과 그 재산을 아울러 박원종·유순정·성희안·유자광에게 주니, 신들은 사여(賜與)가 외람되고 국용이 다할까 두렵습니다.

원년 10월 19일(갑자)

박원종 · 유순정 · 성희안이 아뢰기를,
"이제 듣건대, 신들이 받은 집은 아울러 재산까지 내린다 하시니, 신 등이 입은 성은이 이미 무거운데, 어찌 감히 거듭 받겠습니까? 물의를 일으킬까 두렵습니다."
하였다. 희안이 독계하기를,
"계책을 정할 때 천명과 인심이 모두 한곳으로 돌아가는 데가 있어서 비록 한 동자(童子)로써 몰아갔더라도 일을 곧 성취할 수 있었을 것입니다. 창졸간에 한번 외치자 유식한 사람이나 무식한 사람이나 모두 팔을 걷어붙였으니, 어찌 어떤 사람의 공은 크고 어떤 사람의 공은 작았다고 하겠습니까?
신이 받은 집은 극히 웅장하고 사치스러워 신하로서 편안히 거처할 곳이 아니어서 마음에 항상 감격하고 두려웠는데, 이제 또 재산까지 아울러 받는다면 물의가 신을 어떠한 사람이나 할지 모르겠습니다. 너무나 황공하여 몸 둘 곳이 없으니, 이 명을 거두시기를 빕니다."
하였다. 유자광은 한참만에 아뢰기를,
"신의 뜻도 또한 세 사람과 같습니다."
하니, 전교하기를,
"경 등은 큰 공이 있는데 그 누가 의심하여 의논하랴?"
하였다.

원년 10월 23일(무진)

상이 금잔(金盞) 4부(部)와 칠보대구(七寶臺具) 1부를 박원종(朴元宗)에게 하사하고, 그 나머지 것은 유순정 · 성희안 · 유자광에게 내렸다(자광이 이를 얻자 손바닥 가운데 놓고 완롱(玩弄)하기를 마지않으면서 여러 재상에게 전하여 보이고 이르기를, "집에 돌아가서 마땅히 시험하리라." 하니, 보는 사람들이 가만히 비웃었다). 또 은병(銀甁)을 각각 하나씩 내렸다.

원년 10월 27일(임신)

전교하기를,
"성종의 소의(昭儀) 엄씨·정씨를 복작(復爵)하여 예장(禮葬)하라."
하였다. 【엄씨·정씨는 모두 성종의 후궁이었다. 연산군은 이들이 자기 어머니를 얽어 해쳤다 하여 궁중에서 때려 죽이고, 아울러 그들의 자녀를 절도(絶島)에 유배하였다. 엄씨의 딸 청녕위 옹주(淸寧尉翁主)는 유사(有司)가 그 집을 적몰할 때 황급하게 청녕위의 신주를 안고 적소(謫所)에 가서 조석으로 제사지내기를 오직 경건히 하다가 석방되어 돌아올 때 신주를 앞세워 왔다. 좌의정 박원종이 경연에서 그 행실을 아뢰니, 명하여 정려(旌閭)하게 하였다.】

원년 10월 29일(갑술)

상참을 받고, 조강에 납시었다. 강을 마치자 영사 박원종은 아뢰기를,
"대간의 말이 심히 합당합니다. 도성 안에 사사(寺社)가 없게 되면 왕래하는 승려가 의탁할 만한 곳이 없어질 것이니, 일체 금지하여 마을에 횡행하지 못하게 하소서. 여승[尼僧]의 작폐는 남승[僧]보다 더욱 심하여, 혹은 재상의 집에 왕래하고 혹은 궁중에 출입하면서 불경한 짓을 합니다. 청컨대 도성 안에 출입하지 못하게 하소서."
하였다. 또 아뢰기를,
"근래 각사(各司)가 피폐하였기 때문에 경역 노비(京役奴婢)는 공신의 자망(自望)에 따라 사패(賜牌)하지 못합니다. 그러나 1등 공신은 더러 척속(戚屬)의 연줄로 자망하기도 합니다. 신은 5구(口), 희안은 3구를 이미 사패받았는데, 이 때문에 다른 나머지 공신들도 난잡하게 자망하는 자가 몹시 많으니, 장차 각사의 피폐를 구하기 어려울까 두렵습니다. 자망하지 못하게 하소서. 신 등

도 마땅히 다시 고쳐 받겠습니다."
하니, 전교하기를,
  "정승·이조 판서가 받은 노비의 수는 많지 않으니 고칠 것이 없다. 금후로 1등 외 2등 이하는 각사의 노비를 자망하지 못하도록 하라."
하였다. 정원이 아뢰기를,
  "비록 1등이라도 경역 노비는 3구에 지나지 않으니, 자망하는 법을 세우는 것이 어떠합니까?"
하니, 그대로 윤허하였다.

원년 10월 29일(갑술)

  전교하기를,
  "대궐 근처에 민가를 짓는 것 금할 일 및 고세보·김공저 등의 일을 간관이 말하는데 어떻게 처리하면 좋겠는가. 박원종에게 물으라."
하니, 박원종이 회계하기를,
  "대간의 뜻은 대궐 근처는 모두 금하고자 하는 것이고, 신 등의 아뢴 바는 바라보이는 곳에만 금하자는 것입니다. 한성부(漢城府)로 하여금 다시 살피게 한 뒤에 참작하여 하는 것이 어떻겠습니까? 고세보·김공저는 독사를 바쳤을 뿐만 아니라, 또 다른 술책으로 나쁜 짓을 하도록 한 것도 신이 들었습니다. 그러나 그 상세한 것을 모르기 때문에 아뢰지 못하였으니, 만약 추문하시면 알 수 있을 것입니다."
하니, 전교하기를,
  "궁성에서 1백 자 되는 곳에 집 짓는 것을 금지하는 것은 『대전(大典)』에 뚜렷이 실려 있다. 이미 지은 집은 철거할 수 없으나, 아직 짓지 않은 곳은 해사(該司)로 하여금 고심(考審)하여 아뢰게 하라. 또 고세보 등의 일은 비록 상세히 모르나 대간이 말하니, 따지지 않을 수 없다. 아울러 유순과 유순정에게 의논하라."

하였는데, 그들의 의논한 바도 대략 이와 같아서, 아뢴 대로 할 것을 명하였다.

원년 11월 01일(병자)

조강에 납시었는데, 영사 박원종이 아뢰기를,
"기내(畿內) 열읍 중에 광주(廣州)의 피폐가 더욱 심하니, 청하건대 판관(判官)을 혁파하소서."
하니, 상이 이를 좇았다.

원년 11월 2일(정축)

전교하기를,
"한세충 등은 쇄환한 야인에게 시상한 일을 앞서 유서(諭書)로써 유시를 내렸거니와 상품을 속히 내려 보내어 전오륜(全五倫)으로 하여금 반사(頒賜)하게 하라."
하니, 삼공의 의논으로 인한 것이었다. 유순·박원종·유순정 등이 의논드리기를,
"건주(建州) 사람이 한세충(韓世忠)을 쇄환한 것으로 큰 공을 삼는데, 오래도록 상을 받지 못하였으니 필시 분원(憤怨)이 깊었을 것입니다. 마땅히 예조와 병조가 함께 의논한 사연으로 속히 본도 감사에게 유시를 내리시어 만포 첨사로 하여금 상세히 개유(開諭)하고, 공로의 고하를 분간하여 위로하여 상품을 나누어 주게 하여야 반드시 그 마땅한 도리를 얻을 것이니, 마땅히 급히 오륜을 보내어 처치하게 하는 것이 편리합니다."
하였는데, 오륜은 오랫동안 만포에 있어서 저들의 사정을 잘 아는 자다.

원년 11월 5일(경진)

조강에 납시었다. 영사 박원종은 아뢰기를,

"홍문관의 상소를 수의(收議)할 때 미처 보지 못하였었습니다. 그러나 폐주 때 창기(娼妓)를 바친 자는 처음에는 임숭재였고, 중간에는 신수근이었으며, 끝에는 구수영이었다고 신은 들었을 뿐입니다. 홍문관과 대간이 이를 말하는 것은 어찌 듣고 본 것이 없어서이겠습니까? 그리고 신은 강혼의 윤색(潤色)과 효증의 아첨은 알지 못합니다. 그러나 이 두 사람이 전에는 명망이 있었는데 지금은 남들의 기평(譏評)하는 바가 되고 있으니, 무슨 까닭인지 모르겠습니다. 그러나 대간이 논집(論執)하기를 그치지 않으니, 비록 형적이 없는 일로 추문할 수 없겠지만 그 직질(職秩)을 강등시켜서 대간의 논란에 부응하는 것이 어떻겠습니까?"

하니, 모두 윤허하지 않았다. 원종이 아뢰기를,

"근년 외방 민호(民戶)가 성군(城軍) 등의 일로 경중(京中)에 부역하므로 부채가 몹시 많은데, 지금 들으니, 본주인의 독촉이 너무 심하여 민호가 편히 살 수가 없다고 합니다. 오는 가을을 기한으로 본수(本數)만을 도로 징수하고 배(倍)를 더하지 말게 하소서. 만약 어기는 자가 있으면 법으로 엄단할 것으로, 팔도에 공문을 띄우는 것이 어떻겠습니까?"

하니, 상이 좇았다. 이세인이 아뢰기를,

"근년에 변방이 모두 허술하지만, 남방이 더욱 심합니다. 경상도와 전라도는 왜인과 경계를 연접하고 있으나 연해(沿海) 수령을 전혀 가려서 차임하지 않고 혹 남행(南行)으로 차임하여, 방어하는 일을 전혀 조처하지 못하니, 근자에는 유헌·김양보 등이 또한 살해되었습니다. 청하건대 연해 각 고을은 재략이 있는 무신과 장재(將才)있는 문신으로 교대하여 차임하소서."

하였다. 상이 박원종을 돌아보고, '이 말이 어떤가.'고 묻자, 원종이 대답하기를,

"세인의 말이 옳습니다. 신이 일찍이 경상도 절도사를 지낸 지 이제 이미

십여 년이 되었습니다. 그때에도 삼포에 왜인이 번성하였는데 지금은 필시 더욱 심할 것입니다. 우리 백성들은 부역하기에 지쳤는데, 만약 불우(不虞)의 변이 있으면 반드시 땅을 휘몰아 올 것이니, 걱정하지 않을 수 없습니다. 그리고 북방의 인민들 역시 피폐하여 민간에 우마를 가진 자가 없으니, 만약 위급한 일이 생기면 반드시 말탄 군사가 없을 것입니다. 신도 매양 생각이 이에 미칠 때 실로 한심하여집니다. 성상께서도 신중히 생각하지 않을 수 없습니다."
하였다.

원년 11월 5일(경진)

박원종이 빈청(賓廳)을 물러나 아뢰기를,
"공신의 노비는 수공 노비(收貢奴婢)로 사여하고, 각관 노비(各官奴婢)를 주지 말 것을 판하(判下)하셨습니다. 그러나 수공 노비도 역시 공천(公賤)인데 하필 수공 노비로만 합니까? 그리고 각관 노비로 사여하는 것도 또한 전례가 있긴 하나 각관 노비로만 하면 각관이 또한 피폐할 것이니, 청하건대 목(牧)은 5명, 군은 3명, 현은 2명씩 망정(望呈)하게 하는 제도를 세우소서."
하니, 상이 좇았다.

원년 11월 19일(갑오)

유순은 의논드리기를,
"근년에 백성을 병들게 한 일이 진실로 많았습니다. 신정 초기에 거의 고쳐버렸으나, 수령 중에 혹은 능히 법을 받들지 못하여 계속 백성을 병들게 하는 자가 있으니, 강명(剛明)한 조관(朝官)을 나누어 파견하여 조사해서 적발하도록 하는 것이 합당합니다."
하고, 박원종은 의논하기를,
"신정 초기에 내신(內臣)을 제도(諸道)에 보내어 수령·만호 등의 법을 어긴 일을 규찰(糾察)하는 것은 합당합니다. 그런데 역로가 피폐하니, 공물을 견감해 준 뒤에도 잇달아 거두어들인 범법 수령들만을 적발하여 치계(馳啓)할 일을 각도의 관찰사에게 하유(下諭)하는 것이 어떻겠습니까?"
하고, 유순정은 의논드리기를,

"근일 탐포하고 잔악한 수령을 이미 의논하여 도태시켰으나 어찌 모두 제거되었겠습니까? 그 사이에는 불법을 자행하는 자도 없지 않을 것이니, 때로 어사를 파견하여 그 간사한 것을 적발 처리하는 것이 합당합니다."
하니, 유순의 의논을 좇았다.

원년 11월 21일(병신)

헌부가 아뢰기를,
"어전(魚箭) 일은 내수사 관원을 불러 물어보니 '평안·황해도 어전은 9월, 충청도 어전은 10월에, 아울러 모두 내수사에 소속시키지 말라는 전지(傳旨)가 있었다.' 했습니다. 그래서 신 등이 다시 아뢰지 않았습니다. 다만 어전 국용(國用)의 긴요한 것이고 또 군자를 보충하는 것이니, 가볍게 사여(賜與)해서는 안됩니다. 또 나희 구경하는 것은 비록 옛 풍속이라고 하나 무익할 뿐만 아니라 무례하기 짝이 없고, 현수 등은 더욱 친근히 해서는 안됩니다."
하였다.

전교하기를,
"어전(魚箭)은 국용 어전이 아니다. 당양위(唐陽尉)가 성종조에 사여받은 것인데, 폐왕이 신씨(愼氏)에게 주었던 것을 이제 다시 당양위에게 준 것이다. 박원종이 받은 것은 곧 임광재(任光載)의 어전이었다. 또 나희 구경하는 것은 비록 잡희라 하나 역시 옛 풍속이며, 더구나 이를 보는 자가 어찌 모두 유탕하여지겠는가? 세시(歲時)가 쓸쓸하므로 예로부터 한 것이지 탐완(貪玩)하는 것이 아니다. 그러나 마땅히 삼공에게 의논해서 처리하여야겠다."
하였다.

원년 11월 21일(병신)

좌의정 박원종·우의정 유순정이 아뢰기를,
"평안도 관찰사 안침(安琛)이, '공신의 노비 및 반인(伴人)을 조종조에서는 본도 사람으로 망정(望呈)하지 않았는데, 지금 정국 공신들은 어지럽게 고집하여 다투어 장계(狀啓)하기까지에 이르렀습니다. 신 등은 황공스러움을 이기지 못하겠습니다. 신 등은 처음에 양계(兩界)가 변방이기 때문에 전례를 상고하니, 양계 가운데 내지의 각관은 받아 내온 자가 많이 있었습니다. 그래서 신 등 또한 그렇게 하고자 한 것인데, 대간이 말하고 관찰사가 또 이 때문에 장계를 올리니, 상께서는 신 등이 전례가 없는데도 망령되이 외람되게 한다고 생각할 것입니다.
그러나 이제 다시 상고하니, 정난 공신 이후로부터 모두 있었습니다. 또 순정이 평안도 관찰사가 되었을 때, 공신의 노비를 추쇄하여 아뢰었으니, 그 계문(啓聞)이 반드시 해사(該司)에 있을 것입니다. 지금 감사의 서장(書狀)은 신 등이 무슨 까닭인지를 모르겠습니다. 필시 감사가 상세히 상고하지 않고 추측하여 망령되이 아뢴 것일 것이니, 진실로 마땅히 추문하여야 합니다. 또 양계의 반인은 본래 이를 한 자가 없는데, 지금 감사의 서장이 이와 같으니, 그 어지럽게 고집하여 다툰 자의 성명을 아울러 추문하는 것이 어떻겠습니까?"
하니, 전교하기를,
"평안 감사를 추문하고, 만약 반인을 고집하여 다투는 자가 있으면 또한 치죄하라."
하였다. 최세절 등의 상소로써 대신에게 의논하였다. 박원종이 의논드리기를,
"갑자년 파방의 일은 전에 이미 의논하여 문득 고치는 것이 곤란할 듯함을 아뢰었습니다. 다만 세절 등은 문반(文班)의 관원이 되어 경력이 이미 오래인데, 하루 아침에 다시 포의의 선비가 되어 성명(聖明)한 때에 등용되지 못하니, 그 원통함이 과연 진소(陳訴)한 것과 같습니다."
하였다. 유순정은 의논드리기를,

"세절 등을 시취(試取)할 때, 신은 지방에 있어서 시취 절목을 알지 못했었습니다. 전일 수의(收議)할 때, 세절 등이 지은 것을 버리자고 한 것은 오로지 영합하기를 일삼아서 일 뿐만 아니라, 처음에는 과거의 제도로 시취한 것이 아니기 때문에 파방할 것을 의논하여 아뢰었던 것입니다. 그런데 이제 상소의 사연을 보니, 만약 그때 수협(搜挾)을 엄격하게 하여 과거의 제도로 취하였다면, 다만 지은 글이 영합한 것이라 하여 파방까지 한 것은 애매한 듯합니다. 파방을 면제하고 다만 현직(顯職)에 서용만 하지 않는 것이 어떠합니까?"
하였다. 유순·박숭질(朴崇質)·유자광·구수영·신준·김감·정미수·성희안 등의 의논도 대략 같았다. 의논이 들어오자, 명하여 세절 등의 급제를 도로 내리게 하였다.
【사신은 논한다. 갑자방(甲子榜)은 당시 연구급제(聯句及第)라고 일컬었다. 의논하여 파한 지 오래지 않아 곧 다른 의논을 내니, 안타까운 일이라 하겠다.】

원년 12월 1일(을사)

좌의정 박원종·우의정 유순정·이조 판서 성희안 등이 아뢰기를,
"유빈(柳濱)·이과(李顆)·김준손(金駿孫) 등은 죄를 받고 전라도에 있으면서 국운이 이미 떠나고 민심이 향하는 바를 알고서 주상(主上)을 추대하고자 옥과(玉果) 현감(縣監) 김개(金漑)로 하여금 서울에 격문에 전달하게 하였는데, 미처 이르지 않아서 전하께서 등극한 것을 듣고 돌아갔으니, 그 사기(事機)가 꾀하지 않고서도 같았습니다. 중외가 협심하여 추대한 것임을 이로써도 알 수 있으니, 마땅히 사책(史册)에 크게 적어야 하므로 와서 아룁니다."
하였다. 그 격서(檄書)는 다음과 같다.
"삼가 생각하건대, 우리 태조 강헌 대왕(康獻大王)은 어렵게 창업하여 자손에게 물려 주셨고, 우리 세종에 이르러 덕교(德敎)가 아름답고 밝아졌으며 정화(政化)가 크게 행하여져서 예악 문물이 환하게 날로 새로와졌습니다. 우리 성종에 이르러는 한결같이 성헌(成憲)을 좇아 국용을 절약하고 인민을 사랑

하여, 형벌은 죽이지 않는 것으로써 위엄을 삼고, 재물은 축재하지 않는 것으로써 부유함을 삼았습니다. 관후하게 백성을 대접하고 은례(恩禮)로 선비를 대우하며, 문무를 아울러 숭상하여 등용하니, 사람들은 쓰임을 즐거이 여기고 모두 명절(名節)을 숭상했습니다. 백성은 평안하고 물화는 풍성하여 온 세상에 근심되는 일이 없었으니, 태평스러운 정치가 이에 융성했습니다. 아깝게도 장수를 누리지 못하고 갑자기 정호(鼎湖)의 슬픔을 주어, 비록 심산 궁곡이라도 달려와 호곡하지 않음이 없었음을 깊은 사랑과 두터운 은택이 인심에 젖은 때문이었습니다.

불의에 사군(嗣君)이 계승하여서는 선왕의 법을 모두 변혁하고 포학하고 무도함이 날로 심하였습니다. 부왕의 후궁을 장살(杖殺)하고 옹주와 왕자를 유배하여 죽였으며, 일을 말리는 대간을 귀양보내거나 주참하였습니다. 대신을 욕보이고 충량(忠良)을 해치되, 아비가 살륙되면 아들에게 미치고 아들이 살륙되면 아비에게 미치며, 형이 살륙되면 아우에게 미치고 아우가 살륙되면 형에게 미치니, 서로 수사(收司)하고 연좌(連坐)함이 진(秦)나라 법보다도 심했습니다. 죽은 자와 귀양간 자가 그 얼마인지를 몰랐는데, 모두 죄가 있어서가 아니었습니다. 사람의 무덤을 파헤치고 재앙이 마른 해골에까지 미쳐 두골이 여기저기 거리에 매달려 있고 맨 송장이 오래도록 저자에 버려져 있으며 촌참(寸斬)하는 형벌과 뼈를 부수는 형벌을 자행하였으니, 이 또 무슨 형벌입니까?

남의 처첩을 앗아 음욕을 자행하고 남의 집을 헐어서 원유(苑有)를 넓혔으며, 선옹의 능침은 꿩이나 토끼의 놀이터가 되고, 선성(先聖)의 사묘(祠廟)는 곰이나 호랑이의 우리로 변했습니다. 정사는 내실에 있어 명분이 문란하고 용도는 절제가 없어 공사(公私)가 탕갈되니, 징발하여 거두어 들임이 그침이 없었으므로 백성이 의지하여 살 길이 없어서 늙은이를 부축하고 어린이를 이끌며 유망(流亡)이 잇달았습니다. 그 뿐만이 아닙니다. 종실 형제의 첩을 핍박하여 서로 간통하게 하니 인륜이 벌써 두절되고 인도가 없어졌습니다. 삼년상에 있어서도 이것은 천하의 통상적인 상사인데 차마 그 상제를 단축하고, 부모의 기일은 군자가 종신토록 입은 상사인데 또한 모두 없앴으니, 이는 곧

제사 지냄이 유익함이 없다 하여 스스로 그 제사를 끊는 것입니다.

아, 슬픈 일입니다! 하늘에 있는 선왕의 영혼이 과연 평안히 흠향하시겠습니까? 말과 생각이 이에 이르니, 통곡함을 깨닫지 못하겠습니다.

기타 토목의 역사와 성색의 기호(嗜好), 대지(臺池)·유전(游畋)의 오락과 금수 화훼(花卉)의 완상 등, 일일이 다 들기 어렵습니다. 곤충 초목과 돌까지도 모두 평안할 수 없었습니다. 큰 죄가 걸주(桀紂)보다도 더하니, 예로부터 나라를 망친 임금 중에 이와 같이 심한 자가 있지 않았습니다. 생민의 일시적 괴로움은 아직 족히 말할 것도 없으나, 임금 자리는 간사한 이가 엿보는 것인데, 만일 왕위를 엿보는 자가 하루 아침에 갑자기 일어난다면 괴로움을 싫어하고 평안하길 생각하는 백성이 반드시 소리가 호응하듯 그림자가 따르듯 할 것이니, 역성(易姓)의 화가 또한 걱정됩니다.

성묘(成廟)께서 26년간 경사(卿士)를 예로 대접하고 충의(忠義)를 배양한 것도 바로 오늘에 위해서입니다. 우리 성묘를 섬겨 두터운 은혜를 받고 총권(寵眷)을 입은 자가, 사직이 망하는 것을 앉아서 구경만 하고 차마 두 성을 섬기겠습니까? 하늘에 있는 성종의 영혼은 응당 구천 지하의 옛 신하들과 이미 몰래 주참한 것을 의논했을 것이고, 또 조정에 있는 공경 대부들의 녹봉만을 구차스럽게 탐하고 제 몸만을 오로지 두호해서 옛 임금의 은혜를 생각하지 않음을 원망할 것입니다.

진성 대군(晋城大君) 휘는 성종 대왕의 친아들로서, 어질고 덕이 있어서 주외가 촉망하여 구가(謳歌)하며 귀의하는 바이니, 이 분을 두고 어느 분을 우러르겠습니까? 그래서 성종의 옛 신하 모모(某某) 등은 진성(晋城)을 추대하고자 모월 모일에 의병을 일으켜 제도(諸道)에 격서를 돌리고 날을 약속하여 서울에 모일 것입니다. 조정에 있는 삼공·육경과 여러 집사(執事)들은 마땅히 속히 추대하여 종사의 위태로움을 붙들고 인신의 분함을 펴야 합니다. 만약 그렇게 할 수 없으면 함께 도모하고 몸을 보호해서 의병이 이르기를 기다리십시오!

태공(太公)이 무왕을 도와 주(紂)를 치자, 앞의 무리가 창을 거꾸로 잡고 뒤를 공격하여 배반했으니, 이때를 당하여는 무왕이 이성(異姓)으로서 혁명하였는데도 인심은 순한 것을 도와서 오히려 이와 같았는데, 지금 이 거사는 성종의 친아들을 추대하는 것이라, 하늘에 응하고 사람에 따르는 것이니, 누가 감히 이의를 가지겠습니까? 그렇지 않고 간계를 꾸미는 이가 있으면 스스로 조정의 의논이 있을 것입니다. 전쟁을 일삼는 것이 아니기 때문에 갑주(甲胄)를 입지 않고, 궁시(弓矢)를 들지 않을 것입니다. 믿는 건 인심이고 의거하는 바는 대의(大義)일 뿐입니다. 만약 어지러운 명령을 받들고 군사를 거느려 막는 자가 있으면, 뒤를 공격하여 배반하는 일이 사세상 반드시 이를 것입니다. 각각 마땅히 소심하게 살펴 후회를 남기지 말아야 합니다."
하였다.

원년 12월 3일(정미)

무령 부원군 유자광·좌의정 박원종·우의정 유순정 등이 아뢰기를,
"무릇 1품 아문(衙門)은 비록 하리(下吏)일지라도 헌부에서 마음대로 부르지 못하고 반드시 첩정(牒呈)으로 통지하는 것입니다. 지금 공신을 마련하는 것 때문에 국(局)을 설치했는데, 헌부에서 나졸을 풀어 서리(書吏)를 잡아갔고, 박영문에게 또 공함(公緘)을 보내어 핵문하니, 이는 장차 신들에게까지 미칠 것입니다. 사직하지 않을 수 없습니다."
하니, 전교하기를,
"헌부에서 서리를 잡아가둔 것만도 이미 잘못인데 또 공함을 내었으니, 무슨 일 때문인지 모르겠다. 그러나 필시 정승 등이 출사하지 않았는데 박영문은 항상 출사하였기 때문일 것이다. 사직하지 말라."
하였다.

원년 12월 3일(정미)

유자광·박원종·유순정이 아뢰기를,

"처음 충훈부(忠勳府)에서 공신을 마련했을 뿐이고 청(廳)으로 이름하지 않았습니다. 공문을 주고 받을 때 칭호가 곤란하므로 청으로 이름했을 뿐입니다. 공신 단자는 신 등이 봉함하였으니 영문이 제멋대로 뜯을 바가 아니며, 보도록 하라는 승전(承傳)은 신 등도 듣지 못하였기 때문에 지금까지 보내지 않았습니다. 신 등이 감히 대간에게 허물을 돌리는 것이 아니라 다만 예(例)를 어기는 일이므로 아뢰었을 뿐입니다. 어찌 사정(私情)이 있겠습니까?"
하였다.

원년 12월 21일(을축)

조강에 납시었다.
영사 박원종이 아뢰기를,
"광주(廣州) 땅에 휘신 공주(徽愼公主)【폐왕의 딸.】의 종의 집이 있었는데, 그 곳 관아의 품관(品官)과 관차(官差) 등이 그 집을 수색하다가 종을 익사하게 하였습니다. 추쇄청(推刷廳)에서 죄인의 재산을 찾아내면서 자질구레한 것까지 내놓으라고 지독하게 독촉하는 것이 폐조와 다름이 없습니다. 이제 은택을 흠씬 내리는 때를 당하여 이와 같이 하여서는 안됩니다. 청컨대 앞으로는 자질구레한 물건은 추쇄하지 말게 하여 국가에서 모든 사람을 다같이 사랑하는 뜻을 보이소서."
하니, 상이 이르기를,
"그 말이 매우 옳다. 추쇄하지 말라."
하였다.

원년 12월 25일(기사)

조강에 납시었다.
영사 박원종이 아뢰기를,

"갑자년 이후 강제로 사들인 집을 헌부에서 방금 분간(分揀)하고 있으므로, 혹 빈궁하여 혹은 방역(坊役)을 이기지 못하여 자진해서 매매한 자까지도 모두 '강제로 사들인 것.'이라고 하면서 어지럽게 진소(陳訴)하고 있습니다. 이것은 그때는 값이 헐하였지만 지금은 값이 비싸므로 도로 물리고자 해서 그런 것입니다. 이 일은 강제로 사들인 것으로 논하여서는 안됩니다."
하니, 상이 이르기를,

"공신이 이미 받은 집은 헌부에서 계청하여 분간하였으므로 내가 이미 이를 좇았다. 그러나 강제로 사들인 것이 아닌데도 거짓으로 진소하는 자는 정상이 뚜렷이 나타나거든 또한 논죄하게 하는 것이 옳다."
하였다. 박원종이 아뢰기를,

"벼슬을 구하기 위해서거나 혹은 송사(訟事) 때문에 재물을 바쳤으면 이는 마땅히 적몰(籍沒)하여야 하나, 죄없이 형을 당한 자가 물건을 바치고 살기를 구했다면, 그 바친 물건을 관에 몰수하여 들이는 것은 애매한 듯합니다. 그리고 나인 백견(白犬)【폐주가 총애하던 기생 의춘도(倚春桃)】의 집 종이 남의 토지와 노비, 문권(文券)을 빼앗은 것이 매우 많으니, 또한 본주인에게 추환(推還)하여야 합니다."
하였다.

2년 1월 1일(을해)

좌의정 박원종(朴元宗)·우의정 유순정(柳順汀)이, 절후[時令]가 화순하지 못한 일로 사직하자, 전교하기를,
"이것은 나의 부덕(否德)에서 온 것이니, 사직하지 말라."
하였다.

2년 1월 4일(무신)

박원종·유순정 등이 공주(公州)가 피폐하다 하여 광주(廣州)·안주(安州) 등 고을 준례에 따라 임시로 판관(判官)을 혁파할 것을 청하니, 상이 그대로 따랐다.

2년 1월 4일(무신)

전비(典備) 등을 국문하는 일을 정지하도록 명하였다. 이보다 앞서 좌의정 박원종이, 전비 등이 폐조(廢朝) 때 특별히 범람한 일이 많았음을 아뢰었기 때문에 형조로 하여금 국문하였던 것인데, 이 때 날씨가 매우 추우므로 고문을 가하면 원통하고 억울한 일이 있을까 하여 이 명을 내린 것이다.

2년 1월 13일(정해)

박원종 등이 아뢰기를,
"후사 문제는 널리 하지 않을 수 없으므로 숙의(淑儀)는 지금 간택하고 있는 중이며 시녀 또한 수대로 뽑아 들여야 하겠습니다."
하니, 전교하기를,
"시녀 뽑아 들이는 일은 급무가 아니다. 추후로 간택하여 들여도 늦지 않을 것이다."
하였다.

2년 1월 18일(임진)

좌의정 박원종(朴元宗)·우의정 유순정(柳順汀)이 빈청(賓廳)에 나아가 문안하고, 이어 아뢰기를,

"중궁(中宮)을 지금까지 정하지 않으시니, 온 나라 신민이 모두 미안히 여기고 있습니다. 청컨대 일찍 정하소서."
하니, 전교하기를,
"아뢴 말은 당연하나 나로서도 스스로 정할 수 없다."
하였다. 대비가 빈청에 전교하기를,
"성이 이씨(李氏)라도 종친만 아니면 대궐에 들여도 무방한가?"
하니, 원종 등이 회계(回啓)하기를,
"옛말에 이르기를, '동성에 장가들지 않는다' 하였습니다. 또 '이씨에게 장가들지 말라'는 말이 『대전(大典)』에 있으니, 해당 관사로 하여금 고례(古禮)를 상고하게 함이 어떻겠습니까?"
하니, 대비가 전교하기를,
"국모를 하필 동성에게 취할 게 있겠는가? 고례를 상고할 것 없다."
하였다.

2년 윤 1월 2일(병오)

박원종(朴元宗) 역시 아뢰기를,
"강무장은 긴요하지 않은 곳이 많으니, 원유사(苑有司)로 하여금 현장을 조사하여, 백성들에게 화전(火田)을 허락하소서."
하였는데, 모두 그대로 윤허하였다.

2년 윤 1월 16일(경신)

조강에 납시었다. 영사(領事) 박원종(朴元宗)이 아뢰기를,
"겸 선전관은 세조조(世祖朝) 고사에 따라 설치한 것이며 또 근일 천재 시변(時變)이 있으니, 신의 생각으로는 더 설치하여 천재를 늦추고 시위(侍衛)를 충실히 하려는 것이지 다른 뜻이 있는 것은 아닙니다."

하니, 장령(掌令) 김언평(金彦平)은 아뢰기를,

"천재를 늦추려면 몸을 낮추고 행실을 닦으면서 간쟁(諫諍)하는 것을 받아들여야 할 것입니다. 이것을 버리고 다른 것을 구한다는 것은 신 등이 알지 못하는 바입니다."
하였다.

2년 윤 1월 19일(계해)

대신들에게 명하여, 겸 선전관을 더 두는 것이 마땅한지의 여부를 의논하게 하였다. 그 의논이 한결같지 않았으나, 좌의정 박원종(朴元宗)은 아뢰기를
"더 두는 일은 전일 여러 사람의 의논을 모아 계청한 것이니, 반드시 깊은 의의가 있을 것인즉 그대로 폐지할 수 없을 것이며, 공신 이외 재상의 자제만은 우선 다시 임명하여 공선(公選)이 될 수 있게 하는 것이 무방하겠습니다."
하니, 상이 그대로 따랐다.

2년 윤 1월 28일(임신)

추관(推官)들의 상격(賞格)을 논정하여, 유순·유자광·박원종·유순정·성희안 등에게는 숙마(熟馬) 1필씩을 주고, 금부(禁府) 당상 이계남(李季男)·윤탕로(尹湯老)와 도승지 홍경주·동부승지 이유청 등에게는 반숙마(半熟馬) 1필씩, 문사관(問事官) 한세환(韓世桓)·김극성(金克成)·윤귀수(尹龜壽)·김승지·주서(注書)·한림(翰林)·승전색(承傳色) 등에게도 차등 있게 상을 주었다. 나와서 고한 자인 심정·김극성·남곤 등에게는 한 자품을 올리며, 또 유생 문서귀(文瑞龜)에게도 가자(加資)를 하고, 이어 명하여 서용하게 하였다.

2년 2월 3일 (정축)

좌의정 박원종(朴元宗)이 사면하여 아뢰기를,

"신이 본래 무인(武人)으로서 별로 재식(才識)이 없는데, 반정 후에 신을 공이 크다 하여 특별히 삼공(三公)의 소임을 제수하시니, 신의 마음이 불안하여 매양 사피(辭避)하려 하면서도 이루지 못하였습니다. 근자에 무뢰한 무리가 원한을 품고 모해하는데, 사소한 것은 논할 것이 없지만, 김공저 (金公著)·유숭조(柳崇祖) 같은 자가 모두 전의 혐의를 가지고 또한 신을 해치려 하였으며, 정미수(鄭眉壽)는 대신으로서 알고도 고하지 않았으니, 이것은 항상 신을 부족하다고 여겼기 때문인 것입니다. 따라서 신은 더욱 불안합니다. 더구나 백관의 모범(儀表)이 되는 곳은 신이 있을 곳이 아닙니다."

하니, 전교하기를,

"경은 공이 크고 신망이 중하니, 어찌 삼공에 적합하지 않겠는가? 간세(奸細)한 무리들의 미친 말에 구애되지 말라."

하였는데, 다시 아뢰기를,

"근자에 간악한 음모가 탄로되기 전에, 심문하고 핵실하여 정상을 알았으니, 이것은 국가의 복이며 신이 화를 면한 것 또한 위의 은덕입니다. 그러나 일을 깊이 캐어보면 대신에게로 확대되어 큰 옥사를 이룰까 염려되므로, 갑자기 국문하는 일을 끝낸 결과 매우 미흡한 점이 있었습니다. 듣건대, 당초 신 등을 모해할 때 그 족당(族黨)들이 다투어 기뻐하였다고 하며, 또 지금 여당(餘黨)들이 아직도 많다 하니, 간악한 음모를 측량하기 어렵습니다. 신이 만일 해를 입는다면, 위에서 크게 놀라신들 신에게 무슨 도움이 되겠습니까? 또 신은 재덕(才德)이 없어 삼공에 적합하지 않으니, 군(君)을 봉하는 데에 그치어 식록(食祿)이나 보전한다면, 신은 만족하고 상은(上恩) 역시 중할 것입니다"

하였으나, 윤허하지 않았다.

2년 2월 5일(기묘)

좌의정 박원종(朴元宗)이 아뢰기를,
"신은 본래 무사로서 별로 재식(才識)이 없어, 삼공 자리를 차지하고 있으니, 인원이나 채울 뿐이지 무슨 도움이 되겠습니까? 마음 속에서 미안하게 생각하고 있습니다. 그런데 근사에 간세(奸細)한 무리가 신을 매우 원망하여 모해까지 하려고 하니, 크게 놀라움을 금할 수 없습니다. 신이 장차 무슨 면목으로 다시 정부에 있겠습니까? 정부의 소임은 사체에 통달하고 고금 일을 널리 아는 자라야 하는 것입니다. 신 같은 자는 한 가지도 합당함이 없으므로 감히 사면합니다."
하니, '경은 재덕을 겸전하지 않음이 없는데 무슨 문제가 있겠는가? 사면하지 말라' 전교하였다.

2년 2월 10일(갑신)

좌의정 박원종(朴元宗)이 아뢰기를,
"신이 근일 친제(親祭)에 재계하시는 일 때문에 사직하지 못하였습니다. 신은 본시 무반(武班)으로서, 학력이 없고 덕망도 부족하여 정부에 매우 합당치 못하므로 사직하기를 청합니다."
하니, '삼공(三公)의 직위를 어찌 경하게 갈겠는가?' 전교하였다.
원종이 다시 아뢰기를,
"옛날부터 삼공이, 굳이 사양하거나 탄핵을 받으면 모두 그 직위를 갈았습니다. 지금 신은, 김공저(金公著) 등이 해치려 하고, 재상도 그 음모를 알면서도 말하지 않은 자가 있으니, 이것은 항상 신이 삼공에 적합하지 않다고 여겨서 그런 것입니다. 그런데도 신이 그대로 있는다면 한때의 비난을 받을 뿐만 아니라 후세에까지 비난을 듣게 될 것입니다. 신이 만일 직위를 벗고, 한직[閑官]으로 옮겨진다면 국가에서는 공에 대한 보답을 잃지 않게 되는 셈이고 신 역시 신명을 보전하게 될 것입니다."
하였는데, 윤허하지 않았다.

2년 2월 13일(정해)

좌의정 박원종(朴元宗)이 사직하였으나, 윤허하지 않고 비답하기를,
"사직(社稷)의 안녕은 대신을 의뢰하고, 대신의 직책은 사직으로 마음을 삼는 것이다. 이제 믿어 맡기기를 실로 깊이 하는데, 어찌하여 물러가 사양하기를 이토록 빨리 하는가? 경이야말로 하늘이 문무(文武)를 주어 대대로 근로를 쌓았다. 충의로운 자질을 타고났고 관홍(寬弘)한 도량을 가졌다.

전대(前代)에 정사가 위태로울 때를 당하여 대명(大命)이 거의 떨어지게 되었는데 분발하여 몸을 돌보지 않고 위태롭던 날 계책을 결정했으며, 지성으로 순국(徇國)하여, 전도를 알 수 없을 때에 불순한 무리들을 진압하였다.

음침한 기운을 깨끗이 청소하고, 일월의 빛을 발휘하여 조정을 구정(九鼎)보다 무겁게 하고, 국가가 태산(泰山)처럼 의지하게 하였다. 어찌 한 때의 모범이 될 뿐이겠는가. 또한 백세의 의범(儀範)이 될 만하도다.

경의 공이 성대함을 논하자면 한(漢)나라 곽광(霍光)이요, 경의 뜻이 순결함을 논하자면 상(商)나라 이윤(伊尹)이다. 죄 있는 자가 이미 처단되었으니, 경에게 무엇이 관계되리오. 스스로 높은 벼슬자리를 경계하는 것이기는 하지만, 감히 대려(帶礪)의 맹세를 잊겠는가? 난을 평정하여 바른 데로 돌렸으니, 경은 실로 옛사람보다 못할 것이 없고, 도를 논하고 나라를 경영하니, 나는 경을 오늘에 쓸 것을 기대하였노라.

생각해 보면, 큰 공훈이 이미 정하여졌으니, 지극한 다스림이 서로 따를 것이다. 과인의 몸을 보필하는 것이 어찌 또한 경의 본래의 절개를 다함이 아니겠는가? 옛부터 인군과 신하의 사이는 성의로 서로 믿어야 한다. 내가 대신들을 항상 예절로 대우하면서 처음에 조심하였으니, 경은 사직에 충성으로 보답하면서 마침[終]을 잘하도록 해야 할 것이다."

하였다.

2년 3월 18일(신유)

조강에 납시었다. 영사 박원종(朴元宗)이 아뢰기를,
"청녕위(淸寧尉) 옹주(翁主)가 폐조(廢朝)에서 귀양가게 되었을 때, 청녕위의 신주를 안고 가서 조석 끼니로 제사드리다가 돌아올 때 받들어 모시고 왔습니다. 창황(蒼黃)할 때에는 장부(丈夫)라도 할 수 없는 일인데, 더구나 존귀한 부인으로서 그렇게 하였으니, 그 장한 행실을 권장하지 않으면 안 되겠습니다. 그리고 이런 사람들을 찾아내어 정표(旌表) 권장하는 것이 어떻겠습니까?"
하니, 상이 이르기를 좋다고 하였다.

2년 3월 18일(신유)

좌의정(左議政) 박원종·우의정 유순정(柳順汀)이 아뢰기를,
"숙의(淑儀) 홍씨(洪氏)·윤씨(尹氏)의 부친은 이미 승수(陞授)가 되었는데, 나씨(羅氏)·박씨(朴氏)의 부친만이 은혜를 입지 못하였습니다. 청컨대 박씨의 부친으로 서반(西班)의 참상(參上)을 삼고, 나씨의 부친으로 동반에 승수하여, 봉록(俸祿)을 넉넉히 주게 하소서."【박씨의 부친 박수림(朴秀林)은 상주(尙州) 정병(正兵)인데, 박씨가 처음 뽑혀 들어오게 되자, 정붕(鄭鵬)이 듣고 탄식하여 말하기를, '이것이 화의 씨다.'라고 하였다.】
하고, 또 사천(私賤)으로서 공신에 참여한 자에 대하여 서계(書啓)하기를,
"지난번 전교를 인하여, 이런 유들을 삭감하였습니다."
하였는데, 유자광(柳子光)이 아뢰기를,
"가은대(加隱大)란 자는 유방(柳房)의 종으로서 성종조에 양인이 된 자인데, 반정 때 그가 어보(御寶)를 봉함하고 신은 거기에 착명(着名)해 가지고 왔습니다. 어찌 그에게 공이 없다 하겠습니까? 감하지 말기를 청합니다."

하니, 모두 그대로 허락하였다. 박원종이 아뢰기를,

"심원(沈元)은 그 아우 심형(沈亨)·심정(沈貞)과 함께 【세 사람은 모두 상중에 반정 모의에 참여하였다.】 신의 집에 와서 모의에 참여하였습니다. 원으로 친공신(親功臣)을 삼아도 되는데, 빠뜨리고 적지 않았으니, 정상이 민망스럽습니다. 원은 자급(資級)이 이미 다하였으니, 당상관으로 올려주어야 하겠습니다."

하니, 상이 그대로 따랐다.

2년 4월 22(을미)

좌의정 박원종(朴元宗)이 태봉(胎峯)을 봉심(奉審)한 일을 마치고 와서 복명하였다. 이어 아뢰기를,

"지금 들으니, 대간·홍문관·승정원·예문관과 태학생에 이르기까지 유자광의 일을 논계(論啓)하여 마지않는다 합니다. 이것은 온 나라의 공론을 들어 말하는 것이니 들어주지 않을 수 없습니다. 단 자광은 이미 큰 공로가 있으므로 극형에는 처할 수 없으니, 멀리 귀양보내서 공론을 쾌하게 하여야 하겠습니다."【자광이 비밀히 원종에게 서간을 보내어, "입술이 없으면 이가 시리다는 옛말이 있다. 어찌하여 감싸주지 않는가?" 하니, 원종이 회답하기를 "사림(士林)이 그대에게 이를 간 지 이미 오랜데, 어찌 일찌감치 물러가지 않는가?" 하였다.】

하니, 상이 이르기를,

"자광은 누대 조정에 두루 벼슬하였다. 지금 이미 조정에 의논하여 파직한 것도 너무 과한데, 더 죄를 줄 것 없다."

하였다.

2년 5월 11일(계축)

좌의정 박원종 · 우의정 유순정(柳順汀)에게 전교하기를,
"내가 『국조보감(國朝寶鑑)』을 열람하다가, 성종(成宗)께서 '대간은 나의 이목(耳目)으로서 봉주(封奏)를 많이 하여 나의 부족을 보완했으니 각각 한 자급을 올리도록 하라.'고 전교하신 것을 보았다. 요즘에 대간이 또한 봉주를 많이 했으니, 지금 성종조의 옛일에 의거해서 한 자급을 올리려 하는데 어떠한가?"
하니, 원종(元宗) 등이 아뢰기를,
"이는 매우 훌륭하고 아름다운 일입니다. 성상의 하교가 지당하십니다."
하니, 전교하기를,
"내가 즉위하던 처음에 대간들이 당시의 폐단을 극력 진달하여 나의 부족을 보완했다. 내가 매우 아름답게 여기니 각각 한 자급을 올리도록 하라."
하였다.

2년 6월 17일(기축)

좌의정 박원종(朴元宗) · 우의정 유순정(柳順汀) · 좌찬성 박안성(朴安性) · 우찬성 송일(宋軼) · 좌참찬 이손(李蓀) · 우참찬 이집(李諿)이 아뢰기를,
"왕비 책봉하는 일을 신 등이 전일에 두 번이나 아뢰었으나, 이제까지 국모를 정하지 못하여 대체에 온당치 못하니, 바라건대, 속히 정하시어 나라 사람들의 소망에 맞도록 하소서."
하니, 전교하기를,
"속히 국모를 정하는 일은 매우 당연하다. 그러나 이같이 큰일을 갑작스럽게 빨리 정하는 것은 온당하지 못하다. 선왕들께서도 후사를 중히 여기시므로 결연히 정하지 못하신 것이다. 이제 자전(慈殿)의 뜻도 그러시고 나 역시 그 때문에 어렵게 여긴다."

하였다. 다시 아뢰기를,

"큰일을 갑자기 정하기가 온당치 못하다는 하교는 매우 당연합니다. 국모의 범절은 마땅히 덕행으로 으뜸을 삼는 것이요, 비록 뒤를 이을 후사가 없더라도 다른 분에게 아들이 있으면 역시 대통(大統)을 잇게 될 것입니다."

하니, 곧 윤숙원(尹淑媛)【윤여필(尹汝弼)의 딸】으로 왕비를 삼도록 명하였다.

2년 6월 23일(을미)

영의정 유순(柳洵)·좌의정 박원종(朴元宗)·영가 부원군(永嘉府院君) 김수동(金壽童)에게 의원을 보내어 문병하도록 하였다.

2년 7월 8일(기유)

병조에서 함경도의 이보 체찰사(移堡體察使)의 천망 단자(薦望單子)를 아뢰고, 또 우의정 유순정(柳順汀)의 뜻으로 아뢰기를,

"좌의정 박원종(朴元宗)은 국가의 대사를 끝까지 맡았던 사람인데 양계(兩界)의 형세를 알지 못하니, 이제 그를 보내어 변방의 일을 알게 하고, 겸하여 보를 옮기는 것이 마땅한지 여부를 살피게 함이 매우 옳습니다. 그러나 정승에게 의망(擬望)할 수 없으므로 우선 송일(宋軼)과 이손(李蓀)으로 의망하였습니다."

했으나, 어서로 박원종을 써서 내려보냈다.

2년 7월 11일(임자)

대간이 또 아뢰기를,

"또 좌의정 박원종이 이보(移堡)의 일로 함경도에 가게 하셨는데, 이는 바로 유비 무환(有備無患)의 훌륭한 마음이십니다. 그러나 근년에 북도는 폐조

(廢朝)의 피물(皮物) 무역으로 곤핍과 피폐가 더욱 심하여 백성이 흩어지고 안정되지 못하였는데, 이제 만약 중신(重臣)을 보낸다면 더 말할 나위도 없이 시끄럽고 백성에게 고통이 될 것입니다. 또 보를 옮기는 일은 그다지 긴급하지 않으니 보내지 말도록 하소서."
하였다.

2년 7월 11일(임자)

전교하기를,
"체찰사 박원종은 종사관(從事官)으로 사인(舍人) 박광영(朴光榮)·병조 정랑 윤귀수(尹龜壽)·형조 정랑 유홍(柳泓) 등을 데리고 가라."
하였다.

2년 7월 12일(계축)

좌의정 박원종·우의정 유순정·좌참찬 이손·판윤 전임(田霖)·병조 판서 유빈·참판 허집(許輯)·참의 구전·참지 이세응(李世應)을 빈청으로 불러, 보 옮기는 것을 가서 살필 일을 의논하도록 하였다. 박원종 등이 의계(議啓)하기를,
"보 옮기는 일은, 대간이 폐가 있다 하여 보내지 말라 하였는데 과연 옳습니다. 그러나 신 등의 소견으로 헤아려보건대, 무산보(茂山堡)는 사는 백성들이, 땅이 척박하여 농사지을 수가 없으므로 이사하려 한 지가 오래입니다. 매양 이 일로 감사(監司)에게 정장(呈狀)하는데, 금년에 만약 옮기지 못하고 명년에 옮긴다면, 명년 농사도 또한 지을 수 없을 것입니다. 또한 반드시 가서 살피게 하되, 부득이 중신을 보내는 것은 한편으로는 변방의 사정을 살펴서 조치하도록 하고, 한편으로는 변방 백성들의 마음을 진정시켜 위안해 주는 것이니, 그 맡은 소임이 매우 무겁습니다.

하니, 옳다고 전교하였다.

2년 7월 12일(계축)

박원종이 독계(獨啓)하기를,
"대간이 그 시끄러울 폐단을 염려하여 보내지 말기를 계청(啓請)함은 매우 옳습니다. 대체로 그 도는 곤궁에 시달렸는데 또 이번 사행이 있다면 지대(支待)하고 영송(迎送)하느라 그 폐가 적지 않을 것입니다. 이 일은 반드시 급히 할 필요가 없으니, 지금 보내지 않더라도 좋을 것입니다."
하니, 전교하기를,
"경은 가도록 하라."
하였다.

2년 7월 14일(을묘)

좌의정 박원종이 아뢰기를,
"올해 북도에 수재(水災)가 있어 백성이 농사를 잃었으니 반드시 금년에 진을 옮길 필요가 없습니다. 바라건대, 신을 보내지 마소서."
하였으나, 윤허하지 않았다가 재차 아뢰니, 그대로 윤허하였다.

2년 7월 15일(병진)

전교하기를,
"가을 곡식이 이미 익었으니 금주법을 그만 두는 것이 어떻겠는가? 이를 삼공에게 의논하도록 하라."
하였다. 유순이 아뢰기를,
"비록 금주법을 두었으나 사세가 금단하기 어렵고, 더러 금법을 범하여 죄를 받는 자는 거의 다 빈한한 자들이라 죄를 다스림이 도리어 가여웠습니다. 또한 벼와 기장이 장차 익게 되어 오래도록 금법을 두는 것은 불가하니 금법을 해제함이 편리하겠습니다."
하고, 박원종은 의논드리기를,
"금년 농사가 다소 풍년이 들어 이른 곡식은 벌써 익었습니다. 더구나 대소(大小) 신민이 폐조 때를 당하여 애타고 괴로움이 날로 심하여 하늘을 쳐다볼 여가도 없었다가 반정(反正)한 뒤로 신민들이 다소 고통에서 풀렸습니다. 이제 만약 금법을 풀지 않는다면 태평한 기상에 어긋날 뿐더러 여러 해 답답했던 심정이 펴지지 못할까 두렵습니다."
하고, 유순정은 의논드리기를,
"요사이 공사(公私)간에 비용이 모자라 낭비를 절약하는 것이 급하므로 술을 쓰지 못하게 금한 것입니다. 이제 벌써 가을철이 되었다고 하나 온갖 곡식이 채 익지 못하였고, 공사간에 비용의 부족을 아직 면하지 못했는데 갑자기 금법을 푸는 것은 마땅치 않으니 그전대로 금법을 두소서."
하니, 상이 유순의 의논을 따랐다.

2년 7월 22일(계해)

대제학 신용개(申用漑)를 주청 상사(奏請上使)로, 동지사(同知事) 안윤손(安潤孫)을 부사(副使)로, 홍문관 응교(弘文舘應敎) 이행(李荇)을 서장관(書狀官)으로 차임하고, 화천군(花川君) 심정(沈貞)을 사은사(謝恩使)로 차임하였다. 박원종 등이 아뢰기를,
"주청사(奏請使)의 책임이 지중하여 품질이 낮은 사람을 차견(差遣)할 수 없으니 신용개는 부사로 삼고, 상사(上使)는 1품으로 차임하시기 바랍니다."
하니, 성희안(成希顔)을 보내기로 명하고, 인하여 전교하기를,
"멀리 천리 밖에 보내려니 내 마음이 편치 못하기는 하나, 경이 큰일을 맡기에 적합하기 때문에 특별히 보내노라."

하였다. 【노공필이 사위 고명(嗣位誥命) 내려 주기를 청하였는데 권서 국사(權署國事)만을 허락하고, 또 이르기를, "너희 나라에서 주청하는 것이 비록 온 나라 인원들이 열명(列名)해서 아뢰는 것이지만, 모비(母妃)의 주청이 없으므로 그 청을 준허(准許)할 수 없으니, 아직 모비의 상청(上請)을 기다려서 곧 책봉을 준허하겠다." 하므로 사신 보내기를 의논한 것이다.】 박원종 등이 또 아뢰기를,

"평안(平安)·황해(黃海) 양도(兩道)는 수재(水災)로 인하여 농사를 실패하고 백성들이 살아갈 수가 없는 형편인데, 하물며 사명(使命)이 왕래하고 있으니 어찌 그 폐해가 없겠습니까? 곧 곤궁하여 능히 지탱하지 못할 것입니다. 흉년을 구제하고 민간의 폐를 제거할 일을 양도의 감사(監司)에게 하서(下書)하시는 것이 어떻겠습니까?"

하니, 전교하기를,

"계에 의해서 하라."

하였다. 대간이 유자광·이줄 등의 일을 아뢰고, 또 자광으로 인하여 원종(原從)에 잘못 녹훈(錄勳)한 사람 48인을 삭제할 것을 청하니 전교하기를,

"잘못 녹훈한 사람은 삭제하라. 나머지는 윤허하지 않는다."

하였다.

2년 8월 4일(을해)

상이 근정전(勤政殿)에 납시어 중궁(中宮)의 책봉례(冊封禮)를 행하였다. 왕비(王妃)가 중궁의 지위에 나가서 대비전(大妃殿)에게 전문(箋文)을 올리고, 또 풍정(豐呈)을 올렸다. 【왕비는 즉 윤여필(尹汝弼)의 딸이요, 여필은 박원종의 매부다.】 그 책문(冊文)에 이르기를,

"옛적에 철왕(哲王)들이 나라를 다스릴 적에 어진 왕비를 뽑아 세우지 않을 수 없는 것은, 인륜의 근본을 소중히 여기고 민복의 근원을 기초하기 때문이다. 미약한 내가 대보(大寶)를 이어 수성(守成)할 책임의 무거움을 생각하면

반드시 내치(內治)의 도움을 받아야 되겠도다. 중위(中闈)는 오래도록 비워둘 수 없고 배필은 마땅히 잘 선택해야 하는데, 어질고 착한 사람을 얻어서 함께 종묘(宗廟)를 받들 것을 생각하여, 자나 깨나 구하다가 1년이 되었도다.

아! 그대 윤씨는 명족(名族)에서 태어나 일찍이 훌륭한 소문이 났으므로, 궁중에 뽑혀 들어오니 덕을 으뜸으로 갖추어 왕비를 삼을만 하고 한 나라의 어머니가 될만 하도다. 이에 의지(懿旨)를 받들어 왕비로 책봉한다. 아아! 후비(后妃)는 임금에게 마치 하늘에 대해서 땅이요, 해에 대해서 달과 같은 것이니, 하늘을 짝해서 큰 덕을 맞추고, 해를 도와서 밝게 해야 할 것이로다. 유순하고 정정(貞正)함이 지극하지 않으면 어찌 이것을 능히 하겠는가? 그 왕명을 공경히 복종하고 능히 규문(閨門)의 덕화를 넓혀서 우빈(虞嬪)의 지극한 덕을 나타내고, 주모(周母)의 아름다운 소리를 이어받아 끝 없는 경사를 크게 번창하게 하라. 그러므로, 이에 교시(敎示)하노니, 자세히 알지어다."

하였다.

2년 8월 11일(임오)

박원종이 의논드리기를,

"요즈음 작상하는 것이 과연 외람되었으니, 대간의 아뢴 바가 심히 온당합니다. 지금 가자를 받은 사람이 많지 않고 역시 사문에 거론하여 중외에 포고하였으니, 지금 만일 다시 고친다면 아랫사람에게 신의를 잃을까 염려스럽습니다."

하였다.

2년 8월 15(병술)

정원에 전교하기를,

"정유선(鄭有善)의 불효한 죄는 내가 추안(推案)을 살펴보니, 심히 중대한

데까지 이르지는 않았고, 또 그 아비 정만산(鄭萬山)이 그 자식의 죽음을 차마 보지 못하여, 다섯 차례나 상언(上言)하기에 이르렀으니, 부자간의 정리가 절박함을 가히 알 수가 있다. 죽은 사람은 다시 살아나지 못하는 것이니, 사형율을 감해주는 것이 어떻겠는가? 오늘 삼정승 등을 불러 의논하라."
하였다.

좌의정 박원종이 의논드리기를,

"정만산의 아들 유선이 불효한 일은, 전일에 너그럽게 놓아주자는 의논이 있을 때에 상세히 시말을 구명하였는데, 유선이 그 아비를 뿌리친 정상은 피해 달아나려 한 것에 불과합니다. 만약 본심이 고의로 뿌리친 것이 아니라면 불효하다고 논단(論斷)하여 중죄로 처리하는 것이 너무 과하지 않습니까? 또 성상이 호생(好生)하시는 은혜 역시 크니, 특별히 죽음을 감해주는 것이 어떠하겠습니까?"

하니, 박원종의 의논을 따라, '놓아 주라.' 전교하였다.

2년 8월 22일(계사)

유순·유순정이 의논드리기를,

"정1품을 소각사(小各司)의 제조(提調)로 제수하는 것은 전례가 없으나 직임이 무거운 곳이면 주어도 무방할 것입니다. 그러나 맡고 있는 직임이 낮은 곳에도 1품으로 하는 것은 체모(體貌)를 잃는 것 같으니, 고치는 것이 마땅합니다."

하고, 박원종이 의논드리기를,

"도제조(都提調)가 있는 각사 아문(各司衙門)은 정1품이 되는 것은 『대전(大典)』에 실려 있습니다. 그러나 도제조 아문은 그 수가 제한되어 있는데, 근래에는 정1품 재상이 수가 많습니다. 재상이 출입하는 데는 구사(丘史)와 매우 관계되는데 부원군(府院君)으로 말하면, 본부에 원래 정한 구사가 5~6명에 지나지 않고, 늙고 병든 재상이 무릇 한 번 모이는 데는 부득이 승교(乘轎)·

혹은 초헌(軺軒)을 타야 하는데 거느리는 사람이 몹시 부족하여 재상의 체모가 크게 보잘것 없습니다. 그러나 1품으로 소각사의 제조가 되게 하는 것도 한때의 권도로 무방할 듯합니다."
하였는데, 원종의 의논을 따랐다.

2년 8월 23일(갑오)

대간이 가자한 일을 아뢰고, 간원(諫院)이 또 아뢰기를,
"심정(沈貞)·남곤(南袞)·김극성(金克成) 등은 전일 김공저(金公著)의 일을 고소(告訴)한 일로 상가(賞加)를 제수 받음으로써 오늘날까지 사론(士論)이 쾌하지 못합니다. 박경(朴耕)·김공저의 일은 미친 사람의 입에서 나온 말로 아주 명백하지 못합니다. 설령 박경 등이 대신을 모해하려 했다 하더라도, 유자광(柳子光)이란 자는 성종조(成宗朝)에서부터 조정을 흐리고 어지럽혀 간흉(奸兇)이라 일컬어져 사람들이 다 분하게 여기는데, 비록 제거된다 하여도 족히 애석히 여길 것이 없습니다. 박원종은 세상을 덮을 만한 원훈(元勳)으로 사람들을 기름과 불 가운데서 구출하였기에 모두 박원종의 공을 우러러 보는데, 어찌 해치려는 마음이 있겠습니까? 더구나 지금 김감·정미수 등이 다 죄를 용서받는 은혜를 입었으니, 그 일의 부실(不實)함은 이미 드러난 것입니다. 청컨대, 심정 등 3인의 상가(賞加)를 추탈(追奪)하소서."
하였다.

2년 9월 2일(임인)

부원군 김감(金勘)·노공필(盧公弼)·신준(申浚)·윤여필(尹汝弼) 등이 의논하여 아뢰기를,
"이번 일이 익대 때와 다름 없으니, 그 추관 등도 공적에 기록하는 것이 매우 옳습니다."

하고, 정미수(鄭眉壽)는 의계하기를,

"노영손은 정국(靖國)의 훈적(勳籍)에 추가 기록하고, 추관은 상을 논하는 것이 온당합니다."

하니, 전교하기를,

"내가 보니, 부원군의 의논은 다 같으나 정미수의 의논은 홀로 다르니, 이는 반드시 자세한 것을 듣지 못하고 망령되게 의논한 것이다. 족히 다시 물을 것이 없다. 그 공신의 호를 곧 마련하여 써서 아뢰라."

하였다. 정승 등이 의논하여, '정난(定難)'으로 호를 삼아, 1등은 '추성 보사 우세 정난(推誠保社佑世定難)'이라 하여 노영손(盧永孫)·유순(柳洵)·박원종(朴元宗)·유순정(柳順汀)·윤탕로(尹湯老)로 하고, 2등은 '추성 보사 정난(推誠保社定難)'이라 하여, 민효증(閔孝曾)·이계남(李季男)·홍경주(洪景舟)·이유청(李惟淸)·박인손(朴仁孫)으로 하고, 3등은 '추성 정난(推誠定難)'이라 하여, 설맹손(薛孟孫)·홍숙(洪淑)·안당(安瑭)·이계복(李繼福)·황맹헌(黃孟獻)·신영홍(申永洪)·김양언(金良彦)·강홍(姜洪)·권희맹(權希孟)·김은(金銀)·성윤(成胤)·김세준(金世準)으로 하였으며, 의금부 낭관 이희연(李希淵)·권부(權溥)·송세중(宋世中)에게는 특별히 가자(加資)를 주어 동반에 서용하고, 【이는 이과·하원수(河源守)·김잠(金岑) 등을 잡아온 공로】 그 나머지 낭관은 곧 1등급씩을 더해 주고, 【이는 사련(辭連)된 죄인을 잡아온 공로】 승정원 검률(檢律) 김헌(金憲)은 곧 동반으로 서용하고, 【이는 죄인을 법에 의해 잘 처리한 공로】 집장(執杖) 나장(羅將) 및 정원 서리(政院書吏)·사령(使令) 등은 상으로 베[布] 4필씩을 주고, 【죄인을 추국할 때에 노고한 공로】 시위 내군은 곧 한 가지씩을 더해 주는 【이는 죄인 추국할 때 시위한 공로】 등의 일을 마련하여 아뢰니, '그대로 하라.' 전교하였다.

2년 9월 4일(갑진)

조강(朝講)을 하였다. 사간 이성동·장령 경세창이, 공신의 부당한 일과 김준손·구전·조계형·신은윤 등의 일을 논계하였으나, 다 윤허하지 않았다.

영사 박원종이 아뢰기를,

"신 등이 또한 공신의 부당한 일을 가지고 여러 날 계청(啓請)하였으나, 윤허를 받지 못하였습니다. 이는 신 등의 사론(私論)이 아니라 바로 일국의 공론입니다. 지금 대간도 역시 공론을 가지고 말하니, 공론이 있는 것을 듣지 않을 수 없습니다."

하니, 상이 이르기를,

"이과의 역모가 종사(宗社)에 관계된 것이 아닌가? 일이 지극히 중대한데, 추관으로 공신을 삼는 것이 불가하단 말인가. 또 전례에도 있으니, 경 등은 다시 말하지 말라."

하였다.

2년 9월 6일(병오)

유순(柳洵)을 병충 분의 익운 정국 추성 보사 우세 정난 공신 대광 보국 숭록 대부 의정부영의정 문성 부원군(秉忠奮義翊運靖國推誠保社祐世定難功臣大匡輔國崇祿大夫議政府領議政文城府院君)으로 삼고, 박원종(朴元宗)을 병충 분의 결책 익운 정국 추성 보사 우세 정난 공신 대광 보국 숭록 대부 의정부좌의정 평성 부원군(秉忠奮義決策翊運靖國推誠保社祐世定難功臣大匡輔國崇祿大夫議政府左議政平城府院君)으로 삼고, 유순정(柳順汀)을 병충 분의 결책 익운 정국 추성 보사 우세 정난 공신 대광 보국 숭록 대부 의정부 우의정 겸 병조 판서 청천 부원군(秉忠奮義決策翊運靖國推誠保社祐世定難功臣大匡輔國崇祿大夫議政府右議政兼兵曹判書菁川府院君)으로 삼고, 민효증(閔孝曾)을 분의 정국 추성 보사 정난 공신 보국 숭록 대부 여평 부원군 겸 판의금부사(奮義靖國推誠保社定難功臣輔國崇祿大夫驪平府院君兼判義禁府事)으로 삼고, 이계남(李季男)을 병충 분의 익운 정국 추성 보사 정난 공신 숭록 대부 호조 판서 겸 판의금부사 평원군(秉忠奮義翊運靖國推誠保社定難功臣崇祿大夫戶曹判

書兼判義禁府事平原君)으로 삼고, 윤탕로(尹湯老)를 병충 분의 정국 추성 보사 우세 정난 공신 숭정 대부 공조 판서 겸 판의금부사(秉忠奮義靖國推誠保社祐世定難功臣崇政大夫工曹判書兼判義禁府事)로 삼고, 설맹손(薛孟孫)을 추성 정난 공신 가정 대부 안천군(推誠定難功臣嘉靖大夫安川君)으로 삼고, 김은(金銀)을 분의 정국 추성 정난 공신 가정 대부 공산군(奮義靖國推誠定難功臣嘉靖大夫公山君)으로 삼고, 노영손(盧永孫)으로 추성 보사 우세 정난 공신 가정 대부 광원군(推誠保社祐世定難功臣嘉靖大夫光原君)으로 삼고, 박인손(朴仁孫)을 추성 보사 정난 공신 가선 대부 철천군(推誠保社定難功臣嘉善大夫鐵川君)으로 삼고, 성윤(成胤)을 추성 정난 공신 가선 대부 창천군(推誠定難功臣嘉善大夫昌川君)으로 삼고, 홍경주(洪景舟)를 병충 분의 협책 익운 정국 추성 보사 정난 공신 정헌 대부 도승지(秉忠奮義協策翊運靖國推誠保社定難功臣正憲大夫都承旨)를 삼고, 홍숙(洪淑)을 추성 정난 공신 가선 대부 좌승지(推誠定難功臣嘉善大夫左承旨)으로 삼고, 안당(安瑭)을 추성 정난 공신 가선 대부 우승지(推誠定難功臣嘉善大夫右承旨)로 삼고, 이계복(李繼福)을 추성 정난 공신 가선 대부 좌부승지(推誠定難功臣嘉善大夫左副承旨)로 삼고, 이유청(李惟淸)을 추성 보사 정난 공신 가선 대부 우부승지(推誠保社定難功臣嘉善大夫右副承旨)로 삼고, 황맹헌(黃孟獻)을 분의 정국 추성 정난 공신 가선 대부 동부승지(奮義靖國推誠定難功臣嘉善大夫同副承旨)로 삼고, 김세준(金世準)을 추성 정난 공신 통선랑 호조 좌랑(推誠定難功臣通善郞戶曹佐郞)으로 삼고, 권희맹(權希孟)을 추성 정난 공신 승훈랑 성균관 전적(推誠定難功臣承訓郞成均館典籍)으로 삼고, 신영홍(申永弘)을 추성 정난 공신 절충 사직(推誠定難功臣折衝司直)으로 삼고, 김양언(金良彦)을 추성 정난 공신 절충 부사정(推誠定難功臣折衝副司正)을 삼았다.

2년 9월 11일(신해)

대사헌 안윤손 등이 아뢰기를,

"공신의 일에 대하여, 오늘 아침 경연에서 유순정이 또한 그 불가함을 말씀드렸습니다. 이 일만이 아니라, 당초 공을 논할 때에, 삼공(三公) 또한 다 불가하다 했었습니다. 박원종(朴元宗)과 유순정은 나라와 더불어 고락을 같이하는 사람들이니, 진실로 그들의 말을 들어주고 계략을 좇으셔야 할 터인데, 성상께서 들어주지 않으심은 무슨 까닭입니까? 옛사람에 옷자락을 끌어잡고 간언한 사람이 있었다 합니다. 오늘 아침 경연에서 신 등 또한 기필코 윤허를 받고자 하였으나, 사세가 불가한 듯하므로 실행하지 못하고 물러나왔습니다. 청컨대 종묘 사직의 대계를 위하여 다시 여러번 생각하소서."
하였다. 또 신은윤과 조계형의 일에 대하여 불가불 고쳐야 할 것을 논하였으나, 윤허하지 않았다.

2년 9월 16일(병진)

상이 전관(箭串)에서 강무(講武)하였는데, 군사의 숫자가 매우 적으므로, 좌의정 박원종(朴元宗)이 아뢰기를,
"지금 익히는 진법이 폐조 때의 진서(陣書)를 사용하여, 소각(小角)으로 군사를 지휘하는 까닭으로 군용(軍容)의 동작이 경홀하니, 성종조(成宗朝)의 진서를 사용하소서."
하니, 전교하기를,
"아뢴 바가 매우 마땅하다. 그것을 영·우상(領右相)에게 물어보라."
하였다. 회계(回啓)하기를,
"조종조(祖宗朝)에서는 모든 일이 주밀(周密)함을 힘쓰고 숭상한 까닭으로 조용하고 급박하지 않았는데, 폐조는 경홀함을 숭상한 까닭으로, 모든 일이 급박하였으니, 원종의 아뢴 말이 매우 마땅합니다."
하였다. 신시(申時)에 환궁(還宮)하였다.

2년 9월 30일(경오)

영사 박원종(朴元宗)이 아뢰기를,

"충청(忠淸)·황해(黃海) 양도(兩道)는 도적이 심하여 황해도에서는 곧 감사(監司)의 행차에까지 몰골을 나타내므로, 금교 찰방(金郊察訪) 황기필(黃耆弼)로 하여금 뒤를 좇게 하였더니, 역자(驛子) 등이 말리면서, '적의 칼날을 범할 수 없다.' 하며, 도적들은 사람을 시켜 말하기를, '만일 좇아 온다면 죽이겠다.' 위협한다 합니다. 충청도에서는 공주(公州)·정산(定山) 경계상에서 백주에 무리를 이루어 공공연히 약탈을 감행하니, 주민들은 안심할 수 없고 도로에는 여행을 할 수 없습니다. 두 도(道) 절도사(節度使)로 하여금 무예에 능한 군사를 뽑아 체포하도록 황해도·충청도에 하유(下諭)하시되, 병조로 하여금 마련하여 아뢰도록 하는 것이 어떠하겠습니까?"

하니, 상이 허락하였다.

2년 10월 7일(정축)

조강을 하였다. 대간이 공신을 개정하기를 아뢰어 청했으나, 윤허하지 않았다. 영사(領事) 박원종(朴元宗)이 아뢰기를,

"공신의 일은 실로 의외의 일입니다. 노영손의 상변(上變)한 공로는 정국공신에 추록해야 하지만 별록(別錄)의 명이 있어 신 등도 참여하게 되었으므로 마음이 편치 못하여 여러 날을 두고 사면(辭免)을 청했으나 역시 윤허를 받지 못했습니다. 승지 등이 그날 마침 치재(致齋)로 인해 정원에 있었기 때문에 상변(上變)한 일을 들었으니, 이것이 무슨 공이 되겠습니까? 신 등은 승지와 같이 공이 없음에도 이미 녹공(錄功)되었기 때문에 승지의 녹공 가부(可否)를 하문(下問)하실 때에 가하다고 생각했으나, 대간이 여러 날 동안 일을 폐하고 굳이 간쟁하고 있으니, 마땅히 좇아야 할 것입니다. 그런데 회맹이 이미 끝나고 대사(大事)가 이미 결정되어 중외(中外)에 널리 알려져 정세가 고치기

어려울 듯하여 계달(啓達)하지 못하였던 것입니다. 신은윤·조계형의 일은 대간이 아뢴 사실과 같으나 그들이 죄를 진 것이 이미 오래 되었으니 반드시 마음과 생각을 고쳤을 것입니다. 폐기한 자라도 원종(原從)의 공이 있으면 오히려 쓸 것인데, 더구나 대공(大功)이 있는 사람을 어찌 버려두고 쓰지 않겠습니까? 그러므로 전일에 이미 등용시킬 것을 아뢴 것입니다."
하니, 상이 이르기를,
"신은윤·조계형은 공이 있는 사람이고, 또한 그 과실은 폐조(廢朝) 때에 있었던 것이니 이미 지난 일을 허물할 수 없다. 공신의 일은 익대(翊戴)와 서로 비슷하므로 육경(六卿) 등과 의논하여 결정했고 회맹도 지났으니, 이제 고칠 수 없으므로 모두 윤허하지 않는다."
하였다.

2년 10월 22일(임진)

조강을 하였다. 대간이 강혼을 추문하기를 청하고 또 아뢰기를,
"외방(外方)에서는 도적이 날뛰는데도 수령 및 절도사가 이를 금지하지 못하여 행로가 통하지 못하고, 백성이 생계를 편안히 못하고 있습니다. 신 등이 생각건대, 폐조의 학정(虐政)으로 백성이 견디어내지 못하여 흩어져 살 곳을 잃었는데 지금까지도 소복(蘇復)되지 못하고 있으니, 떼를 지어 도적이 된 것도 사세가 그럴 법합니다. 정국(靖國) 이후로 모든 백성을 안정시킬 대책을 만방으로 강구하고 있는데 아직도 영구히 안집되지 못하는 것은 수령이 성상을 받들어 법을 행하지 못하는 까닭이 아니겠습니까?"
하니, 영사 박원종이 아뢰기를,
"대간의 아뢴 바가 옳습니다. 지난번에 자주 백성을 안정시키라는 교서를 내리면서 공부(貢賦)까지 면제했는데도 오히려 안집되지 못하고 도적이 그치지 아니합니다. 이 때문에 신 등은 다시 호조(戶曹)와 함께 의논하여 또 면제하게 하였으나, 지금 다시 더 감해줄 필요는 없고 수령을 선택하는 것이 최선

일 뿐입니다. 장흥(長興)은 옛날 거읍(巨邑)이라 칭했습니다. 폐조를 거쳐 잔폐(殘弊)가 막심하여 지금도 아직 소생하지 못하였는데, 지난번 정사에서 봉상시 첨정(奉常寺僉正) 손관(孫灌)으로 부사(府使)를 삼았으나, 신의 생각에는, 문·무신(文武臣) 중에서 선택하여 임명하여 보낸다면 조금은 소생할 것 같습니다. 요즈음 질(秩)이 높은 재상(宰相)이 많이 서반(西班)에 제수(除授)되어 혹은 사정(司正)이 되고 혹은 사맹(司猛)이 되어 녹봉(祿俸)이 매우 적으니, 나라에서 대신(大臣)을 대우하는 예가 매우 박합니다. 서울에 있는 사람은 그래도 할 만하지만, 지방 사람들로 서울에서 종사(從仕)하는 사람들은 더욱 민망합니다. 지금 내금위(內禁衛)·우림위(羽林衛)가 혹은 상호군(上護軍)이 되고, 혹은 대호군(大護軍)이 되어 봉록이 심히 후한데 장수(將帥)가 된 사람은 사정(司正)·사맹(司猛)의 녹(祿)을 받으니, 사체(事體)에 맞지 않습니다. 폐조의 정령(政令)이 통일성이 없어 이른바 충철위(衝鐵衛)라는 것은 모두 서인(庶人) 자제와 세력 있는 사람에게 붙여진 자들로서, 세계(世系)가 분명하지 못하고 열등한 무리들인데도 구차하게 수(數)만 채워 밀려 내려와 지금에 이르렀으니, 그 수를 감하도록 하고, 족계(族系)가 분명치 못한 자와 열등한 자는 우선 먼저 삭제하소서. 지금 정국(靖國) 친공신(親功臣)은 봉록이 심히 적은데 충의위(忠義衛) 자제는 봉록이 심히 후하니, 이것 또한 사체(事體)에 맞지 않습니다. 또한 수 감사(守監司)의 직책은 정체(政體)에 맞지 않으니 수 감사(守監司)를 없애도록 하소서."

하니, 상이 편부(便否)를 의논하여 아뢰도록 명하였다.

2년 10월 22일(임진)

좌의정 박원종에게 전교하기를,

"대간이 아뢴 유민(流民)을 편히 수습하는 일은 오로지 수령에게 달린 것이다. 금후에 수령은 선택하여 파견토록 하라. 이어 제수(除授)된 수령에 어찌 어질지 못한 자가 없겠는가? 조정에서 의논하여 경직(京職)과 바꾸어 제수하는 것이 좋을 것이다. 금후에는 수 감사(守監司)를 차임하지 말고 반드시 명망 있는 재상을 차견(差遣)토록 하라. 또한 수 감사 및 수령을 택차(擇差)하는 일과 내금위(內禁衛)의 감원 및 모든 폐단에 이르러서는 정승(政丞) 및 해조(該曹)에서 함께 의논하여 조처하도록 하라."
하였다.

2년 10월 29일(기해)

조강을 하였다. 박원종(朴元宗)은 아뢰기를,
"외방 훈도 중에 신급제(新及第)로서 차출된 자는 겸교수(兼敎授)라고 별칭하여 각별히 대우하는 뜻을 보이소서."
하니, 상이 '함께 의논하여 아뢰라.' 하였다. 박원종은 아뢰기를,
"조종조(祖宗朝)에서는 첩의 자식 및 재인(才人)·백정(白丁)으로 무재(武才)가 있는 자는 모두 겸사복에 입속시켰으니, 이는 선왕조(先王朝)에서 수렵(狩獵)하는 일이 번잡하였기 때문에 무재가 있는 자는 모두 겸사복에 입속시켰습니다.
이제 우림위(羽林衛)가 따로 설치되었으니, 첩자(妾子)는 겸사복에 입속시키지 마소서. 귀화인(歸化人) 같은 것은 그 수효를 줄이는 것이 불가합니다. 조종조로부터 귀화인은 극히 후대하였으니 폐지할 수 없습니다."
하니, 상이 이르기를,
"사족(士族)이 첩자(妾子)와 같이 거처하는 것은 옳지 못하다."
하였다.

2년 11월 5일(갑진)

전교하기를,
"모두 윤허하지 않는다. 단 겸교수(兼敎授)는, 지난번에 경연(經筵)에서 장

령(掌令) 조순(趙舜)이 '학교가 퇴폐하였다'고 말하고, 박원종·송일이 모두 '겸교수(兼敎授)로 하는 것이 편리하다'하며, 이조(吏曹) 역시 마땅하다고 하기 때문에 실시한 것이다."
하였다.

2년 11월 30일(기사)

대간이 합사(合司)하여 소를 올리고, 또 안윤덕·이유청·강징 등의 일을 아뢰었다. 그 소(疏)의 대략에,

"생각건대, 우리 나라는 열성(列聖)이 서로 이어 큰 업을 창조하시기도 하였고, 반란과 침략을 평정하기도 하였으며, 널리 어려운 일을 구제하기도 하였습니다. 그래서 마음을 합하고 힘을 바친 이가 실로 적지 않고, 훈공(勳功)을 기록한 것이 이장(彝章)에 나타나 있어, 조종(祖宗)은 그들이 포상하시고 특별히 총애하신 뜻이 지극합니다. 그러나 그 수효가 백여 인이 된다는 것은 듣지 못했습니다. 진실로 작상(爵賞)이란 천하의 공기(公器)로서, 임금 한 사람의 사의(私意)로 함부로 줄 수 없는 것입니다. 지난번 폐조 때 정령(政令)이 혼탁하고 백성이 도탄에 빠져 국세가 위급했을 때 조정의 관료들이 둘러서서 보기만 하고 감히 구제할 이가 없더니, 2~3 대신이 먼저 큰 계획을 세워 사직에 공로가 있었으니, 이런 사람들은 상(賞)이 마땅히 후해야 되며, 그 계획에 가담, 힘을 합하여 일세(一世)를 안정시킨 그 공로 역시 작지 않으니, 마땅히 기록해야 할 것입니다. 기타 사람들에게 있어서는 비록 약간 분주한 공로가 있지만 원종(原從)에 기록해도 충분하다고 할 수 있는데 하물며 한 가지 공로도 없이 함부로 공신 자리에 처하는 자들이야 말해 무엇하겠습니까? 반정하던 날 넋을 잃고 간담이 떨어져, 혹은 울부짖으며 합문 밖에 넘어지기도 하고, 혹은 엉금엉금 기어서 흙탕물 도랑에 빠지기도 하고, 혹은 겁에 질려 도망쳐 숨기도 하였고, 혹은 대사(大事)가 이미 정해진 뒤에 오기도 했고, 혹은 무슨 일인지 몰라와서 묻기도 하고, 혹은 시위(試圍)에 들어갔다가

일이 정해지자 비로소 나오기도 하고, 혹은 성(城) 밖에 있다가 문이 열린 뒤에 들어오기도 하고, 혹은 눈물을 흘리며 공신에 기록되기를 애원하기도 하고, 혹은 진흙에 꿇어앉아 애걸하기도 하는 등, 온갖 추태가 다 있었습니다. 이러한 무리들이 무슨 공로가 있어 그 공신의 반열에 들 수 있겠습니까? 공의(公議)의 중함을 폐하시고 작상(爵賞)의 권병(權柄)을 문란케 하여 참람과 거짓의 문을 열어 놓으셨으니, 그 해를 이루 다 말할 수 있겠습니까?

박원종 등이 애당초 공로가 없는 이를 기록한 것이 해롭다는 것을 몰랐던 것은 아니나, 그 공명(功名)을 돌아볼 즈음에는 많은 사람의 꺼림을 받는 것이기 때문에 공을 나누어서 그들의 마음을 수습하려고 했던 것입니다. 그러므로 공의 유무는 불문하고 모두 기록하였으니, 역시 사세가 부득이한 데서 나온 것이었습니다. 그러나 당시 언책(言責)을 맡고 국가의 장래를 생각해야 할 자들이 능히 자세하게 간별하여 논집(論執)하지 못하였으므로, 끝내는 공로가 없는 자로 하여금 함부로 공신 반열에 처하게 하였으니, 그 죄를 피할 수 없을 것입니다.

근일에 정난 공신(定難功臣)은 더욱 명분이 없이 나왔습니다. 고변(告變)한 공로는 노영손(盧永孫) 한 사람에게 있을 뿐입니다. 추관(推官)이 무슨 공로가 있으며, 승지와 사관은 또 무슨 공로가 있습니까? 더구나 추국(推鞫)에도 참여하지 않고 정원(政院)에 앉아 휘파람이나 불던 자들이겠습니까? 그들을 공신이라 하시니 명실(名實)이 크게 어긋났습니다. 전하께서도 역시 알지 못하신 것은 아니겠지만, 끝내 중론(衆論)을 배격하셨으니, 과연 무슨 까닭에서인지 알 수 없습니다. 우리 나라는 토지가 작고 생산도 한계가 있어, 경비와 녹봉도 부족할까 염려되며, 또 전염병으로 인해 거의 다 죽어가는 이 때, 이런 일은 염려하지 않으시고 도리어 토지와 노비[臧獲]를 나누어 공로도 없는 무리에게 주시니, 국가의 손해가 막심합니다.

또 공신을 음가(蔭加)하는데 비록 높은 자급(資級)이라도 모두 예사롭게 받으니, 난양(爛羊)·속초(續貂)의 참람도 이보다 더 심한 적은 없었을 것입니다. 통정(通政) 이상의 계품은 오직 어진 이를 대우하는 것이므로 조종조에서는 비록 친공신(親功臣)이라도 작위(爵位)가 높으면 또한 몸소 받지 못하였습니다. 하물며 조상의 음덕으로 받는 경우야 말할 것이 있겠습니까? 당초에 계책을 세워 모의에 참여한 자는 마땅히 특별한 은총의 명을 더하셔야 되겠지만, 그 밖의 공로가 없는 자는 일체 재감(裁減)하시어 전토·노비·사환(伴倘)의 반절은 공용(公用)에 충당할 것이며, 또한 조상의 음덕으로 주신 통정(通政) 이상의 계급을 모두 거두어 작명(爵命)을 아끼신다면 이보다 더 다행한 일이 없겠습니다."

하였는데, 전교하기를,

"상소한 뜻에 대해서는 차차 하교하겠다. 안윤덕·강징·이유청의 일은 윤허하지 않는다."

하였다.

2년 12월 8일(정축)

좌의정 박원종이 와서 아뢰기를,

"대간은 신이 안윤덕과 홍경주를 추천한 것을 가지고 불가하다 하여 거론하고 있지만, 신의 생각에는 이조에서 인재를 추천하는 데는 덕망이 높은 사람이 아니면 불가하다고 여깁니다. 평안도는 금년에 흉년이 들었고 명년에는 또 천사(天使)가 오게 되니, 어질고 유능한 사람이 아니면 불가합니다. 신이 이런 마음을 먹고 있었으니, 발로하지 않을 수 없습니다. 삼공(三公)으로서 인물을 추천하는 것은 바로 직분입니다. 신이 물러나고자 한 지 오랬지만, 요사이 이과(李顆)의 일 때문에 감히 입을 열지 못하였을 뿐입니다. 요사이 대간이 신을 논박하니, 삼공의 자리에 있기가 매우 거북스럽습니다. 대저 삼공은 반드시 고금의 일에 해박한 이라야 가한 것인데, 신은 무부(武夫)로서 지위가 이에까지 이르게 되었으니, 직책에 물러나기를 청합니다."

하고, 다시 사직하니, 전교하기를,

"대간이 설사 '정승에 합당치 않다'고 논한다 하더라도 불합한 일이 없는데, 하물며 대간이 말하는 내용이 사람을 추천하는 일이겠는가? 정승의 진퇴를 어찌 감히 경솔히 하겠는가?"
하였다.

3년 1월 12일(경자)

대간이 아뢰기를,

"또 박원종(朴元宗)을 사은사(謝恩使)로 삼았는데, 원종은 나라의 원훈(元勳)이라 국정을 함께 의논해야 하니, 멀리 떠나서는 안 됩니다. 1품 재상으로써 가려 보내는 것이 어떻겠습니까?

또 원종은 동반(東班)의 조사(朝士)와 육조(六曹)의 낭관으로써 군관을 삼았으며, 또 박광영(朴光榮)은 의정부 사인(議政府舍人)으로서 서장관(書狀官)을 겸임하였으니, 서장관은 일행을 규찰 단속하는 직책인데, 광영이 본부(本部)의 낭관으로서 어찌 그 당상을 검찰할 수가 있겠습니까? 매우 적당하지 못합니다. 마땅히 개정해야 될 것입니다."
하였다.

3년 1월 25일(계해)

조강에 나아갔다. 박원종이 아뢰기를,

"나주(羅州)는 땅이 크고 백성이 많으며 물산(物産)이 매우 많은데, 판관 박조(朴木條)가 술에 빠져 일을 보지 아니하여 창고가 점차로 비어가니, 청컨대, 관찰사에게 하문하시어 다시 현명한 사람을 가려서 보내소서."
하니, 상이 이르기를, '그렇게 하라.' 하였다.

3년 1월 30일(무진)

조강에 나아갔다. 영사(領事) 박원종은 아뢰기를,

"이위의 아뢴 말이 매우 합당합니다. 무릇 조관(朝官)들이 그 본향(本鄕)에 있어서는 비록 그 성질이 간솔(簡率)한 사람일지라도 반드시 폐를 끼치기 마련입니다. 신이 듣건대, 오익념(吳益念)이 금구(金溝)에 사는데, 지금 전주 판관이 되어 거리가 겨우 반나절 길이니, 어찌 폐단 있는 일이 없겠습니까? 다른 고을로 바꾸시기 바랍니다."

하니, 상이 이르기를,

"매우 합당한 일이니 아뢴 대로 하라."

하였다. 박원종이 이르기를,

"어제 승전(承傳)을 보니, '폐조(廢朝) 때에 상기(喪期)를 지키지 않은 사람은 모두 죄를 다스리라.' 하셨는데, 신의 생각에는 합당하지 않게 여깁니다. 그 때 법령이 엄하고 혹독하여, 사람들이 모두 죽음에서 구원될 여유가 없었는데, 어느 여가에 예의(禮義)를 다스리겠습니까? 신도 또한 상중에 있을 때인데, 폐주(廢主)가 기복(起復)시키고 또한 고기를 먹도록 권했으며, 장수를 시켜 형벌을 쓰는 일들을 하지 않는 것이 없게 하였으니, 이는 또한 마지못해 한 것입니다. 더구나 근일에 상기(喪期)를 지키지 않은 사람이 자주 대간의 논박을 당하므로 인심이 이미 징계되었으니, 지금 다시 법을 세워 끝까지 죄를 다스릴 것은 없습니다. 그 때 상기(喪期)를 지킨 사람에게 상주는 것은 옳지마는, 그 지키지 않은 사람의 죄를 다스리는 것은 옳지 못합니다."

하니, 상이 이르기를,

"전일에 대간이 말하므로, 그 중에 더욱 심한 사람만 붙여서 죄를 다스리게 한 것이며, 또한 시왕(時王)의 제도는 따르지 않을 수 없는 것이니, 경의 말이 옳다."

하였다. 이위는 아뢰기를,

"폐조 때에 삼강(三綱)이 이미 끊어져, 상중(喪中)에 있으면서 함부로 술을 마시고 고기 먹기를 기탄없이 하였으니, 자식된 사람으로서 어찌 소상 전에 고기를 먹을 수 있겠습니까? 이것을 만약 징계하지 않는다면 삼강이 진작(振作)되지 않고 사람의 도리가 없어질 것입니다."

하니, 원종은 아뢰기를,

"이것을 만약 끝까지 죄를 다스린다면 혹시 인심이 소란되어 중외(中外)가 편하지 못할까 염려됩니다."

하고, 또 아뢰기를,

"석전(釋奠)을 친히 거행하여 인재를 뽑는 일을 전일 외방(外方)에 유시를 내려 오는 가을로 기일을 정했는데, 지금 하게 된다면 신의를 잃게 될까 염려됩니다."

하니, 이위는 아뢰기를,

"석전(釋奠) 제사는 임금이 친히 거행하는 것이 옳은데, 으레 대리해서 거행하게 되니 합당하지 못합니다. 지금 비록 외방(外方)의 유생은 없지마는 성균관과 사학(四學)의 유생으로써 뽑더라도 무슨 해로움이 있겠습니까?"

하였다.

3년 1월 30일(무진)

좌의정 박원종이 아뢰기를,

"전에는 정승이 북경(北京)에 가려면 호송하는 군사가 천여 명에 이르도록 많았으나, 지금 평안도가 피폐하여 성희안(成希顏)이 갈 적에는 역시 2백 명만을 거느렸으니, 신도 백성을 번거롭히고 싶지 않으니, 성희안의 호송 군사 수효대로 하기 바랍니다."

하고, 또 아뢰기를,

"순천 부사(順天府使) 임훈(任訓)은 장수가 될 만한 재주가 있으니, 소임을 맡기지 말기 바랍니다. 지금 무신 중에 장수될 만한 사람은 매우 적어, 재략(才略)이 있는 사람은 용모가 옹졸한데, 지금 임훈은 무재가 있고 또 용의(容

儀)도 있으니, 마땅히 조정에 남겨 두어 장수의 임무를 맡도록 해야 할 것입니다. 전에 이계동(李季仝)이 일찍이 한탄하기를, '그 전에는 재주가 장수될 만한 사람이 7~8명이나 조정에 있어 번갈아 절도사가 되었는데, 지금에 와서는 없다.' 하였으니, 이 말이 진실로 그렇습니다. 신도 또한 장수를 뽑아 미리 양성하기를 늦출 수 없는 일로 여깁니다. 임훈은 장수될 만한 재주가 있으니, 한 고을에서 헛되이 늙게 해서는 안 되겠습니다."
하니, 전교하기를,
"정승의 말이 옳다. 그러나 임훈은 제수한 지 이미 오래 되었으니 개정할 수 없다."
하였다.

3년 2월 9일(정축)

좌의정 박원종(朴元宗)이 아뢰기를,
"근래 변경(邊境)에 일이 없으나 인심(人心)이 해이해지고, 나라에서도 무사(武事)를 훈련하지 않았으나, 오늘 친시(親試)한 무사(武士)는 예전과 같지 않습니다. 청컨대, 자주 활쏘는 것을 보아 훈련하는 방법을 다하게 하고, 마땅히 유순정(柳順汀)과 더불어 외모(外侮)를 방어하는 방법을 의논하여 변경을 튼튼하게 하소서. 지난번에 모화관(慕華館)을 보니 활쏘는 사람이 구름처럼 많이 모였는데, 지금은 그렇지 못합니다. 바야흐로 봄 기운이 화창하니 이때야말로 꼭 무예(武藝)를 시험할 시기입니다."
하였다.

3년 2월 9일(정축)

박원종(朴元宗)이 아뢰기를,
"사은 부사(謝恩副使) 정광세(鄭光世)가 병이 있는 것은 온 나라가 아는 바입니다. 지금 조금 낫긴 하였지만 멀리 중국에 갈 수는 없습니다. 청컨대, 가정(嘉靖)의 재상 중에서 합당한 사람을 자헌(資憲)으로 승진시켜, 부사(副使)로 차임(差任)함이 어떻겠습니까?"
하니, 전교하기를 '그렇게 하라' 하고, 허집(許輯)을 자헌(資憲)으로 승진시켜 사은 부사로 삼았다.

3년 4월 19일(병술)

좌의정 박원종과 형조 판서 이점(李坫)을 보내어 북경에 가게 했다. 이는 왕을 책봉한 조칙(詔勅)에 대해 사례하기 위함이었다.

3년 7월 23일(기미)

전교하기를,
"말이 따를 만하다면 어찌 일찍 따르지 않았겠는가?"
하였다. 유순(柳洵) 등도 세 번 아뢰었는데, 전교하기를,
"내가 이미 조정의 뜻을 알았고, 또 우의정이 아뢴 말을 들었다. 다만 오늘은 창산(昌山)이 부재중이고 좌의정이 나가 있으니 개정할 수 없다."
하자, 유순 등이 다시 아뢰기를,
"전하께서 이미 조정의 뜻을 아시고, 또 유순정도 개정하는 것이 마땅하다고 하였으며, 성희안은 오늘 마침 먼저 나갔고 박원종은 만리의 사행(使行)에 있으니, 그 돌아옴을 기다려서 개정할 수는 없습니다."
하니, 전교하기를,
"조정의 뜻이 그렇더라도 반드시 건의 대신(建議大臣)과 함께 의논하여 개정하여야 한다."
하자, 순(洵) 등이 다시 아뢰기를,
"나랏일은 조정과 함께 의논하여야 마땅하거늘, 어찌 반드시 박원종 한 사

람을 기다리겠습니까? 하물며 건의 대신으로 유순정·성희안 같은 사람이 오히려 있는데이겠습니까? 전하께서는 살펴 헤아리소서."

하니, 전교하기를,

"이 일은 반드시 건의 대신이 다 오기를 기다려서 의논해야 한다."

하였다.

3년 7월 24일(경신)

유순정(柳順汀)·성희안(成希顔)이 아뢰기를,

"신 등이 아직 대사(大事)를 겪기 전, 원종(原從)의 가자를 마련하던 때에 착오가 많이 있었거늘, 이제 어찌 반드시 박원종(朴元宗)을 기다려서 고쳐야 하겠습니까? 원종도 감히 조정의 공론을 어기지 못할 것입니다. 조정의 의논을 받아들여서 도로 제수하는 명을 거두소서."

하니, 전교하기를,

"원종의 공로는 본디 높고 낮은 것이 없으므로, 모두 개정하지 않으려 하였더니, 경 등(卿等)의 아뢰는 바가 이러하므로 도로 제수하라는 명을 거둔다."

하였다.

3년 9월 14일(기유)

박원종(朴元宗)이 아뢰기를,

"신이 북경에 다녀올 적에 일로(一路)에서 눈으로 본 폐단을 대략 아룁니다. 평안도 의주(義州)는 압록강(鴨綠江)을 근거로 하여 첫째 관방(關防)이 되고, 안주(安州)는 청천강(淸川江)을 근거로 하여 둘째 관방이 되니, 다 한 방면의 요해(要害)의 땅입니다. 상국(上國)의 사신 및 본국의 사신이 연속하여 오가는데, 안주는 관노비(官奴婢)의 수가 적어서 일을 맡겨 부리기에 모자라므로, 늘 각사(各司)의 노비를 고용해서 지공(支供)하는 일에 충당합니다. 본관(本官)에 사는 각사의 노비가 거의 백여 구(口)이니, 이들을 본주(本州)에 옮겨 붙여서 쇠잔하고 피폐한 것을 구제하고, 그 이정(移定)한 노비의 수는 하삼도(下三道) 각 고을의 원수 외의 노비로 뽑아 정해서 공물(貢物)을 거두면, 안주는 조금 회복할 수 있으며 국용(國用)으로 거두는 공물의 수도 예전보다 줄지 않을 것입니다. 또 황해도의 평산부(平山府)도 길가에 있으나 노비의 숫자가 적어서 쇠잔하고 피폐함이 더욱 심하니, 안주의 예에 의하소서.

평안도 각 고을의 군사는 신해년 이후로 늘 연변(沿邊)의 각진(各鎭)을 방수(防戍)하느라고 한 해에 두 번 왕래하는데, 겨울에는 두 달 보름이고 여름에는 두 달 열흘이며, 서로 교체하여 왕래할 즈음에 자칫하면 열흘이나 한 달이 걸리므로 타거나 짐을 실은 말들이 길에 쓰러지니, 그 괴로움이 다른 도보다 갑절입니다. 겨울이나 여름이나 방어가 긴급하거나 덜하거나를 막론하고 항시 변방에 있는 것은, 곧 외적의 침입이 없는데 군사를 써서 먼저 스스로 피폐하는 것이니, 이는 멀리를 내다보는 계획이 아닙니다. 다행히 여름철 방수의 수를 줄여서 그 힘을 조금 쉬게는 하였으나, 부방(赴防)을 마련할 때에 길이 멀고 가까움을 헤아리지 않아서, 군사가 식량을 지고 멀리 수자리를 살러 가기에 더욱 견디기 어려운 바이니, 부근으로 하여금 방수를 초정(抄定)해서 오고 가기에 편하게 함이 마땅하겠습니다.

가산군(嘉山郡) 또한 길가의 쇠잔한 고을로, 박천군(博川郡)과는 엇물려서 서로 이어졌습니다. 박천은 좀 넉넉한데도 역관(驛館)도 없으며, 가산은 쇠잔한 고을인데도 본읍의 가평 관군(嘉平館軍) 50명을 차출하여 정속(定屬)하므로, 남은 백성이 많지 않아서 홀로 감당할 수 없으니, 20명을 덜어서 박천으로 옮겨 정하여 쇠잔하고 피폐함을 도움이 어떠하겠습니까?

평안도는 본디부터 거주하는 역자(驛子)가 없으므로, 양민(良民)을 초정(抄定)하여 관군(館軍)이라 불러서 대대로 그 업을 잇게 합니다. 이는 양민을 영구히 역리(驛吏)로 정속(定屬)하는 것이므로, 그 자손은 비록 재능이 있더라도 벼슬길을 틀 수 없으니, 억울함이 지극합니다. 그 자손에 문·무(文武)의 재주가 있거든 벼슬길을 터 줌이 어떠하겠습니까?

황주(黃州) 또한 한 도(道)의 거부(巨府)이므로 만약 천사(天使)가 나오면, 산대(山臺) 및 선위(宣慰) 등의 일이 평양부(平壤府)와 서로 비등합니다. 땅은 넓고 사람이 적은데 여역(癘疫)이 계속되어 백성이 흔히 일찍 죽으므로, 날로 쇠잔해 갑니다. 주(州)에서 주토(朱土)가 나므로 채취[掘取]와 수비(水飛)하기에 인부(人夫)는 괴로움이 심한데도 공납(貢納)은 매우 많으니, 이는 다른 고을에 없는 폐해입니다. 또 취련군(吹鍊軍)을 초정(抄定)하여 부리는 일이 겹치므로 백성이 매우 괴로와하니, 그 취련군은 다른 고을에 나누어 옮겨서 겹치는 일의 괴로움을 덜어 주소서."

하니, 전교하기를,

"해사(該司)에 내리라."

하였다. 또 다섯 조목을 올리니, '평안도 각 고을의 생산되지 않는 곳에서 진상(進上)하는 녹미설(鹿尾舌)을 견감(蠲減)하는 일', '황해도 평산(平山) 탈미곡(脫彌谷) 같은 곳에 수안진군(遂安鎭軍)을 옮겨서 도적을 잡는 일', '장단(長湍)·평양(平壤) 같은 고을에서 도적을 잡은 것을 논상(論賞)하는 일', '황해도 7참(站)의 관군(館軍)을 잉정(仍定)하는 일', '장단 고을 이배(移排)하는 일'이었는데, 전교하기를, "장단 고을의 이배, 7참 관군의 잉정, 순안진군을 옮기는 일들은 대신에게 수의(收議)해야 하겠다. 녹미설을 견감하는 일은 해사(該司)에 물으라. 도적 잡은 것을 논상하는 일도 그 관사(官司)에 물으라."

하였다. 또 아뢰기를,

"신이 중국에서 조복(朝服)·제복(祭服)에 신는 화(靴)를 얻었는데, 이것이 매우 정결합니다. 본국의 혜말(鞋襪)은 누추하니, 중국 제도를 따르소서."

하니, 재상들에게 전교하기를,

"조종조(祖宗朝)의 제도를 가벼이 변경할 수 없으니, 온당한가를 의논하여 아뢰라."

하자, 유순(柳洵) 등이 아뢰기를,

"신 등이 항상 혜말이 누추하여 제복·조복에 맞지 않는다고 생각하였습니다. 박원종이 아뢴 중국 제도가 매우 온당하니, 명년까지 조복은 사비(私備)하고 제복은 공비(公備)하게 하소서."
하니, 전교하기를, '그리하라.' 하였다.

3년 9월 27일(임술)

좌의정 박원종(朴元宗)이 아뢰기를,
"변변치 못한 신이 중한 자리에 무릅써 있는 것은 부당하므로, 전에 사면을 청하였으나 기간이 오래 되지 않았다 하여 윤허를 받지 못하였는데, 이제는 이미 3년을 넘겼습니다. 국가가 신에게 정국(靖國)의 작은 공이 있다 하여, 명하여 이 직임을 제수하게 하셨으니, 공로에 보상한 것이 또한 지극하다 하겠습니다. 신이 지식 없이 높은 자리에 외람되게 있어서 오래도록 어진 이의 진로를 막으니, 마음이 참으로 스스로 부끄럽습니다. 대저 삼공(三公)의 직임은 곧 군덕(君德)을 보양(輔養)하는 것이니, 반드시 고금의 사변(事變)에 통하는 사람이라야 하는 것입니다. 신이 하루도 안심할 수 없으므로, 이제 침을 맞고 뜸을 뜬 지 겨우 7일이라 더 조리해야 하나 사면을 청하기가 급해서 와서 아뢰니, 바라건대 상의 은혜를 입어서 빨리 중임에서 갈린다면, 신의 마음이 편안하고 어진 이의 길도 트이겠습니다."
하니, 전교하기를,
"경에게는 훈덕(勳德)이 있어 정승에 알맞거늘, 3년을 어찌 오래라 하겠는가? 삼공의 자리는 가벼이 진퇴(進退)할 수 없다."
하자, 다시 아뢰기를,
"성청(聖聽)을 여러 번이나 더럽힘은 참으로 황공한 바이나, 신은 본디 무신(武臣)이라 조금도 학력(學力)이 없으며, 조종조에 비록 무신으로 정승 자리에 있던 사람이 있었으나 또한 1년을 지나지 않아 갈아서 그 훈로(勳勞)에 보답하였을 뿐이고, 신처럼 오래 있던 사람은 없었습니다. 소신(小臣) 또한 어찌 명시(明時)에 까닭 없이 물러나려 하겠습니까마는 스스로 부끄러워서 무릅쓰고 있을 수 없습니다. 무릅쓰고 3년을 있었던 것도 신의 마음에 아주 오래 되었다고 여겨집니다. 또 요사이 '별의 재변이 섭리(燮理)를 잘 해내지 못하여 이 재변을 불렀다' 하는 사람이 있으니, 더욱이 미안합니다. 예로부터 공이 있더라도 권세 있는 자리에 오래 있어서는 안 된다 하니, 신의 직을 갈고 다만 부원군(府院君)을 봉해 두신다면, 신의 마음이 편안할 수 있을 것입니다. 그렇다고 나라를 꾀하는 일에야 어찌 감히 참여하지 않겠습니까?"
하니, 전교하기를,

"공로로 생각하면 기간이 오래지 않으며 또 삼공의 일에 합당치 않을 것이 없으니 사퇴하지 말라. 요사이 영의정·우의정이 와서 사직을 청하니, 내가 오히려 미안하게 여겨진다."
하였다. 또 사퇴하였으나, 윤허하지 않고 이어서 명하여 술을 내리게 하였다.

3년 9월 28일(계해)

좌의정 박원종(朴元宗)이 또 두 번 사퇴하니, 전교하기를,
"임금은 원수(元首)요 대신은 고굉(股肱)이니, 고굉이 불안하면 원수가 어찌 홀로 편안하겠는가? 날마다 사면을 청하니, 내 마음이 편안치 못하다."
하였다.

3년 9월 29일(갑자)

좌의정 박원종이 상소(上疏)하였는데, 그 대략에,
"신은 본디 무부(武夫)로서 다른 재능이 없으므로 궁마(弓馬)를 일삼아 과제(科第)를 취하였으니, 조두(俎豆)·시서(詩書)에 있어서는 이미 속히 말할 것도 없습니다. 성묘(成廟)를 만나서 직위가 높아지고, 성상께서 중흥(中興)하시는 날에 이르러 작은 공로를 거두었는데, 신을 으뜸으로 삼아 관작(官爵)이 숭품(崇品)을 다하고 직위가 상공(上公)에 참여하니, 절족 복속(折足覆餗)의 부끄러움을 늘 품었습니다. 전에 글을 올려 사퇴하였으나 윤허를 입지 못하

고 애써 직에 나아가게 함이 이미 이제 3년이 되었는데, 이제 다시 두세 번 아뢰었으나 부드러이 효유하고 윤허하지 않으시니, 신은 아주 간측 박절(懇惻迫切)하여 견딜 수 없습니다.

 나라의 안위(安危)가 정승의 현부(賢否)에 달려 있으므로, 임금이 정승을 임명함에는 공훈을 가지고 외람되게 제수하여서는 안 됩니다. 반드시 덕망이 인심을 복종시킬 수 있고, 독서(讀書)가 고금을 알 만하고서야, 정승의 도(道)가 제대로 되어서 온갖 관사(官司)가 각각 그 임무를 다할 수 있는 것이니, 상부(相府)가 어찌 신의 반식(伴食)하는 곳이겠습니까? 하물며 지금은 새로운 정사의 처음이라 조야(朝野)가 기뻐하며 태평을 기대하므로 그 책임이 참으로 정승에게 달려 있거늘, 신이 이 자리에 오래 있어서 광관(曠官)이라는 책망을 부를 수는 없습니다.『서경(書經)』에 이르기를, '신하는 은총과 이록(利祿)을 가지고 성공에 있지 말아야 한다.'하였습니다. 신 같은 자가 어찌 공을 이루었다고 자처하겠습니까만, 총리(寵利)는 신하로서 오래 있을 만한 일이 아니며, 더욱이 정승 자리는 공로를 가지고 제수하여서는 안 됩니다."
하였다. 비답(批答)을 내려 이르기를,

 "주(周)에는 소공석(召公奭)이 늙기에 이르렀어도 물러가지 않았고, 한(漢)에는 진곡역(陳曲逆)이 종신토록 정승이었으니, 대개 사직(社稷)을 위하여 떠나지 않은 것이다. 어찌 성만(盛滿)한 지위에 있는 일이 흠이 되겠는가. 공(公)이야말로 세상에서 빼어난 재주와 뭇사람보다 뛰어난 덕(德)을 가진 사람으로서, 큰 계책에 앞장 서서 백성을 건지니, 높은 그 공훈을 영세토록 잊을 수 없다. 과궁(寡躬)이 의지하는 바일 뿐 아니라, 참으로 만백성이 길이 의뢰하거늘, 이제 공이 '공이 이루어져 자신이 물러가는 것'을 뜻으로 삼아서, 인혐(引嫌)하여 새수(璽綬)를 올리려고 하니, 회보(懷寶)하고서 독선(獨善)하고자 하더라도 다만 과궁을 도울 사람이 없음을 생각하지 않는가? 과궁을 생각하지 않더라도, 또한 사직을 생각하지 않는가? 공이 이미 나를 도와 간대(艱大)의 업(業)을 잇게 하였는데, 이제 비록 조야(早夜)로 스스로 힘쓰더라도 바다에 뜬 듯하여 건널 바를 모르거늘, 공이 여기서 만약에 주즙(舟楫)을 저어 앞뒤로

하지 않는다면, 전에 나를 도운 것이 곧 나를 빠뜨리는 것이 되는데, 공이 어찌 이런 일을 차마 하는가? 이름이 산서(山西)에서 나왔다 하여 정승이 될 수 없다고 한다면, 예전에 대왕(代王)을 맞아들인 주발(周勃)과 선제(宣帝)를 세운 곽광(霍光)도 다 산동(山東)에서 나왔던가? 아아! 태산(泰山)이 숫돌이 되고 황하(黃河)가 띠처럼 되도록 변함없이 홍원(弘遠)한 기도(企圖)를 기대하였는데, 가뭄에 장마를 만들고 내에 배를 만드는 데에 어찌 계옥(啓沃)의 기망(企望)을 저버리겠는가? 이 진퇴(進退)를 생각하면 참으로 안위(安危)에 관계되니, 빨리 출사(出仕)하여 일을 보살펴어 나의 이 지극한 마음에 부응하라."
하였다.

3년 10월 3일(정묘)

좌의정 박원종(朴元宗)이 아뢰기를,
"전일에 사직하기를 진정한 일이 있었으나 불윤 비답(不允批答)을 보니, 실로 황공한 마음만 더합니다. 신이 반복하여 생각건대, 옛날에도 비록 무신으로서 재상이 된 자가 있었으나, 신과 같이 부덕(不德)한 사람은 결코 그대로 무릅쓰고 있을 수 없으므로 부득이 아룁니다."
하니, 전교하기를,
"기무(機務)를 해면하고 물러나서 한가하게 집에 있고자 하니, 경에게는 어찌 편하지 않으랴마는, 과인(寡人)의 미흡함은 돕고자 하지 않는가? 결코 허락할 수 없으니 사직하지 말라."
하였다.

3년 10월 8일(임신)

조강에 나아갔다. 영사(領事) 박원종이 아뢰기를,
"진성군의 일을 계달한 것은 매우 온당한 일입니다. 그러나 그 때 만약 국가와 인심이 이미 안정되었었다면 먼 지방에 안치한들 무엇이 해로왔겠습니까? 이과(李顆)는 사림(士林)에서 추앙을 받는 자로 추대한다는 명목을 내건 것을 진성군은 사실상 알지 못했던 것입니다. 그러나 흉역(凶逆)의 무리들이 다시 빙자하여 명목을 내걸었기 때문에 변란이 그치지 아니하였고, 진성군의 화 또한 여기에 그치지 않았던 것입니다. 상장(喪葬)의 모든 일을 이미 후하게 하였으니, 이제 더욱 은전(恩典)을 베풀도록 하는 것이 온당한 일입니다."
하니, 임금이 이르기를,

"진성(甄城)의 일을 내가 차마 결단치 못하였는데, 조정에서 다 같이 청하기 때문에 그 대의(大義)에 따라 결단하였다."
하였다. 원종이 아뢰기를,

"바야흐로 대의에 따라 부득이 좇아야 할 때에 아래에 있는 자로서 누가 눈물을 흘리지 않았겠습니까? 사세가 절박하고 인심이 안정되지 못했기 때문이었습니다."
하고, 원종이 또 아뢰기를,

"의주 목사(義州牧使)의 임무는 방어가 긴급한 것이 아니요, 중국 사람과 왕래하는 사신(使臣) 접대와 변방 백성들의 무휼(撫恤)이 중한 일인데, 신은 무신들 중에서 그 임무를 수행할 만한 자가 있는지 알지 못합니다. 지금 비록 김경의를 해임시킨다 하더라도 마땅히 문신으로서 재상의 물망이 중한 이를 골라 보내야 할 것입니다."
하니, 임금이 이르기를,

"의주의 임무가 이와 같이 중하니, 경의를 해임시키는 것이 가하리라."
하였다. 원종이 아뢰기를,

"신이 중국의 연대(煙臺)와 방어(防禦) 등의 일을 보건대, 지극히 주밀합니다. 변방의 장졸은 비록 부모가 죽었다 하더라도 죽었다는 통보가 도착한 후에 갔는데, 근간 회령(會寧)·삭주(朔州) 부사는 모두 친병(親病)으로 진을 버리고 상경하니, 변장(邊將)이 된 자로서 이같이 함은 불가한 일입니다. 중조(中朝)의 신하는 본토에서 8천여 리를 떠나 출사하는 자도 있었으나, 근친(覲

親)이나 성묘(省墓)하는 법이 없는데, 근래 우리 나라 조관(朝官)은 근친이나 성묘로써 사직서를 올려 말미를 받는 일이 빈번하니, 관의 일이 어찌 폐이(廢弛)하지 않겠습니까? 지금 비록 중국의 법과 같이 할 수는 없다 할지라도, 또한 금지하여 빈번하게 출입하지 못하도록 해야 합니다. 신이 보건대, 중국의 조관(朝官)은 예궐(詣闕)하거나 관부에 들어도 모두 사가(私家)에서 음식을 가져다 먹기 때문에 각사(各司)에 폐단이 없는데, 우리 나라에서는 모두 관가에서 준비하므로 날로 조잔(凋殘)하여 가므로, 예전에 실로 아뢰고자 하였습니다. 다만 국속(國俗)이 이미 오래 되어 갑자기 변경할 수 없는 형세이나, 널리 의논하여 중국의 예에 따라 모두 사비(私備)로 하게 하소서."
하니, 임금이 이르기를,
"각사에서 공비(公備)한 유래가 이미 오래되기는 하였으나, 그 폐단을 또한 구제해야 되는 것이니, 널리 의논하라."
하였다.
원종은 아뢰기를,
"신의 생각에는 자문(咨文)과 점마(點馬)를 보내는 것은 필요치 않다고 여겨집니다. 신이 가지고 있던 진헌마(進獻馬)를 회동관(會同館)에 두었더니 10여 일이나 먹이지 아니하여 죽은 것이 많았으되 이를 묻는 자가 없었고, 또 수의 대소(大小)를 상고하지 아니하였으니, 그 모색(毛色)을 자문(咨文)에서 빙고할 리도 만무하며, 비록 빙고한다 하더라도, 길에서 죽어 다른 말로 대체하였다고 대답한다면 반드시 심문하지 않을 것입니다. 또 보건대 북경으로 가는 통사(通事)의 복물(卜物)은 다만 한 바리 뿐인데 그 무역한 단자(段子)는 1백여 필에 이르고, 다른 물건도 이와 대등하니, 이는 반드시 은(銀)을 쓰기 때문입니다. 그러나 그 죄가 중하기 때문에 숨겨서 가지고 가므로 석발하기가 매우 어려우며, 비록 적발코자 하여도 그 죄가 너무 중하기 때문에 차마 적발하지 못하는 것입니다. 신의 생각으로는, 이러한 죄인은 사형(死刑)을 감하여 전가 사변(全家徙邊)에 처하게 하면 혹 적발될 도리가 있을 것입니다."
하였다.

3년 11월 6일(경자)

조강에 나아갔다.
원종(元宗)이 또 아뢰기를,
"근자에 학문을 권장하는 방도는 지극하나, 다만 무사(武事)가 해이해지고 있습니다. 비록 활쏘기에서 우등을 한 자라도 궁시(弓矢)만을 줄 뿐이니, 이것은 영현(榮顯)되는 길이 아닙니다. 성종(成宗)께서는 반드시 친히 활 쏘는 것을 보시고 유능한 자가 있으면 승지나 육조의 벼슬을 주어서 그 재능을 시험하셨습니다. 이것은 그가 그 임무를 감당할 만하다 해서 그랬던 것이 아니라, 이렇게 여러 가지 일을 겪고 나면 물망이 중하여지고 사졸(士卒)들도 복종하게 되어 장수를 시킬 수가 있기 때문이었습니다. 이 때, 이조양(李調陽)·오순(吳淳)·김세적(金世勣) 등은 모두 화질(華秩)을 역임하고 한때 이름을 나란히 하였으므로, 무사들이 이로 인하여 흥기(興起)하였습니다. 지금 만약 남북변(南北邊)에 일이 있다면 누구에게 장수를 맡기겠습니까? 마땅히 고사(故事)에 의하여 그 우수한 자를 발탁해서 임용하여 무사들로 하여금 흥기케 하여야 할 것입니다. 또 평안도 절도사(節度使)와 우후(虞候)가 방어(防禦)를 분담하고 있는데, 우후 이극달(李克達)은 특별한 재주나 명망이 없으니 마땅히 문관으로써 개차(改差)하여, 이장곤(李長坤) 같은 무리로 교체한다면 변사(邊事)에 거의 허술함이 없을 것입니다. 장곤은 장래의 장수(將帥)감으로서 지금 교체하여 우후가 된다면, 절도사도 또한 서로 규계(規戒)하여 감히 그른 짓을 할 수 없을 것입니다."
하니, 임금이 이르기를,
"문무관을 아울러 임용하는 것은 나라를 위하는 도리이므로, 무신을 승지로 임용할 것을 이미 여러 번 전교하였으되, 다만 전조(銓曹)에서 마땅한 사람을 얻지 못한 것이다."
하였다. 원종(元宗)이 아뢰기를,
"성종(成宗)께서는 경연(經筵)에서 재상들을 대접하여 그 이름을 특진관(特

進官)이라 하셨고 무반(武班)들도 또한 참여시켰는데, 비록 반드시 성리(性理)를 논란하지는 못할지라도 그 소관 사무는 계달(啓達)할 수 있었습니다. 지금도 고사(古事)에 의하여 무반도 또한 참여하게 하소서. 사라 능단(紗羅綾段)은 우리 나라의 물산이 아닌데, 재상들이 입기를 좋아하므로 통사(通事)들이 많은 금은(金銀)을 가지고 가서 무역하여 폭리를 취하고 있으니, 청컨대 채단(彩段)의 착용을 금지하도록 하소서."

하였다. 원종(元宗)은 아뢰기를,

"걱정은 법을 세우고도 행하지 아니하는 데 있는 것입니다. 교직 단령(交織團領)을 입지 못하도록 금지하였으되, 때로는 이를 착용하는 자가 있습니다."

하니, 임금이 이르기를,

"법을 세울 때에는 그를 행하고자 함인데, 그를 봉행하지 않는 자가 있으면 법사(法司)가 마땅히 금단을 해야 한다."

하였다. 원종이 아뢰기를,

"단천군(端川郡)에서 은(銀)이 많이 나는데, 군민이 이를 절취(竊取)하여 통사(通事)에게 전매(轉賣)하고, 통사는 이를 부경(赴京)할 때에 많이 가지고 간다 합니다. 지금 강명(剛明)한 관원을 파견하여 그 취련(吹鍊)을 감독하게 하고, 시인(市人)에게 이를 무역하여 그 가포(價布)로써 도내 군사들의 월봉을 지급하게 하고, 그 나머지는 각 고을에 분부하여 곡식을 무역하여 군자(軍資)에 보충하도록 하는 것이 편리할 것입니다."

하니, 임금이 이르기를,

"취련에 관한 일은, 지난번에 좌의정(左議政)도 말을 하였으니, 조정과 의논하리라."

하였다. 원종이 아뢰기를,

"안주(安州) 등처의 군량미에 먼지와 흙이 섞였을 뿐만 아니라, 의주(義州)도 또한 그렇다 하니, 재고를 모두 조사하여 그 수량을 알도록 하고, 만약 부족이 있으면 국가에서 마땅히 조치하여야 합니다."

하니, 승정원에 전교하기를,

"우리 나라의 일을 중국에서 듣지 아니한 것이 없으니, 은의 소문이 만약 국중(國中)에 널리 퍼져서 중국에서 우리 나라로 하여금 입공(入貢)하도록 한다면 혹 폐단이 있을 듯하니, 대신으로 하여금 의논하게 하라. 재상에게 홍의(紅衣)를 입지 못하게 한 것도 또한 일시의 법이니 아울러 의논하도록 하라. 나의 뜻으로는 이것은 체모에 관계되는 일이니, 1품 이상은 착용하는 것이 좋겠다."
하였다.

4년 1월 7일(경자)

좌의정 박원종(朴元宗)이 아뢰기를,
"신이 각보(各堡)의 이설 문제로 마땅히 함경도로 가야하나, 다만 전일 부경(赴京)하였을 때에 왼쪽 다리가 완전치 못하여 먼 길을 달리면 다른 병이 날까 두렵습니다. 신은 무신(武臣)으로서 마땅히 변방의 일을 맡아야 하오나 병세(病勢)가 이와 같으므로 감히 아룁니다."
하니, 전교하기를,
"그렇다면 마땅히 고쳐야 한다."
하고, 즉시 송질(宋軼)을 순변사(巡邊使)로 삼았다.

4년 4월 26일(정해)

좌의정 박원종이 아뢰기를,
"신이 도당(都堂)에 들어온 지 이제 4년이 되었습니다. 근래 대간에게 논란을 입었으되, 감심(甘心)한 채 즉시 사면하지는 못하였습니다만, 신은 본래 궁마(弓馬)로 발적(發跡)하였으니, 어찌 이 소임에 적합하겠습니까? 전자에는 신복(新服)한 처음인 때문에 능히 억지로 사임하지 못했으나, 지금은 즉위하신 지 이미 오래고 나라 일이 이미 안정되었으니, 감히 사임합니다."

하니, 전교하기를,
"국가에 바야흐로 일이 많으니, 대신이 어찌 사직하여야 하는가?"
하였다.

4년 4월 27일(무자)

좌의정 박원종이 아뢰기를,
"신은 어제 이미 사직할 뜻을 아뢰었습니다. 신은 재기(才器)가 합당하지 않은데 다만 공로로 이 직위에 임명되어 마음이 매우 편치 않을 뿐더러 갈증(渴症)에 걸렸으므로, 사피(辭避)하여 쇠잔한 몸을 보전할 수 있기를 원합니다. 신은 비록 부원군의 직위에 있어 마땅히 국사를 참여하여 들을 만하나, 예로부터 제왕으로서 공신에게 일을 맡기지 않는 이가 있었습니다. 전하께서 신을 대우하시기를, 작은 허물은 오히려 너그럽게 용서하셨지만, 뒤에 큰 허물이 있어서 부득이 폄체(貶遞)하시면 또한 상의 덕에 누가 됩니다. 청컨대 속히 체직하소서."
하고 누차 사직하였으나, 모두 윤허하지 않았다.

4년 4월 30일(신묘)

좌의정 박원종이 아뢰기를,
"신이 여러 날 계청하여 이미 상지(上旨)를 살폈습니다. 그러나 스스로 재덕이 없어 중요한 지위에 맞지 않음을 알기 때문에, 다시 천청(天聽)을 번거롭게 합니다. 대저 삼공의 자리는 참람하게 차지하고 있을 수는 없는 것이며 상께서도 또한 사사로운 은혜로 임명할 수는 없는 것입니다. 사사로운 은혜와 조정의 경중(輕重)을 헤아려 보면, 신이 아뢴 바의 가부가 저절로 판단될 것입니다. 신이 옛일을 약간 알고 있으니, 어찌 감히 이처럼 굳이 사양하겠습니까? 그리고 한명회(韓明澮)는 광묘조(光廟朝)에 세 번 정승이 되었으나, 한 해가 지나지 않아 세 번이나 그만 두었습니다. 그가 세조께 말씀하기를 '신이 허물 있기를 기다린 뒤에야 부득이 법으로 다스리면 사체(事體)에 어찌 옳겠습니까?' 하였는데, 신이 사직하는 것은 이 때문만이 아니라 조정의 명기(名器)를 더럽힐까 두려워, 주야로 황공스럽습니다."
하니, 전교하기를,
"세조조에 한명회가 세 번 정승이 된 것은 공덕이 있었기 때문이다. 경은 공덕이 있으니 사직하지 말라."
하였다.

4년 5월 1일(임진)

좌의정 박원종이 재차 사직하기를 아뢰니, 정원에 전교하기를,
"좌의정이 근래 굳이 사직하는데, 내 뜻으로는 삼공을 경솔히 바꾸어서는 안 되는 것이며, 대론(臺論)이 있은 뒤에 사면하는 것은 더욱 안 된다고 여긴다. 정원의 뜻에는 어떠한가?"
하니, 정원이 아뢰기를,
"좌의정이 굳이 사직하는 뜻을 정확히 알 수 없으나, 옛사람은 '큰 공 아래에 오래 있는 것을 경계하였으니, 어찌 이런 뜻이 아니겠습니까? 정승이 비록 이와 같이 사양하더라도 상께서는 마땅히 이·주(伊周)가 되어 주기를 기대하여 함께 태평을 이루셔야 합니다."
하니, 전교하기를,
"경이 굳이 사양하기에 정원에 물었더니, 정원이 말하기를 '마땅히 이·주(伊周)가 되어 주기를 기대하여 함께 태평을 이루셔야 합니다.' 하였다. 정원이 어찌 체면상으로 말하였겠는가? 경은 이·곽의 공이 있으니, 나 섬기기를 성탕(成湯)과 선제(宣帝)와 같이 하여, 안심하고 정사를 보필하는 것이 옳다"
하였다.

4년 5월 2일(계사)

좌의정 박원종이 아뢰기를,

"어제 상의(上意)를 살피건대, 신이 어찌 감히 옛날 사람에다 스스로 견주겠습니까. 비록 훈공으로 헤아려 보더라도 중요한 지위에 있기 어려운데 하물며 재주조차 소임을 견디지 못합니다. 만약 공을 믿고 오래 재임하면, 한때의 꾸지람을 들을 뿐만 아니라, 또한 만세에 폐단을 끼칠 것입니다. 거듭 계교해 보아도 인기(人器)가 서로 맞지 않으니, 만 번 죽어도 청함을 얻은 뒤에야 몸도 안온하고, 나라 일도 또한 잘 될 것입니다. 근자에 병으로 말미를 얻었는데, 의원의 말이 '정신을 수고롭게 하면 안 된다.'합니다. 삼공 자리를 어찌 오랫동안 비울 수 있겠습니까? 윤허하시기를 더욱 원합니다."

하니, 전교하기를,

"내가 윤허하지 않는 뜻과 정원의 의논을 경이 이미 모두 알면서 이와 같이 굳이 사양하는가? 갈증(渴症)이 일어나는 것도 또한 마음을 수고롭게 하는 데서 말미암은 것이니, 경은 사양하지 말라."

하였다. 원종이 또 아뢰기를,

"신이 거듭 상량(商量)하여 보아도 중한 지위에 맞지 않습니다. 조금이라도 있을 만한 형세가 있다면 어찌 감히 이와 같이 굳이 사양하겠습니까? 신이 이 자리에 이른 것은 대개 공로때문이었습니다. 신은 본래 학술이 없고 다만 이두(吏讀)를 알 뿐이니 어찌 감히 삼공의 지위에 있겠습니까? 그 지위에 있으면서 그 일을 하지 않으면 시동(尸童)과 같으니, 신이 견디지 못하는 바입니다. 그리고 국가 대사를 공해(公?)에서 회의하면 여럿이 함께 의논하지만, 만약 홀로 의논하게 되면, 그 하자(下?) 당부(當否)를 오로지 한림(翰林)과 주서(注書)에게 의뢰하게 되오니, 이것이 어찌 삼공의 일입니까? 만일 신으로 하여금 계속 그 지위에 있게 하시려면 무릇 공해에서의 회의 외에 일체의 독단하는 일은 신에게 물으시지 않는 것이 옳습니다. 그러나 도당의 일원으로 있으면서 국사에 참여하지 않고 계속 그 지위에 있었던 사람은 신이 아직 듣지 못한 바입니다."

하니, 전교하기를,

"내가 경의 사위(辭位)를 윤허하지 않는 것은, 내가 혹 계책을 잘못할까 염려되어 정원에까지 물었더니, 의논이 또한 이와 같았기 때문이다. 어찌 공론이 아니겠는가? 내가 경의 전일 건의를 보니 모두 이치에 합당하였다. 무슨 정승 지위에 맞지 않는 것이 있는가?"

하였다.

4년 5월 27일(무오)

조강에 나아갔다. 영사 박원종이 아뢰기를,

"어살은 신도 또한 받았습니다.『대전』으로 보면 어살과 시장(柴場)은 과연 사사로이 점거하여서는 안 되니, 대간의 말이 옳습니다. 그리고 근년에 조선(漕船)이 연달아 패몰하고 금년에 더욱 심하여 국용이 넉넉하지 못하니, 참으로 염려됩니다. 신의 뜻에는, 아산창(牙山倉)에 납부된 것은 경창(京倉)에 납부하게 하고, 득성창(得成倉)에 납부된 것은 아산에 납부하게 하며, 영산(榮山)·법성(法聖) 등 창에 납부된 것은 득성에 납부하게 하여, 차례차례 추이(推移)해서, 먼 곳으로부터 가까이 옮기면 육수(陸輸)하는 폐단은 혹 있을지라도 패선(敗船)하는 걱정은 또한 제거할 수 있다고 여깁니다.

경상도 전세(田稅)도 또한 충주 가흥창(忠州可興倉)에 납부하는데, 정도(程途)가 혹 10여 일에 이르는데도 전수하는데, 하물며 전라도는 아산까지의 거리가 이와 같이 멀지 않으니 말한 것이 있겠습니까? 전자에 이극균(李克均)이 일찍이 이 의논을 건의하였으나, 성준(成俊)이 불가하다고 하여, 그 의논이 마침내 그쳤습니다. 청컨대 극균의 의논에 의하되, 여러 사람의 의논을 널리 수합하여 낭패하지 말게 하소서."

하였다.

4년 8월 25일(을유)

조강에 나아갔다. 영사(領事) 박원종(朴元宗)이 아뢰기를,
"저 야인들이 함경도(咸鏡道)의 사람들과 재물을 사로잡아 가고 약탈하니 이는 싸움이 생길 단서입니다. 뒷날에 군사를 일으켜 죄를 물으려 해도 장수될 만한 사람을 얻기 쉽지 않고, 비록 미리 양성하여 차서를 뛰어넘어 발탁하여 쓰고자 해도, 대간(臺諫)은 매양 외람하다 하고 더러는 인물이 부족하다 하며, 더러는 관직과 계급이 합당하지 않다고 합니다."
하였다.

4년 9월 5일(갑오)

조참(朝參)을 받고, 조강에 나아갔다. 영사(領事) 박원종(朴元宗)은 아뢰기를,
"선후를 논하기로 한다면 마땅히 호적을 먼저 해야 하고, 완급(緩急)을 논하기로 한다면 군적을 마땅히 먼저 해야 할 것입니다. 지금 군액이 유명 무실하니, 신이 듣건대 경기의 각 포구 군졸은 거의 다 도산(逃散)하여 방어의 허술함이 말할 수 없다고 합니다.
대저 일이 이미 이루어져 가는데 하나라도 말하는 사람이 있다고 해서 따라서 고친다면 일이 어떻게 이루어지겠습니까? 이런 큰 일을 이미 조정과 의논해서 정했으니 마땅히 견집(堅執)하시어 움직이지 마셔야 합니다.
입거(入居)하는 일은 이미 4백 호를 뽑았으나, 지금 비록 3백 호를 들여보내더라도 무방합니다. 백성들이 본 고장을 편히 여기고 옮기기를 중난하게 여기는 마음을 어찌 우연한 것이라고 하겠습니까? 그러나 나라를 위한 계책은 그렇게 하지 않을 수 없는 것입니다."
하였다.

4년 윤 9월 2일(신유)

좌의정 박원종(朴元宗)이 아뢰기를,

"오늘 진법(陣法)을 익히는 절차가 대부분 규칙을 잃고 형명(刑名)이 잘못 사용되어 의당 상기(廂旗)를 세워야 하는데 먼저 위기(衛旗)를 세우고, 의당 각(角)을 불어야 하는데 먼저 기를 세웠습니다. 또한 저쪽 사람과 교전(交戰)한 뒤에는 꽹과리[錚]를 치되 의당 잦게 쳐야 하는데 성기게 쳤습니다.

근래에 오래도록 강무(講武)를 폐지했기 때문에 무신(武臣)은 진법을 알지 못하고 선전관(宣傳官)은 인원만 갖추었을 뿐이니, 추고(推考)하시기 바랍니다. 우리 나라는 무사(武事)를 폐지할 수 없으니, 바라건대 병조 판서로 하여금 때때로 무사를 검열하게 하되, 만약 진법대로 하지 못하는 자가 있으면 도태하는 것이 좋겠습니다. 또한 근방 산에서 타위(打圍)하며 무사를 검열하고, 겸하여 천금(薦禽)하도록 함이 어떠하리까?"

하니, 전교하기를,

"그리하라."

하였다.

4년 윤 9월 8일(정묘)

좌의정 박원종이 아뢰기를,

"신은 지난 여름에 사면(辭免)하려다가 윤허를 받지 못하고, 부득이하여 함부로 정승의 자리에 있어 왔는데, 금번 절후가 도수를 잃어 크게 뇌성치며 우박이 오니 마음이 너무도 미안하여 사면되기 바랍니다. 오늘 경연에서 대간이 음양(陰陽)을 고르게 하는 것이 삼공(三公)의 소임이라고 하였는데, 그 말을 듣고 나니 더욱 한심스러워집니다. 전하께서는 비록 신에게 소소한 공이 있다고 여기시어 묘당(廟堂)의 직에 있도록 하신 것입니다마는, 그러나 그 자리[器]는 신이 능히 그 임무를 감당할 수 있는 곳이 아니오니 특별히 사면하도록 윤허하여 주시기 바랍니다."
하니, 전교하기를,
"만약 들어 줄 수 있는 일이라면 전일 누차 사면을 청할 때 어찌 윤허하지 않았겠는가? 비록 공훈(功勳)으로 묘당의 소임이 되었지만, 이는 사사로운 은혜가 아니라 바로 사직(社稷)을 위한 공이니, 사면하지 말도록 하라. 하늘의 변괴는 마땅히 공구(恐懼)하여 수성(修省)함으로써 답하려 한다."
하였다.

4년 윤 9월 17일(병자)

조강(朝講)에 나아갔다.
영사(領事) 박원종(朴元宗)이 아뢰기를,
"서경(署經)에 관한 일이, 처음 의논은 더러 순일하지 못한 것이 있었으나, 뒤에는 여러 의논이 모두 순일했습니다. 과연 『속록(續錄)』에 잔주[小註]가 없어 의아스럽기는 합니다. 그러나 자신의 사조(四祖)에 장오(贓汚)를 범한 사람이 있어도 오히려 수령(守令)이 될 수 있는데, 더구나 아내의 사조에 있어서이겠습니까? 이미 지난 무오년에 대신이 또한 요량해서 서경에 무방하다고 하였으니, 장리(贓吏)의 사위라도 수령이 될 수 있음은 결코 의아할 것이 없습니다."
하였다. 조방언은 아뢰기를,
"유독 수령만이 아니라, 의정부 이하의 직(職)들이 모두 서경 조항에 들어 있으니, 수령이 만약 서경에 통과된다면 다른 현직(顯職)도 또한 모두 통과되어야 할 것이므로, 그러면 법을 무너뜨리게 될까 싶어 감히 서경하지 못하였습니다."
하니, 상이 이르기를,
"『대전(大典)』에 단지 장리의 아들과 손자만 말했으니, 사위는 수령이 되어도 무방하다. 조정의 의논이 이미 결정되었으니 다른 현직도 모두 통과되어야 하는지의 여부는 다시 수의(收議)해 보아야 정해지게 될 것이다."
하였다.

박원종이 아뢰기를,

"선전관(宣傳官)은 가까이 모시는 소임이니 난잡해서는 안되겠습니다. 세조(世祖) 때에는 당시의 사람들이 서반 승지(西班承旨)라고 지목하였으니 지극히 청요(淸要)한 벼슬인데, 근자에는 입법(立法)하기를 단지 무과 출신(武科出身)이면 할 수 있게 하여, 더러는 향생(鄕生), 더러는 내금위(內禁衛)로 하여 거개 잡류(雜流)들로 충당하니, 한갓 형명(形名)과 절차(節次)를 알지 못할 뿐 아니라, 의복이 누추하여 가까이 모시기에 합당하지 못하니, 바라건대 전례에 의하여 자제(子弟)들 중에 건강하고 경첩(輕捷)한 자를 가려 제수하면 난잡하지 않을 것입니다.

신이 또한 듣건대, 외방(外方)의 군적(軍籍)에 관한 일이, 더러는 온 집이 다 죽어 절호(絶戶)가 된 자, 더러는 온 집이 도망가고 돌아오지 않는 자인데, 각 고을의 수령(守令)들이 그 군액(軍額)이 전보다 줄어드는 것을 우려하며 법으로 따지게 될 것을 두려워하여, 무릇 고공(雇工)·걸인(乞人)·무뢰배(無賴輩)들을 모아 충당하여 정하니, 지금은 비록 수가 차나 오래지 않아 도망가고 없어져, 군액의 줄어듦이 반드시 많을 것이니, 비록 군적을 고쳐 만든들 무슨 유익함이 있겠습니까? 모름지기 해사(該司)에 하문(下問)하시어 옛 군액을 헤아려서 감하도록 하소서. 군액의 수효가 비록 부족하더라도 가려서 정하여 영구한 계책이 되도록 하지 않아서는 안되겠습니다."
하였는데, 상이 비답하지 않았다.

4년 윤 9월 24일(계미)

좌의정 박원종(朴元宗)·우의정 유순정(柳順汀)이 아뢰기를,

"이미 겨울철이 되어 우뢰가 사라질 때가 되었는데도 어제 크게 뇌성과 번개가 치고 우박이 내렸습니다. 천변(天變)의 이와 같음이 어찌 성상의 덕에

실수가 있어서리까. 신 등이 자리만 채우고 있으면서 능히 직책을 다하지 못해서 그런 것입니다.

옛부터 재변이 있으면 삼공(三公)을 책면(策免)하였으니, 청컨대 신 등의 직을 갈아 주소서."

하니, 비답하기를,

"어제 천변이 누차 일었는데 이제 또 뇌성과 번개가 치고, 한 달 동안에 연이어 재변을 보이니 이는 내가 덕이 없는 소치요, 경(卿)들의 허물이 아니니, 사면(辭免)하지 말도록 하라."

하였다. 재차 사직하였으나, 윤허하지 않았다.

4년 윤 9월 25일(갑신)

박원종(朴元宗)이 아뢰기를,

"신 등이 의계하려 하였는데, 이제 상교(上敎)를 듣고 보니 지당하십니다."

하고, 또한 『궐리지(闕里誌)』의 중국판(中國版) 8권을 올리며 아뢰기를,

"신이 연경(燕京)에 갔을 때 구독한 것으로 공자(孔子)의 전후 사적을 실은 것인데, 우리 나라에는 없는 것이므로 올립니다."

하니, 털요[毛褥] 한 벌을 내리도록 명하고, 이어 전교하기를,

"우리 나라에 없는 책을 올리므로 하찮은 것이지만 상으로 주는 것이다."

하였다.

4년 윤 9월 26일(을묘)

조강에 나아갔다. 영사(領事) 박원종(朴元宗)은 아뢰기를,

"의정부(議政府)의 동벽(東壁)·서벽(西壁)은 소임이 긴요하지 않으므로 비록 오래도록 자리를 비워도 무방한데 판서(判書)로 충당하여 차임(差任)함은 옳지 못합니다. 예조·형조 판서 같은 자리는 마땅히 오래 맡기어 그 성과를

책임지게 하여야 하는데, 오래지 않아 옮김은 불가합니다."
하였다.

4년 윤 9월 27일(병술)

박원종(朴元宗)을 영의정으로 삼았다.

4년 9월 28일(정해)

영의정 박원종이 아뢰기를,
"신이 정승에 합당하지 못하면서도 전일에 억지로 직에 있었던 것은 유순(柳洵)이 노성한 사람으로 수상이 되어 있기 때문이었습니다. 전하께서는 춘추가 많지 않으시니 모름지기 나이 많고 덕이 높은 사람을 임용(任用)하시어 보도(輔導)하도록 하셔야 합니다. 삼공(三公)의 소임은 비록 같지만, 수상(首相)은 더욱 중요하므로 신은 결코 할 수가 없습니다."
하고, 우의정 성희안(成希顔)은 아뢰기를,
"삼공의 소임은 신이 능히 감당할 바가 아니오니, 모름지기 나이 많고 덕이 있는 사람으로 하시거나, 혹은 덕이 있으면서도 아랫자리에 있는 사람을 초탁(超擢)하시는 것이 역시 좋겠고 신은 이 소임이 될 수 없으니 사양하기를 청합니다."
하니, 박원종에게 비답하기를,
"좌의정으로 영의정이 됨은 예로서 직이 역시 차례에 당했고, 또한 훈공(勳功)과 덕이 있어 수상에 합당하니 사양하지 말라."
하고, 성희안에게 비답하기를,
"경(卿)은 공이 있고 자리가 또한 차례에 당했으니 사양하지 말라."
하였다. 박원종 등이 재차 사양하였으나, 윤허하지 않았다.

4년 9월 29일(무자)

영의정 박원종이 또 아뢰기를,
"전 영의정을, 대간이 '홍폐(興廢)의 즈음에도 명위(名位)가 여전한 것 때문에 수상에 합당하지 않다'고 논박했습니다. 그러나 노성한 대신으로 전고(典故)를 많이 알아 압반 수상(押班首相)이 되기에 합당한 데도 갈렸습니다. 신은 본래 궁마(弓馬) 출신으로 조두(俎豆)나 예악(禮樂)은 일찍이 들어보지 못했으며, 정국(靖國)의 공으로 차례에 의하지 않고 정승이 된 것도 이미 분에 넘치는데, 이제 또 압반 수상이 되었으니 사체에 합당하지 못합니다. 마침내 만약 대간(臺諫)의 논란이 있어 갈게 된다면 한갓 신의 몸에만 해됨이 있을 뿐 아니라 성상께서도 광채가 없게 되실 일입니다. 또한 현재 삼공(三公)의 반열에 있는 사람들이 모두 건의(建議)한 공로가 있사오니 역시 미편하오며, 지금 나이 많은 신하들이 많이 있사오니 모름지기 참작하시어 임용(任用)하시면 될 것입니다. 사피(辭避)하기를 청합니다."
하니, 전교하기를,
"비록 건의한 공로로써 삼공을 삼았으나 인기(人器)가 서로 맞는데 어찌 대간의 논란이 있겠는가? 좌의정으로서 영의정을 삼음은 차례에 따른 직(職)이요, 또한 물망(物望)에도 합당하니 사퇴하지 말라."
하였다.

4년 10월 2일(경인)

영의정 박원종이 사직하였으나, 윤허하지 않았다.

4년 10월 5일(계사)

영의정 박원종(朴元宗)·좌의정 유순정(柳順汀)·우의정 성희안(成希顏) 형

조 판서 권균(權鈞) 등이 의계(議啓)하기를,

 "도적을 잡는 일은 비밀로 하지 않을 수 없으니, 장수들에 명하여 고령(高嶺)·중산(中山)·홍복산(弘福山)·서산(西山)·파평산(坡平山)에서 사냥한다고 평계하고, 박영문(朴永文)과 유담년(柳聃年)을 파견, 장수로 삼고 사졸들 역시 도적 잡는다는 뜻을 알지 못하도록 하여, 어느 곳에 진을 치고 있다가 사세의 편리 여부를 보아 각각 계책을 내어 길을 나누어 가되, 한 편은 파주 등의 고을로 가고 한 편은 인천 등 고을로 가게 한다면, 거의 잡을 수 있게 될 것입니다."

하니, '그리하라.'고 전교하였다.

4년 10월 5일(계사)

박원종·유순정·성희안 등이 의계하기를.

 "즉위(卽位)하신 뒤에 문묘(文廟)·종묘(宗廟)·사직단에는 벌써 이미 친제(親祭)하셨고 여러 능(陵) 역시 거의 다 전알(展謁)하셨으니 바라건대, 친경(親耕)도 하시는 것이 어떠하리까? 이는 종묘의 자성(粢盛)을 마련하는 일이며, 또한 농민들을 몸소 이끌어 근본에 힘쓰는 뜻을 보여 주는 것으로 임금의 훌륭한 일이니 거행하지 않을 수 없습니다."

하니, 전교하기를,

 "나의 뜻 역시 그렇게 여기나, 다만 능에 참배하는 일이 끝나지 않았기 때문에 하지 못하고 있는 것이다. 한 문제(漢文帝)는 즉위초에 거행하였으니, 경들의 아뢰는 말이 지당하다. 내가 마땅히 거행하기로 하겠다."

하였다.

4년 11월 8일(병인)

조강(朝講)에 나아갔다.

영사(領事) 박원종(朴元宗)은 아뢰기를,

"근래 하늘의 경계를 조심하기 위하여 당연히 거행하여야 할 일인 정조 및 동지의 하례 등을 모두 행하지 않습니다. 여러 신하들을 통틀어 연회하는 것은 1년에 한 번만 행하는 것이니, 전혀 폐지할 수 없고 연초에 대비전께 풍정(豊呈)을 올리는 것도 행하지 않을 수 없습니다. 천변이 있다 하더라도 이런 일을 모두 정지한다면 예악문물이 다 폐지되고, 국가 일이 쓸쓸해질 것입니다. 나례 구경이 놀이라 하지만 위로 대비전이 계시니, 거행하더라도 무방합니다."

하니, 상이 이르기를,

"나례의 놀이는 배우(俳優)의 일이니, 행함이 옳지 않을 것 같다. 그러나 위로 대비전이 계시니 폐지할 수 없다."

하였다. 원종이 또 아뢰기를,

"신이 군기시 제조(軍器寺提調)로 있을 때, 화산대(火山臺)를 보았는데, 우리 나라 장기(長技)의 일입니다. 크게 거행하지는 못하더라도, 그 일을 아는 장인(匠人)이 죽기 전에 자주자주 소규모로 거행하여 뒷사람들로 하여금 전습하게 함이 옳겠습니다. 만일 2~3년을 거행하지 않는다면 그 일을 아는 장인이 또한 거의 없어져서 전습할 수 없게 될 것입니다."

하고, 세정은 아뢰기를,

"금년은 흉년 들어 지방 주민들이 초가을에도 꾸어 먹어야 하니, 영인(伶人)이 양식을 꾸려 가지고 와서 서울에 머물기는 어렵습니다. 나례가 상전(上殿)을 위한 일이기는 하지만, 신은 금년에는 행할 수 없으리라 생각됩니다."

하니, 원종은 아뢰기를,

"국가에서 천문에 성통하지는 못했어노, 일월의 영허(盈虛)와 사시(四時)의 소식(消息)이 틀리지 않게 역서(曆書)를 만들었습니다. 흠경각(欽敬閣)을 보면 세종대왕의 제도가 지극히 자세하고 지극히 정밀해서, 일시의 노리개가 아니라 민간의 사시 질고(四時疾苦)를 알기 위해서입니다. 신이 들은즉, 성종조의 김응기(金應箕)·유숭조(柳崇祖) 등이 전의 제도를 수리 개작하였다 하는데,

그 때의 장인도 만약 수년을 지나면 반드시 거의 다 죽어 없어질 것입니다. 지금 김안국(金安國)·성세창(成世昌) 등에게 명하여 천문을 학습하게 하고 있으나 흠경각은 대궐 안에 있어, 사람마다 출입하게 할 수는 없으니 내관(內官)과 관상감 제조(觀象監提調) 및 관원들로 하여금 개수하게 하여, 선왕의 옛 제도를 후대에 유전하게 함이 어떨까 합니다."
하였다.

4년 11월 8일(병인)

정원에 전교하였다.
"박원종이 아뢴 흠경각을 수리하는 일은 지당한 것이다. 봄이 되기를 기다려 수리하게 하라."

4년 11월 9일(정묘)

임금이 사정전(思政殿)에 나아가 경서를 전공하는 문신들을 시강하였다. 박원종은 아뢰기를,
"근일 조정에 실정이 없으니, 위에서 마음을 바로하심이 지극합니다. 그런데 삼공 육경은 한 나라의 큰 소임이므로 옛사람이 이르기를, '음양(陰陽)을 화하여 다스린다.' 하였습니다. 근자에 천기가 불순함이 실은 정승을 잘못 정한 까닭이니, 만일 신의 직위를 고치면 천도가 순조로울 것입니다."
하였다.
원종이 아뢰기를,
"외방 수령이, 암행으로 오는 것을 두려워하여 나뭇잎에 패자(牌字)를 써서 돌리니, 이런 폐단은 암행 어사를 보내더라도 적발하지 못합니다."
하니, 임금이 이르기를,
"소상하게 살피는 것이 아름다운 일은 아니다. 그러나 백성들의 기쁨과 슬

품이 수령에게 달렸고 또 조종조의 고사(故事)가 있으므로 보내는 것이다."
하였다. 원종이 아뢰기를,

"암행이 나가면, 수령은 으레 다 법을 범하고 있으므로 이속[人吏]의 무고한 자가 많이 형장을 맞으니, 애매한 일이 이보다 더한 것이 없습니다. 또 사(赦)라는 것은 심히 양민을 적해(賊害)하는 것입니다. 그러나 임금이 이미 사를 썼으면 고쳐서 실신(失信)할 수는 없습니다. 전하께서 즉위하신 후로 사유(赦宥)가 너무 많았습니다. 그러므로 혹은 사를 입고서 이어 형장을 받은 자가 퍽 많았습니다. 근래에 들은즉 홍언국(洪彦國)의 연루자가 형장 받기를 그치지 않는다고 하는데 이런 일들이 반드시 많이 있을 것입니다. 임금으로서 백성에게 실신해서야 되겠습니까?"
하니, 노공필(盧公弼)이 아뢰기를,

"수령으로서 법을 범하고 외람한 짓을 하는 것은 경상도에서 더욱 심합니다. 죄인의 연루자가 형장을 맞는 것이 끝이 없으니, 백성들이 매우 괴로와합니다."
하였다. 원종이 아뢰기를,

"근일 대간에서 정사에 대하여 논하는 것을 보면, 박영문(朴永文) 등이 모두 탄핵되었는데, 대간의 의논이 만약 옳고, 그르지 않다면 어렵게 생각할 것이 아닙니다. 그러나 조정이 화목한 후에야 인심이 화목해집니다."
하였다.

4년 11월 13일(신미)

박원종은 의논드리기를,

"사변을 와서 고하는 야인을 공궤하는 술과 쌀 및 조산보 만호 군관의 양곡은, 전과 같이 군자미로 적당량 제급할 것을 다시 관찰사와 함께 의논하여 계문한 뒤에 다시 의논하소서. 다만 남도 각 고을 곡식을 5진[鎭]으로 이송하여 군자에 보충하는 일은 전일 관찰사 고형산(高荊山)이 청한 바와 대개 서로 같으니, 우선 전수(轉輸)를 시험하게 하소서."
하였다.

4년 12월 27일(갑인)

영의정 박원종(朴元宗)이 풍종(風腫)을 앓으므로, 상이 명하여 약을 하사하였다.

5년 2월 28일(갑인)

영의정 박원종이 아뢰기를,
"근일, 하종해(河宗海)를 보내어 약을 가지고 와서 신의 병을 구호하니, 이 때문에 조금 나았습니다. 그러나 다리의 종기가 낫지 않고, 기운이 더욱 피곤합니다. 침구(針灸)를 하려고 하는데, 반드시 여러 달 기거하지 못할 것 같습니다.
만일 상은을 입어 빨리 신의 관직을 갈아 주신다면, 신의 마음이 편안하여, 약으로 구호하는 것보다 낫겠습니다."
하니, 전교하기를,
"경은 공회(公會 : 공사를 토의하는 모임)에 참여하지 못함을 미안하게 생각하나, 좌·우 정승이 있으니, 직무를 수행할 수 있는 것이다. 또 어찌 직임 때문에 이 병이 났으랴? 사임하지 말라."
하였다. 원종이 다시 아뢰기를,
"좌·우상이 있기는 합니다. 그러나 삼공(三公)은 다른 직임과 달라서 자리만을 채우고 있을 수 없습니다. 신에게 병이 있는 것은 여러 사람이 다 아는 바입니다. 기운이 없고 안색이 파리한데, 지금 마침 조금 나았으므로 감히 와서 사직하는 것입니다.
만일 허락해 주시면 1년쯤 더 연명할 수 있을 것이니 상은이 더욱 중하겠습니다."

하니, 비답하기를,

"경이 오래도록 출사(出仕 : 출근)하지 못한 것을 미안하게 생각하는데, 국무를 의논할 것이 있으면, 경의 집에 가서 수의(收議)하게 할 것이니, 출사하지 못하는 것이 한 달이 되더라도, 그것으로 어찌 체임할 것인가? 또 육경(六卿)같이 고된 직무도 아니니, 다시 사직하지 말라."

하였다.

원종이 이어 아뢰기를,

"신은유가(新恩遊街)는 조종조 때부터, 하늘의 경계로 인하여 주금(酒禁)의 영을 내리면, 모두 유가를 허락하지 않았습니다. 지금 예조(禮曹)에서 품의하고, 대관(臺官)이 또한 논계(論啓)하니, 신의 생각으로는 정지함이 가합니다."

하고, 유순정·성희안의 의논이 또한 원종의 의논과 같으니, 상이 명하여 생원(生員) 진사(進士)의 유가를 정지하게 하였다.

5년 2월 29일(을묘)

조강에 나아갔다.

영의정 박원종이 아뢰기를,

"신이 어제 사면을 원하다가 윤허를 받지 못하여, 지금 또 와서 아룁니다. 신이 사직하는 이유가 합당하지 아니하면 전하께서 진퇴를 결정하시기 또한 어렵습니다. 그러나 병으로 소임을 감당하지 못하니, 들어 주시지 않을 수 없습니다. 다리의 종기뿐이 아니라 또 갈증이 있으니, 아마도 부귀가 분수에 지나쳐서 그런가 합니다. 청컨대 속히 사면하여 주소서."

하니, 비답하기를,

"경만이 아니라, 노성한 대신은 모두 약의 힘으로 조섭(調攝)하며 조정에 있는 것이다. 한 번 병이 있다 하여 갑자기 정승을 갈 수는 없다."

하였다. 원종이 다시 아뢰기를,

"전일의 정승 중에 그 누가 공회(公會)에 나가지 못하면서 정부의 자리만 차지한 자가 있었습니까? 소신은 갈증이 있고 또 침울한 증세가 있는데, 더하기만 하고 덜하지는 않아 공회에 나가지 못한 것이 달포나 되었습니다. 온 몸에 침을 놓고 뜸을 떴지만 아직도 낫지 않습니다. 병이 없더라도 수상은 책임이 중하므로 신이 감히 감당할 수 없는데, 더구나 지금 병세가 이러하니, 그 자리에 있을 수 없습니다. 만일 신의 관직을 갈아주시면 행동거지를 마음대로 할 수 있어, 목숨을 보존할 수 있을 것 같습니다. 청컨대 속히 갈아주소서."
하니, 전교하기를,
"하종해(河宗海)에게 들으니, 그 증세는 피곤하고 지친 것뿐이라 한다. 공회에 참여하지 못하는 것을 미안하게 생각하지 말라. 여러 날 조섭하면, 반드시 차도가 있어 회복될 것이니, 휴가를 받아 조섭함이 가하다."
하였다.

5년 3월 6일(신유)

영의정 박원종이 병으로 굳이 사직을 청하니, 상이 이르기를,
"수상의 진퇴를 어찌 가볍게 처리하랴? 과연 병이 있다면, 조리하여 낫기를 기다려서 도로 사진(仕進)하게 하라."
하였다. 원종이 아뢰기를,
"한명회(韓明會)가 두 번 정승이 되었으니, 이것은 반드시 사직을 허락하였다가 병이 나으매 도로 임명한 것입니다."
하니, 상이 이르기를,
"수상의 진퇴는 가벼운 일이 아니다. 다만 지금 체임(遞任)하더라도 뒤에 다시 될 수 있으니므로, 우선 물러가 보양(保養)할 것을 허락한다."
하고, 승지를 시켜서 술을 하사하여 보냈다.

5년 3월 6일(신유)

김수동(金壽童)을 영의정(領議政)으로 박원종을 평성 부원군(平城府院君)·영경연(領經筵)으로 삼았다.

5년 4월 12일(정유)

전교하기를,
"원훈대신(元勳大臣)인 평성부원군(平城府院君) 박원종(朴元宗)이 지금 병이 심하나, 예전에는 임금이 대신의 집에 거둥한 일이 있지마는, 지금은 그 예가 없으니 갈 수 없다."
하고, 우승지(右承旨) 손중돈(孫仲暾)에게 병을 물어서 아뢸 것을 명하였다.
중돈이 문병하고 돌아와서 아뢰기를,
"원종의 병 증세를 보니 대단히 괴로워서 머리를 들지 못하였으며, 관대(冠帶)를 몸 위에 얹고 울면서 말하기를 '주상께서 매양 문병하게 하시고 또 승지를 명하여 친히 증세를 살피시니 감읍(感泣)함을 이기지 못합니다. 신이 비록 생존하더라도 보궐(補闕)할 수는 없지마는, 다만 성안(聖顔)을 다시 뵙지 못하는 것이 한입니다.' 하였습니다."
하였다.

5년 4월 16일(신축)

좌승지 이세인(李世仁)에게 전교하기를,
"박원종(朴元宗)에게 병을 묻고, 또 하고 싶은 말을 물으라."
하자, 세인이 돌아와서 아뢰기를,
"원종이 병고로 말을 잘못하는데, 시비를 시켜 부축하게 하여 일어나 말하기를 '주상께서는 정신을 가다듬어 다스리기를 도모하시되, 오히려 미치지 못할까 두려워하셔야 한다.' 하고 또 '원컨대 인재를 아끼소서.' 라고 하였습니다."
하였다.

5년 4월 17일(임인)

평성부원군(平城府院君) 박원종(朴元宗)이 졸하였다. 정원에 전교하기를,
"지금 평성의 죽음을 들으니 애통함을 이기지 못하겠다. 예전에 대신이 죽으면 친림하여 조상하였는데, 고금이 비록 다르나 원훈대신(元勳大臣)이니 거애(擧哀)하는 것이 어떠한가를 정부에 물으라."
하매, 영의정 김수동이 아뢰기를,
"원종의 죽음은 신들도 애통하고 아깝게 여깁니다. 성종조(成宗朝)에 대신의 죽음으로 인하여 거애하고자 하였으나 상전(上殿)이 계시므로 행하지 않았습니다. 지금 역시 상전이 계시고 또 출사(出師)하는 때를 당하여 흉사(凶事)를 거행하지 않는 것이 예전 예(例)입니다. 이것이 아름다운 일이기는 하나 지금은 불가합니다."
하니, 전교하기를,
"성종조 일은 나도 들었으나 내 뜻이 그러하기 때문에 물은 것이다."
하고, 고기 반찬을 들지 않고 무릇 부증(賻贈)하는 은전을 보통 예보다 갑절이나 더하였다.

원종은 순천(順天) 사람이며, 무과로 출신(出身)했는데 풍자(風姿)가 아름다웠고, 폐주(廢主 : 燕山君) 말년에 직품이 정 2품에 이르렀다. 원종의 맏누이는 월산대군 정(月山大君 停)의 아내이다.

원종이 국사가 어찌할 수 없음을 보고 일찍이 부앙(俯仰)하며 탄식하였는데, 한 번 성희안(成希顔)의 말을 듣고 임금을 폐립할 결심을 하였다. 거사를 하자 나라 사람들이 모두 말하기를 '의논을 주장한 이는 반드시 박 영공(朴令公)일 것이다.'하였다. 정묘년(중종 2, 1507) 여름에 조정에서 유자광(柳子光)

을 논척(論斥)하니, 자광이 원종에게 기대어 원조를 얻고자 하여 편지로 으르면서 말하기를 '나와 공은 모두 무인으로서 높은 벼슬에 올랐으므로 좋아하지 않는 문사들이 많다. 입술이 없어지면 이가 시린 것이니 내가 쫓겨나면 다음에는 공에게 미칠 것이다.'하였다. 원종이 웃고 대답하기를,

"조야가 이를 간 지가 오래니, 공이 일찍 물러가지 않는 것이 한스럽다."
하니 자광의 간담이 서늘해졌다.

삼공(三公)이 되매 자기는 무부(武夫)라 하여 간곡히 사양하였고, 병이 급하여지자 상이 승지를 보내어

"하고 싶은 말이 있는가?"
물으니 원종이 일어나 앉아 사례하기를,

"주상께서 인재를 아끼시기를 원할 뿐입니다" 하였다.

시호를 무열(武烈)이라 내렸다.

부 록

有崇于阡先增一矼喜動九泉來者其儀視此貞珉

躡為侍禁寢久燕宣傳賊臣攪亂擾我坲邊公能受命身士卒先一鼓之餘黨穢旋涌王嘉乃績旌勳擢邊湖南盜蘖頗為民瘼曁公往擒民賴安眠以公功懋再授兵權七八載間委任益專荷三聖恩如一月倆婿兩大君門閥蘖然冨貴人驕公心轉虞國倚長城舟濟巨川天胡不憖華館遽捐當宁軫惜士林共悄欝彼佳城金臺之壚寧木將掩宿草已厲神道無碣家秉戎湮誰懷永畣夫人之賢雜夫人賢能盡所天居大君喪情禮克全裵先考行哀慕愈眡惟孝惟節終始同德欲紀賢德愧華非樣有豊者碑

元宗中丙午武科今訓鍊院判官無內乘女長卽昇
平府夫人月山大君室也次適宣傳官辛武鼎次適
司䆴奉事李鐸次適軍器判官韓翊次適尹汝礀次
適金俊次齊安大君夫人側室子女五人公生正統
乙卯辛於成化辛丑享年四旬有七是年十二月某
甲以禮葬于楊州金壹山陶穴里之原銘曰
平陽奕世金紫蟬聯粵議政公令聞著宣顯允文兩
名炳凌烟德積慶延公乃生焉公有大志自在髫年
尋師讀書能自勉㫋英姿之異鵠峙鴛騫射藝之絶
石沒楊穿拜馳羽林科捷人前 聖心延眷歷試華

此又九人所難而公獨見重於世者也惜乎天不與
年而至於此耶公諱仲善字子淑世家順天之平陽
曾祖諱可與仕高麗為右議政祖諱錫命佐我太
宗為佐命功臣官至資憲大夫知議政府事集賢殿
大提學知經筵春秋館事謚文贈純忠積德補祚
功臣崇祿大夫議政府右贊成考諱去疎奉列大夫
副知敦寧府事贈純忠積德秉義補祚功臣大匡輔
國崇祿大夫議政府右議政平陽君皆以公勳也妣
郡昭憲王后之妹泚安孝公女亦以公勳封貞敬大
夫公娶嘉善大夫行護軍許䄵女生一男七女男曰

戊戌呂拜吏曹判書已亥判敦寧府事無知訓鍊院
事越三年秋八月以病不起 上聞訃驚悼撤朝如
例賻贈有加進爵大匡輔國崇祿大夫議政府右議
政諡名昭襄公天資蘊美玉立長身風度飄然裕日
對人無冗長語不言人是非亦不及於朝廷事雖無
交遊衆處談鋒迎起公則開口微哂若一癡然不知
者非稟受之高操守之篤逈出人數等者必不能到
此公拔身壠登歷踐清顯所至俱有稱受 上眷遇
出入將相功名餛隆又有兩大君為之女壻男女皆
連婚貴戚門闌萋乙公處之澹如不以嬌盈施於人

有詔爲先鋒將克捷功大賜精忠出氣布義敵愾功
臣號階陞嘉靖守本書判書封平陽君未幾超階正
憲秋出爲平安道節度使時吐賊緫平西塞又有事
欲須公以鎭而復有張永奇草竊湖南旋命公討之
竟得擒戮自公出兵曹南怡代爲判書事多顚錯
世祖復公爲判書公於兵曹由叅知至判書出入七
八載之間常典兵權淸簡愼重由是 上倚任益篤
其年冬 睿宗卽阼以靖南怡有功賜推忠定難翊
戴功臣號進階崇政今 上鑑又策勳賜純誠明
亮佐理功臣號丙申朝燕京丁酉出爲京畿觀察使

兒儕遊言及其志確然論將兵事聞者為之異長延
業武射御絕倫名動羽林又能於奔馬上翻身接飛
趫人嘆其驍捷初薦忠義衛累階至四品兼宣傳官
天順庚辰夏試武舉擢第一世祖以公是親屬且
居選黜大加聽賞特除訓鍊院副使俄陞知事冬通
政大夫禮賓少尹兼宣傳官辛巳上黨韓公體察于
西北兩界以公為佐幕凡有謀議必與之預壬午遷
副知通禮院事進判軍器監事未幾陞授兵曹參知
自是 世祖器公頗深癸未進泰議成化丙戌春陞
參判陪 嘉善翌年夏北鄙有賊臣施愛之亂公及魚

朴仲善碑銘　　　　　　　　　　　任士洪

昇平府夫人朴氏介廢弟之婿眙威將軍李引錫謂士洪曰先考有勳勞於國家位秩亦崇其卒也諸孤幼稚葵之禮殆無薄於人墓之道無銘焉豈無一二可記事以刻諸石且近 上慟惜大君之逝命子撰碑妾夢大君促其文讀再過欣乃若平昔覺而流涕沾襟吾固知幽明有感通之理子之於親固所自盡請得子文以畜傳久士洪俯伏再拜義不可辭謹據其狀而畧序之公少孤能自就師讀書通大義嘗與

平城府院君朴公神道碑銘

士有一善一藝名位稍出羣者猶足以鳴一時顯後代況翼聖亨屯安社稷濟烝黎其生也天為生之其死也國失探棟如武烈公者其勳庸德業太史有紀豈門

有銘入人心目耳傳而口誦之者將百代不泯雖紀功無碑猶可也然無以表幽堭示光大焉則斯亦不可闕公卒官庀葵事無一不完葵令獨無樹碑目夫人尹氏啣哀竭誠與甥姪謀聚工具石請銘于用溉於公表族受知久得公之實詳且以文為官銘安敢辭按公姓朴氏諱元宗字伯胤其先出於順天有諱天祥者以武藝事高麗恭愍王封平陽府院君是生諱錫命名於國朝贈官議政府右議政於公高祖是生諱錫命於文事 太宗策功佐命知議政府事平陽府院君於公曾祖祖諱去疎副知敦寧府事贈議政府右議政考諱

仲善魁武科錄敵愾切封平陽君官至判中樞府事外王父許稛嘉善行護軍亦陽川右姓家世名閥遠有代序毓慶流祉種爲英豪以成化丁亥生公自髫齔已魁健雄偉骨相異凡韓忠成公一見奇之曰不久定作大器讀書通大義射御絕倫舊補武班職爲護軍歲丙午拜宣傳官是年中武科爲訓鍊院判官累陞僉正副正每遷歷常帶宣傳內乘之職侍 顰轂久。成宗心器之謂其才可大受急於用壬子超授承政院同副承旨階通政言官論其年少遞爲工曹參議俄遷兵曹燕山朝乙卯出節度慶尚左道兵馬還拜僉知戊午參議變兵曹重拜同副承旨轉陞左副庚申特授平安道節度使公辭以母老改除同知中樞府事襲勳封平城君尋拜漢城府右尹兼都摠府副摠管時左尹洪興性嚴重不輕許人心服公丞稱曰國器壬戌出爲江原道觀察使志蘇民祛獘凡供御無名者多請減損道多名山巨刹學浮屠者爲淵藪禁毋得詿誘人捨施賞郵卒捕告村里無緇髠跡癸亥遞爲平城君兼同知義禁府事甲子春丁外憂守廬墓側時初短喪制乙丑冬特起公爲同知中樞進階正憲公痛不得守志欲辭懼禍及遂拜命常怛怛孜懷丙寅以知中樞府事兼觀察京畿自甲

子夏立標都城東北廣袤百里為雜兔場撤官舍民居。禁人出入犯者死追罪言事者不已大開罪網以殺戮為政中外脅息趣令猶恐後公常語所親曰君上失道號令無章雖不可以一人之力紓其亂周旋納約豈無一二事可救一日又有旨立西南標如東北自廣州西盡陽川金浦富平並入禁場公陳啟其不可陽川等邑得不入標內中外倚重自立標馳獵不時。明使入境驛路館待多失程期公觸諱以言主不悅曰前此無有忤子者其獨敢爾何項從其言許近標限方悔恨令復云云耶公知在朝無救於亂祗速禍丞求外寄得拜咸鏡上道節度使進階崇政既就道公姉昇平夫人病革遽命召還仍留幹喪為平城君兼都摠府都摠管公自還朝常痛傷 國事無策可救念 宗社生靈為重舊然懷伊霍之志乃與成希顏柳順汀共策以是年九月初二日舉義廢立國人響應萬心同貫誅剪凶穢不妄殺一無辜朝野清明神人奠安遞岷賤隸稱誦公名姓迄今不離口或呼為朴爺爺吾死久矣

上錄公勳為第一。賜秉忠奮義決策翊運靖國切臣號。拜議政府左叅賛數日。進階大匡輔國崇祿拜議政府右議政兼領 經筵事監春秋館事平城府院君公辭曰。三公任重非臣武夫所宜居。日陳數四。固避不拜。
上敦諭就職未幾陞左議政丁卯春以金公著等謀
害公必亂朝政伏辜自謂素不畜名里居相位不厭人
心以召姦謀上章求退懇乞不已。上賜批答不允頁
朝論方斤柳子光必欲去之子光知公論不置已冀賴
公營救乃為書恐公曰。吾與公俱以武人躋崇班。文士
多不悅居已齒寒我黙次及公。公笑且答曰。朝野切齒
久矣。恨公不早退。先是子光見公位里重朝著日趍門
墻。叙先世遊從之舊深自結納意已得心腹得此報破
膽而去。秋然鞫李顆獄。賜推誠保社佑世定難功臣

號。戊辰如 京師。謝 賜誥命還。以冒處相職久。上章乞退。 上又賜批答不允。巳秋陞領議政。兼領 經筵弘文館藝文館春秋館觀象監事。公自為議政以章必言請辭者不一。及拜首相益自憂懼伏闕辭避累數日又欲上章陳懇卒不果曰。大臣上章辭職例 賜批答。多有推重之語。在吾無狀尤不敢當。乃於短紙書所懷。以備出納者遺忘其條有六辭意切至有人所難言者。 上曰。卿為首相國論所歸卿必欲退予不識所以公懼而就命。冬患脚腫沴春不瘳然飲食起居不甚病。不廢朝衙欲解官調攝求退盆切。庚午三月。始蒙允許封府院君病猶未治。至四月卒華。上遣內醫診視。問使不絕於門。又遣承旨問所欲言。公力疾起謝曰。主上即位五年。勵精圖治。事無大小。猶恐不理。安有可言。㤗須愛惜人才。言訖氣乏不能省。是夜四鼓絕續乃主上即位五年。勵精圖治。事無大小。猶恐不理。安有可十七日也。壽四十四。訃聞。上震悼。輟朝三日。賻贈加例。別遣都承旨　賜祭。易名曰武烈。士庶相吊於道。僚之吊祭者。莫不悲哀悼慟。怨天之奪速也。公生長勳門。自必無綺紈驕傲習。雖之師友薰磨之力。其得於天者醇美無雜。胸中恢洪。絕崖岸。遇物如有容。及蒞官處事。確然空是非於內。不以私戲法。富貴已極而不自有。

下士好問。見親舊有急必周救無所吝。性好文雅常叔
畜書畫以自玩見文士推誠以接治家嚴待夫人敬如
賓妾侍有不如禮。雖愛必杖而出之身長九尺風神峻
爽其威容儀度可畏可象而和氣藹如望之儼然即知
其為有德人也。夫人是司僕寺副正尹磷之女無嗣側
室有子曰雲。以公蔭授宣略副護軍是年六月二十五
日以禮葬于揚州治東陶穴里金臺山下嗚呼公之勳
德乃 宗社生靈所賴天宜以福慶報其身與之遐齡。
留相我 聖君錫之嫡胤繼嗣其家業而身無年嫡無
胤。天於公何嗇耶。痛矣然隆功盛名不與身俱逝者大

而遠。如不我信。盍視茲銘。銘曰。

天佑斯民乃生賢英濟屯寧國而翼聖明頃值運否萬姓崩角。宗祊失依國步斯剝有嚴武烈心懷扶顛捧日乘雲扨高幹天惟傾惟圮既正既完登我王道濟猛以寬人有性命國有棟擽勳業山河經綸廟堂世方倚賴想望儀刑木稼何遽天不憖齡德在人心名傳于耳流芳百代委形山趾。

東忠奮義決策翊運靖國推誠保社佑世定難功
臣大匡輔國崇祿大夫平城府院君朴公墓誌

燕山之季。穢亂既極神民將無所庇蔽皷皇皇冀保朝夕。我平城公順羣望決大策推戴 聖上光復國運報德酬功。位極上台以府院君卒于蕭蓁有日。鷄林金君世弼以壻於公外姪女撰言行踐履為狀請銘誌之。苻金君亥也知不苟譽謹依本狀為文不敢妄有所貸也。公諱元宗字伯胤順天朴氏成化丁亥生少而美容儀風采峻聳韓忠成公一見奇之曰他日必為大器。讀書通大義射御絕人年二十中武科歷訓鍊判官僉正。副正兼宣傳官內乗。成宗知忠恪有才器可大用超拜承政院同副承旨階通政臺諫以年少為言遽為參議工曹俄遷兵曹燕山朝為慶尚道節度使歷吏兵曹參議授同副承旨由左副特拜平安道節度使進階嘉善公以母老辭不赴為漢城府右尹時左尹洪興性嚴重小許可與公同事常稱曰閫器出觀察江原道請減供御無名者蔡浮曆無得誣誘物論歸之主初短喪制公方持服廬墓特起為同知中樞進階正憲公欲辭不可頗怏怏無賴主旣立標東址百里撤官舍民居禁要得出入犯者死一日又有旨立西南標如東址中外方以言為大諱言者罪不測時公為京畿觀察使奮然陳列朝野咸屬望知公大可有為也 中朝使入甕驛

路館待多失程期公又以為言主怒曰前此無有忤我者某獨敢爾公亦懼禍及亟求外寄乃出鄧度咸鏡道進階崇政既就道公姊昇平夫人病且死主召公還薰都揔府都揔管公見國家事已無可柰何常俯仰喧啼隱然有反正之志與成希顏柳順汀決議慶立舉事之日國人皆曰首義者必朴令公也雲合景附不謀而同公指揮若神號令如流動合機宜不終朝內外清明神人又安是正德元年九月初二日也雖逺商賤耶無不賀稱公名姓至號為爺曰微朴爺我其得有今日乎或指其衣曰朴爺衣我食曰朴爺食我其順衆心者如此。

上䥴公勳賜秉忠奮義決策翊運靖國功臣號由議政府左叅贊進階大匡輔國崇祿拜議政府右議政兼領經筵事監春秋館事平城府院君未幾陞左議政丁卯夏朝廷方論斥柳子光欲倚公爲助以書動之曰吾與公並以武人躋崇品丈士多不悅嘗止齒寒我乍次及公公笑答曰朝野切齒久矣恨公不早退也子光破膽而去秋叅鞫李顆獄加賜推誠保社佑世安難功臣號戊辰夏如京謝誥命已巳秋陞領議政兼領經筵弘文館藝文館春秋館觀象監事公自爲議政以三公任重非武夫所居又以盛滿爲戒上章請辭者數四

以言請者不數皆出至誠。上敦諭不允公憂懼伏闕懇辭累數日。上敦曰卿爲首相國論所歸卿必欲退予不識所以公恐而止冬患脚腫飲食起居不甚病然猶求退益切至庚午春上方兒許之封府院君嗟夫周勃迎代未免請間之私霍光立宣終有貪權之失方之古人公最優焉是年夏四月公病革 上命内醫診視問候相屬又遣承旨問所言公力疾起謝曰主上勵精圖治安有可言但須愛惜人才言訖氣之不能省是夜四鼓卒寔十三日也壽四十四。上震悼輟朝三日賻祭有加士庶莫不相弔公天資醇羨無邊幅不置畎畝。虛懷過物。不輕絕人。而當官莅事。確然無所撓屈。性喜文雅。雖至顯達。常以書自隨。有所疑必問末年富貴已極。而未嘗以名位自豪。於財亦無所吝惜。故終無間言。治家嚴。待夫人以禮。妾侍一有慢侮。雖甚愛必杖而出之。閨門之內。斬然也。身長九尺。儀度偉如。貌稱其德。古所謂大人君子也。公考諱仲善。精忠出氣。布義敵愾定難翊戴純誠明亮佐理功臣崇政判敦寧府事平陽君。祖諱去疎。贈議政府右議政。曾祖諱錫命。贈議政府左贊成。其先皆聞人。妣陽川許氏。行護軍梱之女。夫人坡平尹氏。考諱磷。司僕副正。無嗣側室子曰雲。是平六月二十五日葬于揚州東陶穴里金臺山下。銘曰。

大廈之顛誰為棟擦水之無涯孰舟與航翼翼平城萬民所望革危以正心尹功光人寔永頼公為不朽國運萬世公壽則長山曰金臺有阜面陽是維公墓視茲銘章。

容齋先生集卷之九

朴元宗 　海東名臣錄

公字伯胤順天人平陽君仲善之子文爾公錫命之曹孫成化丁亥生少時韓明澮一見奇之曰他日必為大器讀書通大義射御絶人二十中武科歷訓鍊副正成宗知忠恪有才超拜同副承旨臺諫以年少論遞為工曹叅議遷兵曹燕山時為慶尙兵使還授同副至左副特拜平安兵使升嘉善以母老辭不赴為漢城右尹時左尹洪興性嚴少許可與公同事常稱國器出按關東請減供御無名者禁浮屠誕誘物論避之主短喪制公方持服廬墓特起為同知中樞

不敢辭盡醉而起公使諸女侍扶腋到門外湖陰
柳永年寓第宅務極奢侈蓋有慕於平城而乃回安
門得髯甚萬一我雜記
寄齋記

中廟賞賚特厚擇甲第以處之又以興淸三百給之臧御供奉多有儲蓄鄭湖陰以禮郞持公事授剌䛡之入歷三門丹檻綠窓華簾集目轉入一小閤珠簾盎地語聲隱隱如自雲霧中來有一女人黃衫紅裳出而請入又有一門在小堂外淸香逆臭人其門平城坐荷池畔平床上又聚女侍不知爲幾人迎謂湖陰曰坐坐取公事置之曰傑武夫有何知識朝廷上公事有本曹判書豈不善處之佐郞年少幸飮老人酒四女侍奉甌以進珠璣交錯女工數十各持鮫竹淸奇妙曲洋洋盈耳湖陰

一遠商賊昕無不贊稱公名姓至彌為爺曰微朴爺我其得有今日子或指其衣曰朴爺衣戚食曰朴爺食我其順眾心者如此 墓誌

丁卯夏朝廷論斥柳子光忠勳公曰吾與公並武人文士多不悅辱亡鑒寒公笑答曰朝廷切齒久矣恨公不早退也于光破膽而去 墓誌

庚午公固情辭職以金壽童為領議政時論嘉之

陰厓雜記

公病革上遣承旨問所欲言公曰至上勵精圖治安有可言之事俱願愛惜人才 墓誌

等詣勤政殿西庭列啗令柳順汀鄭眉壽迎駕奉
潛邸上寓平市署傍人家順汀等再三勸進
上以威服御輦備法物以出市不易畢父老呼萬
歲有流涕者大抵廢立之謀出於昌山而成於公
轉危為安實東方萬世之業也但昌山無學術善
川性寬懦公則慮慮無稽雖忠義所激功在必成
而施措失宜以舊恩容賊臣柳子光以基潦昊之
禍瑣瑣姻婭皆授鐵劵以賠之爰寔茅切之上下
運車續狗之譏至今為病 陰崖記
反正犇掌之日國人皆曰首義者必朴令公也雖

知柳涇先出承吉李堨次出尹璋曹繼衡又出入
直軍士皆踰城出附燕山坐差備門皆承吉等入
曰太平之時安有他變恐是興清之夫相聚為盜
耳其丞旨政丞及禁府堂上乃命李堨持管鑰処
審闕門堨令人出門當知朝廷已有所聞遂抽身
出燕山閣堨已出門邐前把守璋曹繼衡袖二人
伴為遜辭揮而出當侍及諸色人等皆出惟後宮
唱流相聚號哭聲震于外於是會議戟門內柳子
光李繼男侍闕門以備虞主奔逸公率百官詣景
福宮門外請命于慈順大妃俄而開門引入公

袂起曰是我日夜蓄積也昌山乃暮抵平城家各痛哭叙忠義遂以其意通諭柳順汀偏諭朴永文辛允武洪景舟等各倡同志九月初二日燕山欲遊長湍石壁公等約是日開門拒守推戴晉邸區劃已成燕山命停是行機事已露勢不可止初一日夜半會將士于訓鍊院先擊殺慎守英次使士洪慎守勤等雖懇籍權勢怙侈無狀當時迎合傾國者宣無其人而獨誅此三人者守勤素驕縱不軌爲國舅則將跋扈難除故耳平明百官皆會而有不知所以者入直都摠管閔孝曾兵曹叅

朴元宗 武烈公

朴元宗字伯徹順天人成化丁亥生成宗丙午武
科以副鍊副正起拜同副承旨歷吏曹參議兩道觀
察使三道節度使中宗反正策靖國元勳封平城
府院君拜相至領議政庚午辛年四十四配享中
宗廟庭

公美容儀讀書通大義射御絕人韓明澮一見奇
之曰他日必爲大器
燕山政亂宗祧危急成公希顏素多大略欲廓
清昏亂無與規畫令里人辛允武試微意公方奮

進階正憲公欲辭不可頗怏怏主立標東北百里撤
官舍民居禁毋得出入犯者死又立西南標如東址
公為京畿觀察使奮然陳列主怒曰前此無有忤我
某獨敢爾公亦罹禍求外節度咸鏡崇政既乾道
公姊昇平夫人病且死主召公還為都摠管公見國
事無可奈何俯仰噓唏隱然有反正之志時昇平夫
人被污病死公心常怏憤成公希顏賦詩忤主落職
家居欲廓淸昏亂無與規畫令辛允武来試微意公
舊袂而起曰是我日夜蓄積也成公乃抵于公家痛
哭敍平生忠義許國以死懷甚洽居數月遂以其意

通吏判柳順汀順汀不能快從業已同之勉而已
丙寅九月初二日公與成柳兩人直詣光化門外數
百步許立馬成陣公麾扇指揮容止若神國人皆曰
首議者必朴令公也雲合景附不謀而同不終朝內
外清明初禁中闕變燕山召承旨等曰如此太平之
時安有他變恐是興清之夫為盜耳命李堣巡審闕
門堣先令人出門審知朝廷已有所屬遂抽身出門
燕山聞堣已出揮手而出欲從門竇出後宮哭聲震
於外公率百官詣景福宮門外請命于慈順大妃命
柳順汀鄭眉壽迎駕于潛邸中宗避寓平市署偕順

訂等再三勸進乃以戒服御輦以八日未膶百官班定上卽位丁勤政殿上錄公勳賜靖國功臣號進拜右議政未幾陞左揆丁卯夏朝廷論斥㧑子光恐動之曰吾與公並以武人躋崇品文士多不悅居亡齒寒我斥次及公公笑答曰朝廷切齒久矣恨公不早退也子光破膽而去○己巳陞領議政以盛滿為戒七章請辭伏閤懇辭累數日庚午春始許之四月病革上遣承旨問所欲言公謝曰主上勵精圖治安有可言之事但須愛惜人才卒年四十四諡武烈

送平城朴公元宗觀察江原序

弘治壬戌夏江原道觀察使缺銓曹薦其代。特授平城朴公同朝榮其賜公卜日將行。上教曰本道空卿行勿遲越翼日遣近臣禮饌于南宮又明日朝之士大夫席興仁門外祖送之虛白翁老且病不能載酒遠于將之則不可瘖無一言以贐行故命夭奴追而及諸郊語之曰公知夫。聖上所以特遣公者乎監司一道主也守令謹忽民生休戚由之。朝廷之薦非不慎且重也然而有時或出於宸衷者豈可不知其所以乎古語有之曰知臣莫如君。上知公之審故公令有此行公何俛而可以答。九重委寄之重乎愚竇承之節鉞乎嶺東西矣其地境以濟其民山居而草食歲不收則穮栗以充其飢其生也厭惟艱哉道主仁則艱或為易否則誰因而控乎主是道者寧不動念乎公出自將門此盯謂仁義之將也又能好讀書方且敦詩說禮為其守於總方岳活群生何有。者豈無謂歟公其勉哉勉哉嶺東天下之奇觀也古云三神山在東方豈謂是歟故使華之之關東者謂之仙遊送行者其贈之章多綺語若今孰盡言別者其言亦復云爾則是非 聖上遣公之意亦豈公之意哉吾言止此公其行矣哉。

送左議政朴元宗赴京序

天以才智英豪之氣與之人非只才智英豪其身而已蓋將用於世也如使不遇時雖有出衆之智超世之才將無所展其一二不得與平人別幸而乘有為之時遭遇明聖於是濟屯難拯斯民建不世勳為萬代基業以展夫天之所與才智英豪之氣意天所以責望於是人也亦大矣吾左相平城府院君朴公必有英資人皆知也成廟已司喉舌後多歷所蘊底為宏遠之器遇知績其觀察節度于外左右京兆于內錯節盤根恢恢有

遊刃之地縶帶輕裘屹然為鎖鑰之固天所與才智英豪之氣庶於此見而時無獎政民安事理邊守舊規策無可施則此未足以見公之繄也遭值國運中否主荒政虐人心崩角靡所歸命宗社無依岡保朝夕不於此時有才智英豪者起而運扶傾之策廢昏翊時艱則不幾於負天責望之大而虎其付與之重耶於是相公慨然以社稷為念以 祖宗基緒生民性命為重乃與右相菁川府院君柳公昌山府院君成公決策協謀扶翊 明主親捧日轂上之天儷轉國步於既危惜之盤石反苛政率舊章使吾人出於水火同圍於春

臺熙皥之中至是見公之才智英豪之氣始展而大施蓋一世無踦其踵者可謂無負於天無負於國無負於人而其勳庸德業慱陸不足論也　聖上既即寶位請命　皇朝使蓋兩返封章未降於是以昌山公充奏聞使往奏恩命即下太監李珎陳浩擎詔來宣寶我邦家大慶祥也遂以相公為使漢城右尹李公坫為副往謝　皇恩故事封冊謝恩例以議政充遣而亦時有假攝而行者相公為國家元勳　聖上所倚董朝廷所棟擗下民所瞻仰不欲一日去于朝萬里行還動經數月衆心所料不須以公而公乃毅然不顧其身不憚跋

诿之勞筋束裝以衘命遠赴其不以功勳自高富貴自後國耳忘家公耳忘私不必夷險為易節不必宴安為身謀以基夫遠大之業者如是而其與國四休保功終始亦於此行可卜也由鴨綠而西也至遼陽至山海關至皇都城鎮之規摸民風之同異山川地理之控帶禮樂文物之彬郁接于目而經于心者皆所以增益公至大之氣而中朝人士覩公儀容宇量必明目額手口誦而心服知吾東有英豪如斯將相如斯而贊嘆之無已則公之此行雖朝有惜送之情而隱然有重國家之勢者存焉不其韙哉將行 上錫宴于議政府酒半行

公顧左右索贐以言仍囑用漑為序以張之用漑既副昌山公請命而來今送公謝恩之行實有終始之義亦不可無言謹序

陶山朴氏山庄記

國東門四十里有陶山山上底皆決土平城朴就相國之玄孫夢鷟㞐之歲己酉余乞暇省墓于東宿于朴氏主人餼待甚厚主人曰吾先祖自平陽以下皆葬于此七八代治其桑梓環十里外皆祖業在昇平日烟火數百家悉職獲也自經兵火流㟱落盡而田不墾土者十之九吾為奉奠僅葦十數椽鳩集餘奚三四居于此凡一周星矣因拉余踄其家後岡則瞽日乏池臺漫而圮荊杞叢生頹垣破礎尚存拒荒烟野蔓之間矣指曰其基佘宇也内寝之室也其所燕居之室也某地射圃也庚廩之庾也某址宴賓之棚也閱樂之軒也某壊擊毬戯馬之塲也某廣卽僚吏候問之廳也余侊仰噫曰悉得其豪華故迹也嗟夫人事難常

遞襄代謝，此自古所同然，而雖聖智不得免者，當平城公之盛時，手扶日轂以躋黃道，俾東土數千里政行咏息，得出塗炭之中，其豊功偉烈，固在於宗社生民，而富貴榮耀，所以酬其芳者，亦極其欲，其臺館林宇之侈，其身歌鐘綺羅花竹之娛，其耳目與夫賓友門生故吏之填臨于門屏，四方列戟之以禮饋送者，此諸漢霍光張安世無軒輊焉，方其擁道女聽吳歈，羽觴而看舞曲薜之持堂，知百年之後田廬荒廢，臺閣焚夷才然蕭孫裔者為編戶，不能保一畝宮也。富貴之不可恃也如此，今之君子奈何不以為戒，愛權拉而戀寵利，身無平城之功，而欲享平城之榮，自以為可保久長者，不亦愚歟，主人請以斯語文之不朽，漫錄而歸之云。

題平城畫屏八絕　朴元宗

芳逕步攜琴 剩知乘興處誰家 別討春背柳穿花去
坐隱如坐忘天遊 空六鼇翰 贏已絕機知有商山藥
雲開河漢斜露洗寒蟾影 舉酒欲酬渠不妨秋夜永
折得梅花枝山蹊踏雪過尋詩 灞水橋何似表安卧
烏犍肥欲驕更得平坡樂 物性要自由勞渠且勿角
老牸舐犢兒鬌童聽初起秋清野牧閑弄笛斜陽裏

翁騎兒自牽翁背雪如屋路澁牛不前天寒毛蝟縮
牛卧政閒閒莫教鞭打起恐驚背上兒夢失華胥氏

부록

조선조 영의정 박원종 연구

인쇄일 초판 1쇄	2001년 08월 10일	
2쇄	2015년 03월 20일	
발행일 초판 1쇄	2001년 08월 15일	
2쇄	2015년 03월 23일	

지은이 박 상 진
발행인 정 찬 용
발행처 **국학자료원**
등록일 1987.12.21, 제17-270호

서울시 강동구 성내동 447-11 현영빌딩 2층
Tel : 442-4623~4 Fax : 442-4625
www.kookhak.co.kr
E-mail : kookhak2001@hanmail.net
ISBN 978-89-8206-615-3[93910]
가 격 18,000원

*저자와의 협의 하에 인지는 생략합니다.